Cantadas

Ensaios sobre 35 grandes vozes de mulheres da música brasileira

Mauro Ferreira

Copyright © 2022 Mauro Ferreira
Edição Garota FM Books
www.garotafm.com.br | contato@garotafm.com.br

Todos os direitos reservados e protegidos pela Lei 9.610 de 19.2.1998. É proibida a reprodução total ou parcial deste livro através de meio eletrônico, fotocópia, gravação e outros sem a prévia autorização da editora.

Direção editorial: Chris Fuscaldo
Revisão ortográfica: Carla Peixoto
Capa: Soraya Lucato
Diagramação: Lionel Mota

A primeira edição deste livro foi viabilizada através de financiamento coletivo em www.catarse.me/cantadas. Direção: Chris Fuscaldo | Coordenação: Carlos Eduardo Lima | Redes sociais: Best Play | Design: Soraya Lucato | Assessoria financeira: Marco Konopacki |

Dados Internacionais de Catalogação na Publicação (CIP)
(Câmara Brasileira do Livro, SP, Brasil)

Ferreira, Mauro
   Cantadas : ensaios sobre 35 grandes vozes de mulheres da música brasileira / Mauro Ferreira. -- 1. ed. -- Rio de Janeiro, RJ : Garota FM, 2022.

   ISBN 978-65-994524-5-1

   1. Cantoras - Brasil - História e crítica
2. Compositoras - Brasil - História e crítica
3. Mulheres na música I. Título.

22-120167   CDD-782.0092

Índices para catálogo sistemático:

1. Mulheres : Música brasileira : Ensaios 782.0092

Eliete Marques da Silva - Bibliotecária - CRB-8/9380

Cantadas

Ensaios sobre 35 grandes vozes de mulheres da música brasileira

Mauro Ferreira

1ª edição
Rio de Janeiro (RJ)
2022

Cantadas na rede

Acesse a página do livro para ter mais informações
e notícias referentes ao conteúdo.
Use o código acima ou vá direto em www.garotafm.com.br

• •

Todos os esforços foram feitos para entregarmos o conteúdo mais correto possível. Correções poderão ser publicadas na página do livro, no site da editora. Sugestões, favor entrar em contato através do e-mail contato@garotafm.com.br

"Nas asas das canções
Eu quero ouvir por toda a minha vida
Uma mulher cantando para mim"

Abel Silva em versos de "Voz de mulher" (1988), música de Sueli Costa

A

Meus amados sobrinhos, Lara Maieski Ramalho do Nascimento e Yuri Maieski Ramalho do Nascimento, filhos de meu generoso irmão Robson, a quem também dedico este *Cantadas*.

Meus também amados amigos Rodrigo, Zé Pedro, Gabriel e Vicente, cúmplices na paixão pelo canto feminino brasileiro.

Aluízio Machado (in memoriam), jornalista e professor que me abriu as portas do jornal O *Globo* no início de 1989.

Ali Kamel, jornalista que apostou em mim quando eu já estava no jornal O *Globo*, que me trouxe para o portal *g1* em 2016 e a quem devo a longevidade da minha carreira como crítico musical.

Todos os leitores que me legitimaram e me acompanharam como crítico musical ao longo desses 35 anos – e que venham pelo menos mais 15 anos!

Todas as cantoras do Brasil, as 35 deste livro e as inumeráveis artistas que encantam pequenas ou grandes multidões. Sem elas, *Cantadas* inexistiria.

Deus, força criadora que rege o universo, com gratidão pelo dom de escrever racionalmente sobre música, a mais emocional das formas de Arte.

Apoiadores

Adriana Barsotti
Adriana Genovese
Alessandro Ferrony
Alessandro Oliveira
Alexandre Gadelha
Aline de Moraes Rocha
Alvaro Jorge Monteiro
Alza Helena de M Alves
Ana Carolina Oliveira de Andrade
Ana Paula Leitão
Andrea Nakane
Antonio Sauma Neto
Augusto Martins
Bernadete do Rocio Konopacki
Bernardo Palmeiro
Bettina Chateaubriand
Bianca Ceará
Bronquinho
Bruno Mota Quadros
Carmen Delpino
Cassiano D'Almeida
Célio Albuquerque
Celso Chagas
Clara Sandroni
Cláudio José da Rocha
Clayton Luiz da Silva Moreira
Cleiton Santos Lima
Cristiane Maria Bittencourt
Cynthia Calixto de Oliveira
Daniel Saraiva
Daniel Silva Almeida

Daniel Silva Dal Gallo
Daniel Thomé
Edson Dantas de Medeiros
Eduardo Baptistão
Eduardo Granha Magalhães Gomes
Eduardo Magossi
Eduardo Tavares de Carvalho
Eduardo Tibiriçá
Elias Fernandes
Elza Cabral
Éverton Lucas Ferreira Garcia
Fabio Adriano Jorge
Fabio Erlon Soledade
Fabio Passadisco
Fabio Renan Curvelo Flor
Fabio Rolim
Fabricio Oliveira Ribeiro
Felipe de Oliveira
Felipe Abreu
Fernando de Sá Leitão
Gabriel Lopes
Gabriela Sarmento
Gilberto Laureano de Souza
Gildemar Baracho
Gleiphyson Santana de Lima
Graciela
Gualter Pessoa Goulart
Haroldo de Resende
Heloisa Aranha
Henrique Kurtz
Henrique Perez

Hercilia Castro
Huermerson Xavier
Jeferson Leandro Garcia
Jefferson Alves de Lima
João Biano
João Eduardo Herzog
José Ferreira Calado Filho
Jose Jean Fernandes
Jose Roberto Almeida Feitosa
Juliana Arruda
Juliana Mendes Marques
Klaudia Alvarez
Leila Maria Costa Pinto
Leilane Neubarth
Leonardo Davino de Oliveira
Leonardo José Melo Brandão
Lucas Vieira
Lucas Viriato de Medeiros Machado Pinto de Souza
Lucio Fernandes Costa
Ludmila Pereira
Ludmilla Reis
Luis Carlos Ramos Nogueira
Luísa Miyuki Kuamoto
Iso Fischer
Marcelo Monteiro
Marcelo Rodrigo de Souza
Marco Antônio Vieira
Marcus Paulo de Medeiros Linhares
Marcus Preto
Maria Credígila de Medeiros
Maria das Graças Fernandes
Maria Emília de Fátima Reis e Silva
Maria Helena Antunes
Maria Natália da Silva e Cunha
Mariana Levy Candeias
Mario Luiz de Souza Camelo
Mateus Filippini Caetano de Mello
Mau Salvo
Maurício Pio Ruella

Max Krichanã
Mazé Moreira
Nicole Andrade
Nilton Carauta
Osmar Ricardo Lazarini
Pablo Lanzoni
Pablo Paleologo
Paulinho Nunes
Paulo Gilberto Nitz
Pedro Ivo Rocha de Macedo
Pedro Neves
Rafael Saar
Railson Hallas
Ramil E Uma
Ranieri Muricy Barreto
Renata Bahiense Thomé Mendes
René Monteiro De Castro Damian de Oliveira
Rhenan Soares
Ricardo Santhiago
Ricardo Schott
Rodrigo Goffredo
Ronaldo Ribeiro
Rosane Ferreira
Rosangela Honor
Rubens Araújo Beghini
Sheyla Gonçalves Dias
Thenisson Santana Doria
Thiago Marques Luiz
Ton Garcia
Vera Lucia Gonçalves Barbosa
Vicente Condorelli
Victor Costa Grassi
Vinícius Carvalho Lima
Vitor de Souza Azevedo Lima
Vitor Nuzzi
Wallace Grossi Nunes de Carvalho
Wanda de Oliveira Ferreira
Wil Cabral de Azevedo
Williams Cesar

Apoio Cultural

Fitted
Bem-estar Atlético Personalizado.
Liberdade e Flexibilidade para sua Prática de Atividade Física e de Yoga
Baixe e assine o Fitted nas lojas de aplicativos e receba todo dia um treino, uma aula diferente para se manter ativo e motivado. Nosso Método exclusivo permite que você atinja seus objetivos com segurança e eficiência.
Instagram.com/seja.fitted
contato@fitted.com.br
www.fitted.com.br

FG Cidadania Italiana
Excelência em cidadania italiana por via judicial
São Paulo - SP
(11) 93318-7273 e (11) 95436-5700
www.fgcidadania.com.br
Instagram.com/fgcidadaniaitaliana
Facebook.com/fgcidadania

Best Play
Marketing e Educação para
Músicos Independentes
Milhões de Streams no YouTube e Spotify
Instagram.com/bestplaymusic

Blooks Livraria
Botafogo / Paço Imperial / Niterói
www.blooks.com.br
Instagram.com/blooks
Facebook.com/blookslivraria

Índice

Prefácio por DJ Zé Pedro 14

Apresentação do autor
O exercício do dom de uma paixão.. 17

Adriana Calcanhotto
A poeta que desfolha bandeiras... 22

Alaíde Costa
A sofisticada dama da canção 26

Alcione
Uma cantora da cor do Brasil... 31

Ana Carolina
A voz ardente das paixões 36

Angela Ro Ro
Canto com cheiro de amor 41

Anitta
A *Brazilian Bombshell* do funk pop 46

Beth Carvalho
A madrinha do samba da melhor qualidade 52

Cássia Eller
Trovão que ressoa na eternidade 57

Cida Moreira
A dama que venceu na vida dizendo não... 62

Daniela Mercury
A ativista das misturas tropicais 67

Elba Ramalho
A valentia do Nordeste 72

Elza Soares
Transgressão até o fim do mundo 77

Fafá de Belém
Canto com a alma e a dimensão do Brasil... 84

Fernanda Abreu
Entidade urbana na pista do país do suingue 89

Gal Costa
O cristal que ilumina os caminhos da MPB 95

Joyce Moreno
Assinatura feminina no balanço do samba e outras bossas................................ 103

Leny Andrade
   Diva dadivosa além da bossa e do jazz 108
Ludmilla
   Poder feminino no reino do funk e do pagode 112
Margareth Menezes
   Potência afro pop brasileira 117
Maria Bethânia
   Uma força que nunca seca 122
Maria Gadú
   A voz da liberdade criativa 129
Maria Rita
   Uma voz do samba, sim, senhor 134
Marília Mendonça
   Voz de mulher no universo sertanejo 139
Marina Lima
   Onda de modernidade erguida no mar carioca 144
Marisa Monte
   A rainha da música pop brasileira 150
Mart'nália
   A leveza pop do samba 158
Nana Caymmi
   A melhor resposta ao tempo 164
Rita Lee
   Rock cor-de-rosa choque 170
Roberta Sá
   Graça e leveza na roda do samba 177
Sandra Sá
   A primeira voz feminina do funk Black Rio 183
Simone
   O canto luminoso da *Cigarra* 189
Teresa Cristina
   Canto vestido com a voz do coração 197
Vanessa da Mata
   A voz intuitiva que veio do mato sem manual 202
Zélia Duncan
   Na causa, com a voz e os olhos no mundo 209
Zizi Possi
   Precisão em canto sofisticado 215

   Posfácio por Mauro Ferreira 222

Prefácio por
DJ Zé Pedro

Mauro Ferreira foi um menino gay como tantos da minha geração: adorava novelas e cantoras. E, naquele tempo sem internet e com telefone somente na esquina (que chamávamos de orelhão!), pensávamos nós sermos únicos em nossas preferências sexuais e culturais, visto que não encontrávamos no bairro, tampouco na escola, garotos da mesma idade para trocarmos esse tipo de informações.

Papo de homem era mulher, futebol, cachaça e...preconceito.

Tirando proveito dessa solidão, Mauro logo se tornou um ótimo aluno, focado principalmente em ter seu próprio rendimento e vida própria. Seus textos juvenis repercutiram de imediato e o levaram precocemente a escrever com frequência para jornais, que, apesar da pequena tiragem, lhe deram régua e compasso para uma vida dedicada ao ofício da escrita.

Depois de ter passado na hora certa por grandes veículos como os jornais O *Globo* e O *Dia*, nos quais exerceu com plenitude o ofício de jornalista musical, entrevistando *in loco* artistas da música brasileira e emplacando diversas capas de cadernos de cultura, numa era em que tabloides desfrutavam de venda maciça e repercussão absoluta, Mauro, com sua intuição aguçada, deu a partida na produção dos primeiros conteúdos dele para a internet, ao contrário dos colegas, que zombaram da novidade por ainda desfrutarem de carteira assinada e ótimos salários.

Ou seja, quando o universo do jornalismo no papel naufragou, Mauro já estava em ótima forma no mundo virtual com seu blog *Notas Musicais*, um conteúdo diário e pioneiro que logo arrebatou milhares de leitores apaixonados pela música brasileira, que defendiam suas opiniões postando comentários inflamados e polêmicos.

Nascia ali a gênese do que seria o lugar de Mauro Ferreira para sempre dentro da MPB: o colunista e crítico musical que anunciava lançamentos em primeira mão e fazia explanações críticas fundadas na idoneidade e paixão.

Tendo até aqui (espero) elucidado o seu lado de jornalista competente, me debruço agora sobre sua intimidade, baseado no nosso convívio diário regado a vários telefonemas como se quiséssemos recuperar aquela adolescência que poderíamos ter vivido juntos se o bairro de Tomás Coelho, no subúrbio carioca, fosse em Copacabana. Ou vice-versa.

Comprometido com vinte e oito notas semanais, quatro por dia dentro da editoria de Pop & Arte do portal *g1*, Mauro acorda (muito) cedo e começa sua maratona de abrir e-mails, ler todos os jornais online e decidir sobre o que postar. Enquanto muitos nessa hora estão queimando calorias em academias de ginástica, Mauro está enxugando a gordura de um texto, botando seus neurônios para funcionar e criando títulos e assuntos para atrair seu público.

Sua via preferencial são as vozes femininas, onde o prazer transparece nas palavras e seu poder analítico alcança o auge.

Por isso, esse livro que você tem em mãos agora.

A vida literária de Mauro Ferreira não poderia ter outro viés que não fosse as cantoras desse país. Por elas, ele enxuga, diariamente, as mãos sujas das canções ouvindo religiosamente três vezes cada disco antes de resenhar um álbum. Para isso, se prepara em seu quarto com um som Dolby Surround, aperta o play e começa a rascunhar suas reflexões.

É só essa parte que lhe interessa. Mauro dispensa intimidades com seus ídolos, evita camarins e quase entra sorrateiro no teatro em busca de seu lugar.

Jamais aceitou um anel de brilhantes em troca de um favoritismo e recomenda a todas as assessorias que não usem telefone ao lhe passarem uma informação: formalizem pela caixa postal.

Todo esse ritual que lhes confidencio é diário e não permutável.

E toda outra parte do mundo, pouco lhe interessa.

Para escrever esse livro, Mauro suou (literalmente) a camisa. Dias quentes cariocas esquentaram ainda mais sua cabeça para chegar a um número considerável e coerente de cantoras. Várias entraram e saíram de sua lista através dos seus questionamentos baseados na relevância e no amor que ele tem por elas.

Acho que ficou bonito.

Você vai gostar.

E não sou suspeito: ninguém convence Mauro Ferreira de nada. Absolutamente NADA.

Boa viagem!

Abril de 2022

Apresentação do autor

O exercício do dom de uma paixão

A voz luminosa de Clara Nunes (1942 – 1983) ainda ecoa na minha mente como a primeira lembrança forte do canto feminino na vida de menino criado no subúrbio carioca ao longo dos anos 1970. O ABC do samba – formado por Alcione, Beth Carvalho (1946 – 2019) e Clara – me alfabetizou nessa matéria-prima fundamental da música brasileira. Falo da voz da mulher, assunto deste livro que descende do homônimo de 2013, mas que pode ser caracterizado como um livro inédito, porque os textos são outros. Porque o crítico musical também já é outro. E também porque ninguém é o mesmo ao entrar duas vezes no mesmo rio...

Naquele já longínquo 1974, ano em que Clara seduziu o Brasil com o samba "Conto de areia" (Romildo Bastos e Toninho Nascimento), provando ao patriarcado que geria a indústria fonográfica brasileira que vozes de mulheres podiam gerar vendagens expressivas de discos, eu não imaginava que, dali a meros 13 anos, iniciaria em janeiro de 1987 uma trajetória como jornalista e crítico musical que completa 35 anos em 2022.

Cantadas é a celebração desses 35 anos de devoção ininterrupta a esse ofício tão controvertido de crítico musical – no meu caso, identificado sobretudo com as cantoras do Brasil. Por isso, são 35 as cantoras deste livro. Por isso, Clara não está nele. Porque selecionei somente cantoras atuantes no período de 1987 a 2022. Muitas ausências são sentidas – principalmente por mim, acreditem – na seleção, mas as 35 presenças representam belo painel da diversidade do canto feminino brasileiro.

Em *Cantadas*, eu vou de A (de Adriana Calcanhotto, Alaíde Costa, Alcione, Ana Carolina, Angela Ro Ro e Anitta) a Z (de Zélia Duncan e Zizi Possi), passando por todo o alfabeto feminino. Tem cantora de MPB (muitas, já que a MPB é a base da minha formação musical), de samba (a base de tudo), de *axé music*, de funk, de sertanejo, de pop... É melhor nem tentar classificar, porque a música brasileira é miscigenada pela própria natureza mestiça e, na prática, está tudo junto e misturado. Quem cria as prateleiras para compartimentar cantores e gêneros musicais são os críticos, não o público.

E por falar em mistura, a intenção de cada ensaio é apresentar um texto que combine análise e informação ao reconstituir a trajetória artística de cada cantora. Os textos foram escritos com base nas informações das discografias oficiais das artistas e dos textos que produzi sobre essas cantoras ao longo de 35 anos de jornalismo musical, com eventuais consultas aos sites oficiais das cantoras para checagem de dados biográficos. Daí a ausência de bibliografia ao fim destas páginas. As discografias das artistas são a bibliografia deste livro, escrito de dezembro de 2021 até a segunda semana de julho de 2022. Portanto, fatos ocorridos nas vidas e obras das 35 cantoras após essa data já não constam do livro.

Como sempre prezei a idoneidade no exercício do ofício de crítico musical, enfatizo neste texto de apresentação que o livro *Cantadas – Ensaios sobre 35 Grandes Vozes de Mulheres da Música Brasileira* deriva do antecessor de nove anos atrás, *Cantadas – A Sedução da Voz Feminina em 25 Anos de Jornalismo Musical* (2013), mas reitero que não se trata de mera edição revista e ampliada do livro anterior. O atual livro é inédito porque os textos desta edição de 2022 foram escritos com outra construção narrativa, embora haja neles eventuais passagens similares às dos textos da edição de 2013, em especial referências biográficas.

Aproveito a necessária ênfase para afirmar que o livro de 2022 existe somente porque Chris Fuscaldo, diretora da editora *Garota FM Books*, me contatou em 16 de outubro de 2021 pelo Instagram. Eu acabara de publicar *post* nessa rede com o ranking dos textos mais lidos naquele momento na coluna diária que mantenho no portal *g1* desde julho de 2016 com notícias e resenhas de discos. Legendei a foto com gracejo – "O que seria de mim, meu Deus, sem a fé nas cantoras do Brasil?" – que aludia a verso de "Santo Antônio" (J. Velloso, 2003), música gravada por Maria Bethânia.

Chris me perguntou se eu não gostaria de reeditar o livro de 2013. Eu disse que não. Mas disse que me interessaria em escrever outro livro no mesmo molde como forma de celebrar em 2022 os meus 35 anos de jornalismo musical. Proposta aceita e contrato assinado, pus mãos à obra – com a disciplina que me orgulho de ter no exercício profissional da escrita sobre música – e eis esse *Cantadas* em versão 2022 nas suas mãos, leitor. A Chris Fuscaldo, o meu eterno agradecimento por esse livro existir.

Tenho o dom de escrever bem e sou grato a Deus por essa dádiva. Por esse dom, muita gente boa acha que eu *entendo* mais de música do que eu de fato *entendo*. Aliás, será que *entendo*? O que é *entender* de música? Se for dominar a linguagem das pautas, nada entendo. Até porque, após alguns meses, abandonei o curso de teoria musical que cheguei a fazer em meados dos anos 1980 para *entender* de música.

Achei na época que o caminho não era por ali. Acho ainda hoje. Tenho um senso estético e uma bagagem de conhecimento histórico da música brasileira – construídos ao longo de anos de escuta de discos e leituras de livros sobre música brasileira – que me pautam na avaliação de discos e shows. Só que música é algo que, no mais das vezes, prescinde da razão e de conhecimento ao ser (ab)sorvida. Tem (ou não tem) a tal força estranha no ar. E o papel do crítico é traduzir em palavras o que talvez seja intraduzível.

Cumpro bem esse papel e tenho o entendimento – esse, sim! – do quão são subjetivas a experiência musical e a avaliação crítica dessa experiência por cada ouvinte. Credito a essa percepção aguçada, e ao notório dom de escrever bem, o sucesso que obtive na minha trajetória profissional como repórter, colunista e crítico musical. Sou o que sou e, para quem quiser saber como sou, recomendo a leitura do perspicaz prefácio do DJ Zé Pedro. Tem muito de mim ali. Zé *entende* de Mauro.

Tudo se resume, creio, à arte da sedução. A sedução do público pelas cantoras. A sedução do leitor pelo crítico. Por isso, o título *Cantadas*. Cantar é mover o dom do fundo de uma paixão, seduzir, já sentenciou poeticamente Djavan. Da minha parte, tudo que tenho feito nesses 35 anos é exercitar apaixonadamente o dom de escrever sobre música, em especial sobre música de cantoras e/ou compositoras. Se você chegou até aqui, creio que você não irá resistir às 35 cantadas que virão na sequência do livro.

Gracias a la vida que me ha dado tanto!
Mauro Ferreira
Junho 2022

Mulheres da música brasileira

Adriana Calcanhotto

A poeta que desfolha bandeiras

Herdeira modernista da canção tropicalista, Adriana da Cunha Calcanhotto tem servido banquete de signos antropofágicos em trajetória que ganhou impulso nacional em 1990. Nascida longe demais das capitais, em Porto Alegre (RS), em 3 de outubro de 1965, a artista gaúcha deglutiu o jazz e a bossa nova aprendidos no convívio com o pai baterista, Carlos Calcanhotto, filtrou o sentimento das canções populares ouvidas no rádio sintonizado pela babá, catou a poesia entornada no chão que a sustenta artisticamente e gerou obra de assinatura própria.

A senha para entender o traço modernista dessa fina estilista da canção brasileira talvez seja o show *A Mulher do Pau Brasil* (2018), releitura maturada do universo antropofágico que Calcanhotto já visitara em 1986, ano em que apresentou distinto show homônimo na cidade natal de Porto Alegre (RS), onde entrou em cena em 1984 como cantora de bares e casas noturnas.

A capital gaúcha abrigou shows seminais da artista, discípula tanto do escritor paulistano Oswald de Andrade (1890 – 1954) e do poeta também paulistano Augusto de Campos como do baiano Caetano Veloso, um dos arquitetos da Tropicália. O primeiro show da cantora debutante, significativamente intitulado *Tupiniquim*, foi apresentado em abril de 1985 em bar da cidade. Na sequência, em 1986, o show *Crepom* marcou o início da conexão da artista com o diretor de teatro Luciano Alabarse, com quem Calcanhotto pôs em cena o show *Sei que Estou Errada* no fim daquele mesmo ano de 1986.

Outros shows de repercussão local – como *Nunca Fui Santa* (1987), *Vítima* (1987) e *Batom* (1988) – chegaram à cena porto-alegrense e, embora efêmeros, prepararam o terreno para a invasão da cantora na cidade do Rio de Janeiro (RJ) após a tímida estreia no mercado fonográfico, em 1988, com a gravação da música "Suspeito" (Arrigo Barnabé e Hermelino Neder, 1986), para o disco *Geração Pop*, editado por selo gaúcho.

Na travessia do sul para o sol carioca, muitos caminhos de Adriana Calcanhotto deram no mar. A trilogia marinha composta pelos discos e shows *Maritmo* (1998), *Maré* (2008) e *Margem* (2019) simbolizou o mergulho da cantora e compositora nessa águas em que emergiram tanto canções de amor mais tradicionais como funk de 150 BPM ("Meu bonde") e como *trip hop* ancorado na Bahia ("Ogunté") na safra autoral.

Aberta a todos os horizontes musicais pela própria natureza tropicalista, Adriana Calcanhotto sempre volta para o porto seguro das canções românticas. A linguagem da compositora é refinada e expurga o melodrama, como ratificou ao dar voz ao cancioneiro amargurado do compositor conterrâneo Lupicínio Rodrigues (1914 – 1974) em show de 2014 que gerou no ano seguinte o CD e DVD *Loucura* (2015). Contudo, a dor está lá, entranhada na saudade, no abandono e na solidão que pautaram a escrita de canções como "Mentiras" (1992), "Esquadros" (1992) – "Meu amor, cadê você? / Eu acordei / Não tem ninguém ao lado" – e "Metade" (1994), canção de coração partido e versos como "Eu perco o freio / Estou em milhares de cacos / Eu estou ao meio / Onde será / Que você está agora?".

"Esquadros" e "Mentiras" são canções lançadas no segundo álbum de Adriana Calcanhotto, *Senhas* (1992), disco que abriu as portas do sucesso para a artista após desastroso álbum de estreia, *Enguiço* (1990). Neste primeiro disco sem a alma e a assinatura de Calcanhotto, orquestrado com produção musical de Marco Mazzola, a artista é a autora somente de duas das dez composições – a música-título "Enguiço" e "Mortaes" – de repertório que destacou a então inédita canção "Naquela estação", parceria de Caetano Veloso com João Donato e Ronaldo Bastos.

No segundo disco, escaldada pelo quase fracasso do álbum *Enguiço*, Calcanhotto assumiu a produção musical com a colaboração de Ricardo

Rente. Alavancado em 1993 pela execução maciça da canção "Mentiras" na novela *Renascer*, *blockbuster* da TV Globo naquele ano, o álbum *Senhas* jorrou "Água Perrier", abrindo a parceria de Calcanhotto com o poeta Antonio Cicero, autor dos versos quase glaciais da posterior canção "Inverno" (1994).

Disco de afirmação, *Senhas* também expôs o fio da meada tropicalista com a regravação de "O nome da cidade" (1984), música que Caetano Veloso compusera para a irmã, Maria Bethânia, cujo canto dramático é determinante na vida artística de Calcanhotto. O que tornou simbólica a conexão firmada entre a intérprete baiana e a compositora a partir de 1996, ano em que Bethânia gravou duas canções de Calcanhotto, "Âmbar" e "Uns versos", no álbum intitulado *Âmbar*. Desde então, a cantora e a compositora nunca mais se perderam de vista. Tanto que, no mais recente álbum de Bethânia, *Noturno* (2021), duas músicas, "A flor encarnada" e a dylanesca "Dois de junho", são da lavra de Calcanhotto.

Sinalizada no álbum *Senhas*, a sofisticação da obra de Adriana Calcanhotto desabrochou no terceiro álbum da estilista, *A Fábrica do Poema*, editado em 1994 com concepção da própria Calcanhotto e produção orquestrada por Mayrton Bahia sob a direção musical de Ricardo Rente. Repleto de referências literárias, entranhadas em letras como a da canção-hit "Vambora", o disco estabeleceu conexões de Calcanhotto com os poetas Waly Salomão (1943 – 2003) e Jorge Salomão (1946 – 2020) e com os compositores Arnaldo Antunes, Cid Campos e Péricles Cavalcanti, nomes a partir de então recorrentes na obra da artista.

A produção vanguardista de *A Fábrica do Poema* gerou a canção "Cariocas", a mais perfeita tradução da alma dos moradores da cidade que abriga Calcanhotto quando a artista está liberada dos compromissos pedagógicos assumidos em Coimbra, cidade de Portugal onde desde 2015 a artista leciona Letras como professora convidada em universidade local.

No curso intercontinental que liga o sul natal da artista ao Munda, nome popular do rio Mondego que corre em Coimbra, a cidade do Rio de Janeiro é ponto já referencial na rota existencial e profissional de Adriana Calcanhotto. Foi na cidade refratária aos dias nublados que a artista se isolou em março de 2020 quando o tempo e o mundo fecharam.

Do retiro compulsório, brotaram as canções com que Calcanhotto fez o inventário pandêmico perpetuado no álbum *Só* (2020), composto, gravado e lançado emergencialmente em apenas dois meses com produção musical orquestrada à distância pelo paraense Arthur Nogueira com nomes da cena eletrônica de Belém (PA) como Mateus Estrela – de codinome artístico STRR – e Leo Chaves.

A safra gerada solitariamente no isolamento destacou as músicas "Corre o Munda" e "Tive notícias", canção sobressalente por expor o coração em quarentena, solitário, recebendo involuntariamente sinais do ser amado.

Artista que flerta constantemente com a sedução da vanguarda, Calcanhotto foi pioneira ao valorizar no álbum *Cantada* (2002) a sonoridade da geração carioca capitaneada por Domenico Lancellotti, Kassin e Moreno Veloso. Mas nunca abandonou a canção melodiosa de natureza popular. Em 2000, ao lançar o primeiro álbum ao vivo, *Público*, a cantora fez o Brasil redescobrir "Devolva-me" (Renato Barros e Lilian Knapp, 1966), sucesso da dupla Leno & Lilian no reino da Jovem Guarda.

Público foi show e disco calcados na voz e no violão de Calcanhotto. Quatorze anos depois, a artista recorreu novamente a esse formato íntimo no show que gerou o álbum ao vivo *Olhos de Onda* (2014).

Entre um disco e outro, Calcanhotto adotou o heterônimo infantil Adriana Partimpim e popularizou nacionalmente o funk melody "Fico assim sem você" (Cacá Morais e Abdullah, 2002) – até então conhecido somente pelos seguidores da dupla fluminense Claudinho & Buchecha – no primeiro dos três álbuns de Partimpim. Sapeca e sagaz, Adriana Partimpim também cativou crianças de todas as idades com os álbuns *Partimpim Dois* (2009) e *Tlês* (2012), ambos menos populares do que o primeiro, mas tão inteligentes quanto o disco de 2004.

Sem fronteiras estilísticas, essa *mulher do Pau Brasil* também caiu no samba para moças de fino trato. O álbum O *Micróbio do Samba* (2011) – gerador de um segundo disco dedicado pela artista ao gênero, ainda inédito em julho de 2022, ano em que Calcanhotto arquitetou nova entrada em cena do heterônimo infantil Adriana Partimpim – pegou na alma de quem identificou ali um samba de linguagem feminina que abriu alas em rodas historicamente machistas com o traço modernista de Adriana Calcanhotto, poeta sempre disposta a desfolhar bandeiras tropicalistas.

Alaíde Costa

A sofisticada dama da canção

Ao completar 86 anos em 8 de dezembro de 2021, Alaíde Costa estava envolvida com nada menos do que três álbuns, em atestado de rara longevidade artística na música brasileira. Enquanto aguardava o lançamento em maio de 2022 de *O Que Meus Calos Dizem Sobre Mim*, disco em que abre parceria com Nando Reis no samba-canção "Tristonho" em repertório que inclui músicas inéditas de Joyce Moreno ("Aurorear") e Ivan Lins ("Pessoa-Ilha") com letras do rapper Emicida, a cantora carioca promovia o disco *Canções de Amores Paulistas* (2021), refinado *songbook* do compositor e violonista paulistano Eduardo Santhana, e ainda saboreava a repercussão de *Antes e Depois* (2021).

Relíquia fonográfica, o disco *Antes e Depois* apresentou gravações inéditas feitas em estúdio, entre 1972 e 1974, e descobertas em fita pelo produtor Thiago Marques Luiz. São registros de época em que Alaíde Costa vivia momento de reinserção na música do Brasil no rastro da aclamação recebida pelo encontro da cantora com Milton Nascimento em gravação que redimensionou o samba "Me deixa em paz" (Monsueto Menezes e Airton Amorim, 1951) no álbum *Clube da Esquina* (1972).

Com registros de temas de Astor Piazzolla (1921 – 1992), Guinga, Hermeto Pascoal e do próprio Milton Nascimento, o álbum *Antes e Depois* reiterou a eternidade do tempo de Alaíde Costa Silveira Mondin

Gomide, cantora e compositora nascida em 8 de dezembro de 1935 no subúrbio da cidade do Rio de Janeiro (RJ).

Carioca como a bossa nova a que foi primeiramente associada, após ter tentado a sorte em programas de rádio, Alaíde debutou no mercado fonográfico em 1956 com disco de 78 rotações editado pelo selo Mocambo. No lado A desse single, a artista já se revelou compositora, assinando a música "Tens que pagar" em parceria com Airton Amorim.

Embora contabilize parceiros do porte de Vinicius de Moraes (1913 – 1980), Johnny Alf (1929 – 2010), Geraldo Vandré e Hermínio Bello de Carvalho na construção da obra autoral, reunida anos depois no álbum *Canções de Alaíde* (2014), a artista alicerçou a discografia com o canto de obras alheias.

No primeiro álbum, *Gosto de Você*, lançado em 1959 ainda sob impacto da revolução causada por João Gilberto (1931 – 2019) no ano anterior ao apresentar a bossa nova, Alaíde deu voz a um repertório que promoveu com arranjos orquestrais a interação da música de compositores que despontaram ao longo dos anos 1950, como Dolores Duran (1930 – 1959), com canções de autores projetados nas ondas plácidas da bossa, casos de Carlos Lyra, Ronaldo Bôscoli (1928 – 1994) e o próprio João Gilberto, de quem Alaíde gravou "Minha saudade", standard da curta parceria do compositor baiano com João Donato.

O título do segundo álbum da artista, *Alaíde Costa Canta Suavemente* (1960), já deu a pista do estilo peculiar de interpretação da cantora. Com a delicada emissão da voz aguda, capaz de concentrar alta carga de emoção, Alaíde se mostrou com o tempo uma cantora mais talhada para as densas atmosferas noturnas da canção e do samba-canção, gêneros em que predomina o romantismo recorrente no repertório da artista, selecionado com invariável rigor estilístico, sem ceder às pressões da indústria da música.

Talvez pela espessura do canto emitido pela voz paradoxalmente suave, Alaíde Costa nunca tenha encarnado de fato a típica cantora *cool* de bossa nova. Mesmo que alguns discos de Alaíde tenham sido gravados com músicos associados à bossa nova, como *Joia Moderna*, álbum de 1961 timbrado com os violões de Baden Powell (1937 – 2000) e Oscar Castro Neves (1940 – 2013), a discografia da cantora transita em outras praias. Oscar, cabe ressaltar, é o autor – em parceria com o letrista Luvercy Fiorini (1935 – 1994) – da canção "Onde está você" (1963), o maior sucesso do repertório de Alaíde Costa, intérprete mais famosa de outra grande música da dupla de compositores, "Morrer de amor" (1965).

Curiosamente, por nunca ter pertencido a turmas, Alaíde Costa ficou alijada do mercado fonográfico na segunda metade dos anos 1960, período em que a MPB surgiu e se consolidou na plataforma incendiária dos festivais da canção. A artista ainda chegou a cantar Chico Buarque – um dos compositores que personificam a MPB desde o nascimento do gênero – ao gravar o samba "Sonho de um Carnaval" no álbum *Alaíde Costa*, editado em 1965, um ano antes da explosão nacional de Chico com a marcha "A banda" em festival de 1966.

Ao se sentir discriminada no círculo carioca da bossa nova, tendo apontado em entrevistas o racismo como um entrave para que se estabelecesse no meio, Alaíde encontrou abrigo em São Paulo (SP), cidade onde se afinou com outro *outsider* do movimento, Johnny Alf, compositor e pianista, criador de sofisticado cancioneiro autoral abordado por Alaíde na primeira *live* feita pela artista em 2020 com show transmitido pela internet.

Foi somente pelas mãos de Milton Nascimento que Alaíde Costa foi reintegrada ao mundo do disco – e, de certa forma, ao próprio universo da música brasileira – com o histórico e já mencionado dueto no álbum *Clube da Esquina*. Impulsionada pela participação no disco de Milton e Lô Borges, Alaíde gravou álbum com Oscar Castro Neves – lançado em 1973 pela Odeon com músicas de Antonio Carlos Jobim (1927 – 1994), Carlos Lyra e Vinicius de Moraes, compositores recorrentes na discografia da cantora – e, em 1976, fez bater forte *Coração*, álbum produzido sob direção artística de Milton Nascimento, com arranjos de João Donato.

Ponto luminoso da trajetória de Alaíde Costa, o álbum *Coração* flagrou a cantora às voltas com majestosas interpretações de repertório dominado por compositores mineiros em elo que seria refeito décadas depois nos álbuns *Amor Amigo* (2008) – dedicado ao cancioneiro de Milton Nascimento – e *Alegria é Guardada em Cofres, Catedrais* (2015), disco gravado com o guitarrista e compositor mineiro Toninho Horta e músicas de autoria de compositores do Clube da Esquina.

Em que pese o pulso firme dos arranjos e interpretações, o disco *Coração* resultou sem força mercadológica para garantir a continuidade da discografia da cantora na gravadora Odeon ou em qualquer outra multinacional do disco. Desde então, Alaíde Costa passou a lançar álbuns por pequenos selos fonográficos, seguindo fiel à própria sensibilidade.

A volta ao disco aconteceu em 1982, ano de *Águas Vivas*, álbum em que cantou onze músicas com letras de Hermínio Bello de Carvalho. Uma dessas músicas, "Cadarços", tinha melodia da própria Alaíde. Em 1987, lançou *Falando de Amor*, disco feito para selo francês. Em 1988, veio um dos mais densos álbuns da cantora, *Amiga de Verdade*, cujo repertório destacou a pungente regravação de "Morrer de amor" – feita com o grupo MPB4 – e a abordagem de "Absinto" (1983), canção de Fátima Guedes, com quem Alaíde dividiria álbum ao vivo editado em 2011 pela Joia Moderna, gravadora aberta pelo DJ Zé Pedro com o nome do álbum lançado por Alaíde em 1961, 50 anos antes.

Além de dois álbuns gravados pela cantora com o pianista João Carlos Assis Brasil (1945 – 2021), editados em 1995 e em 2006, a discografia de Alaíde Costa jamais deixou de expor os rigores dessa fina estilista da canção brasileira. Em 2001, por exemplo, a cantora rasgou a fantasia do repertório carnavalesco e desnudou a melancolia romântica das letras de sucessos foliões em disco que reiterou a habilidade da intérprete para dar voz aos dramas das canções.

Ao longo de 26 álbuns editados entre 1959 e 2022, Alaíde Costa quebrou preconceitos – inclusive o de que cantoras negras devem cantar sambas sincopados, lei racista que vigorou extraoficialmente na indústria fonográfica do século XX – e extrapolou rótulos. Sem preconceitos, Alaíde dividiu álbum com cantor pernambucano de visibilidade restrita ao estado natal – Gonzaga Leal, parceiro de Alaíde no disco *Porcelana* (2016) – com o mesmo apuro com que abordou a obra refinada do compositor e pianista paulista José Miguel Wisnik no songbook *O Anel* (2020), prova da perenidade do canto da artista.

Aos 86 anos, Alaíde Costa personifica a dama da canção brasileira. Não por acaso, *A Dama da Canção* é o título do único registro audiovisual da artista, editado em DVD em 2018 com a gravação de programa gravado em agosto de 2015 em estúdio da cidade de São Paulo (SP) com produção de Thiago Marques Luiz.

Mesmo sem nunca ter frequentado as paradas de sucessos, Alaíde Costa pavimentou carreira sólida que exemplifica a recompensa recebida – mesmo que tardiamente – pelas cantoras que põem a voz somente a serviço da arte, sem compromisso com o mercado. Indo além da bossa nova, cujos 60 anos celebrou ao lado de Claudette Soares em disco ao vivo editado em 2018, Alaíde Costa imprimiu assinatura pessoal e intransferível nas altas esferas da música popular do Brasil, o que lhe permitiu irmanar composições de Céu ("Turmalina negra", parceria com o irmão Diogo Poças), Fátima Guedes ("Nenhuma ilusão") e Erasmo Carlos ("Praga", primeira parceria do *Tremendão* com Tim Bernardes) no álbum *O Que Meus Calos Dizem Sobre Mim*, produzido por Emicida e Marcus Preto, sob a contemporânea direção musical de Pupillo, dentro de refinada atmosfera evocativa do samba-canção dos anos 1940 e 1950. As escolhas de Alaíde Costa ao longo da carreira dizem tudo sobre essa sofisticada dama da canção brasileira.

Alcione

Uma cantora da cor do Brasil

Em 1984, Alcione foi assertiva ao batizar com o título *Da Cor do Brasil* o 10º álbum de músicas inéditas da discografia que iniciara timidamente em 1972 com a edição de single duplo com músicas de Gilberto Gil e do também debutante Nei Lopes. Por mais que a voz de contralto da cantora maranhense tenha sido associada ao samba em 1975, por necessidade mercadológica da gravadora Philips, Alcione Dias Nazareth transcendeu rótulos, extrapolou nichos e se tornou uma das grandes vozes do Brasil.

Em 2022, ao celebrar 50 anos de carreira fonográfica com a gravação de show audiovisual apresentado em 5 de junho no Theatro Municipal do Rio de Janeiro, Alcione já é entidade com passe livre em todos os cantos da música brasileira, tendo recebido homenagens de vozes da nova geração como MC Tha (cantora que realçou a face afro-brasileira do repertório de Alcione no EP *Meu Santo é Forte!*) e Tássia Reis (intérprete que apresentou show em julho de 2022 com o repertório da *Marrom*).

Diplomada na escola da noite carioca, a cantora foi educada musicalmente pelo pai, João Carlos Dias Nazareth, professor de música e mestre da banda da Polícia Militar de São Luís do Maranhão, cidade natal da cantora nascida em 21 de novembro de 1947 na terra do bumba-meu-boi. Foi sob a regência do pai que Alcione pôs os pés na profissão de cantora ao assumir por um dia o lugar de *crooner* da Orquestra Jazz Guarani.

Ao migrar para a cidade do Rio de Janeiro (RJ) em 1967, para tentar a grande chance como cantora, Alcione já sabia tocar instrumentos de sopro como o clarinete e o trompete. Como cantora da noite do Rio, onde bateu ponto em boates cariocas no início dos anos 1970 ao lado de futuros astros como Djavan e Emílio Santiago (1946 – 2013), a artista pôs a musicalidade e a voz grave e volumosa a serviço do canto de boleros, *chansons* francesas, *standards* da canção norte-americana, sambas--canção da era pré-bossa nova e até sambas.

O estouro nacional da futura amiga Clara Nunes (1942 – 1983) em 1974 fez Roberto Menescal, então entronizado no posto de diretor artístico da Philips, se lembrar da cantora que buscava oportunidades no mundo disco. O aval do cantor Jair Rodrigues (1939 – 2014) reforçou a aposta na novata. Para fazer frente à gravadora rival Odeon, que promovia Clara com pompa, Menescal transformou Alcione na nova voz do samba.

A Voz do Samba foi o título do álbum que chegou às lojas em 1975 com a imagem sorridente de Alcione na capa e com produção musical orquestrada pelo baiano Roberto Santana. Dois sambas, "O surdo" (Totonho e Paulinho Rezende, 1975) e "Não deixe o samba morrer" (Edson Conceição e Aloísio Silva, 1975), sobressaíram no repertório, tocando nas rádios e nos programas de TV. O Brasil começou a se habituar com a imagem espontânea de Alcione.

Um segundo álbum, *Morte de um Poeta*, surtiu menor efeito popular ao ser lançado em 1976. Mas o caminho já estava aberto para Alcione. O sucesso avassalador dos três álbuns seguintes da cantora – *Pra Que Chorar* (1977), *Alerta Geral* (1978) e *Gostoso Veneno* (1979) – consolidou a carreira da intérprete carinhosamente conhecida como *Marrom*, apelido conquistado na era pré-fama.

A partir do álbum *Alerta Geral*, cujo título foi aproveitado pela TV Globo ao criar o programa mensal apresentado por Alcione de março de 1979 a maio de 1981, a face mais romântica do repertório de Alcione começou a ficar mais em evidência.

A explosão do samba-canção "Sufoco"(Antonio José e Chico da Silva, 1978) impulsionou as vendas do álbum *Alerta Geral* e deu a pista da vocação romântica dessa cantora que ficaria eternamente grata a Maria Bethânia por ter sido convidada pela colega baiana para gravar um bolero, "O meu amor" (Chico Buarque, 1978), no álbum *Álibi* (1978).

O sucesso de "Sufoco" fez a gravadora Philips jogar as fichas em "Menino sem juízo", composição de Chico Roque e Paulinho Rezende que manteve Alcione no topo das playlists em 1979, fazendo o álbum *Gostoso Veneno* se tornar um dos discos mais vendidos daquele ano.

Na dramaturgia da canção popular romântica, "Sufoco" e "Menino sem juízo" sinalizaram que Alcione desempenhava muito bem o papel da mulher submissa aos caprichos do homem amado. Tanto que, na década seguinte, quando a cantora já fazia discos pela gravadora RCA-Victor (renomeada BMG-Ariola em 1987), compositores já criavam músicas para Alcione nessa linha que rimava amor e desejo com culpa e dependência. "Nem morta" (1985) e "Estranha loucura" (1987), baladas dos hitmakers Michael Sullivan e Paulo Massadas, reforçaram esse papel da intérprete no teatro da canção sentimental brasileira e se tornaram emblemáticas nessa fase da discografia da cantora ao lado de canções como "O que eu faço amanhã...?" (José Augusto, 1986) e "Garoto maroto" (Franco e Marcos Paiva, 1986).

Embora o sucesso da música "A loba" (Paulinho Resende e Juninho Penalva, 2001) tenha dado voz ativa à Marrom no jogo do amor, contribuindo decisivamente para a injeção de fôlego que revitalizou a carreira da cantora ao longo dos anos 2000, duas músicas lançadas como singles para promover o álbum lançado por Alcione em maio de 2020, *Tijolo por Tijolo*, devolveram à cantora o papel da mulher submissa. Enquadrados na moldura do pagode romântico, os sambas "Fascínio" (Toninho Geraes e Paulinho Rezende) e "Alto conceito" (Fred Camacho e Leandro Fab) reforçaram a identificação da intérprete com a submissão feminina.

Ainda assim, Alcione jamais se deixou dominar por um estilo de música. A Marrom que tira o chapéu para o "negão" perfilado na ginga de "Meu ébano"(Nenéo e Paulinho Resende, 2005) – samba sobressalente no repertório do álbum *Uma Nova Paixão* (2005) – é a mesma cantora que sempre dedica uma faixa dos discos para celebrar o Maranhão natal e que dá voz a um samba-canção de Cartola (1908 – 1980), compositor bamba de quem a Marrom costuma cantar "Autonomia" (1977), música que gravou no álbum *Nosso Nome: Resistência* (1987).

Totalizando quarenta e um álbuns lançados entre 1975 e 2020, a discografia de Alcione se tornou coerente com a ideologia musical da cantora apresentada como a voz do samba pelo faro mercadológico de Roberto Menescal. Ainda que contenha um título dedicado ao gênero irmão do samba-canção, o CD e DVD *Boleros ao Vivo* (2017), a obra fonográfica da *Marrom* jamais se afastou do samba e do romantismo.

Nem por isso Alcione deixou de seguir outras cadências bonitas ao longo da trajetória fonográfica, sobretudo na discografia feita na gravadora RCA / BMG-Ariola entre 1982 e 1996.

Os oito álbuns lançados pela cantora na Philips entre 1975 e 1982 – *A Voz do Samba* (1975), *Morte de um Poeta* (1976), *Pra Que Chorar* (1977), *Alerta Geral* (1978), *Gostoso Veneno* (1979), *E Vamos à Luta* (1980), *Alcione* (1981) e *Dez Anos Depois* (1982) – costumam ser mais valorizados pela maior parte dos críticos pela coesão dos repertórios.

Contudo, a fase posterior da obra fonográfica da cantora talvez seja mais representativa por trazer todas as cores da alma musical da *Marrom*. O primeiro álbum dessa fase, *Vamos Arrepiar* (1982), ainda seguiu a linha do *Alcione* de 1981 e – entre o soul do "Mister samba" (Cassiano e Denny King, 1982) – alicerçou a conexão da cantora com os compositores da geração de sambistas projetados nos anos 1980 na quadra do Cacique de Ramos.

Seguindo a dica que Beth Carvalho (1946 – 2019) dera ao Brasil em 1978, Alcione passou a dar voz a compositores como Arlindo Cruz e Jorge Aragão, integrantes das primeiras formações do grupo Fundo de Quintal. Arlindo e Aragão desde então se tornaram compositores recorrentes nos créditos dos álbuns da artista ao lado de Nei Lopes, este presente na discografia de Alcione já no seminal single de 1972.

É da lavra de Nei Lopes (em parceria com Leonardo Bruno) o "Maracatu do meu avô" gravado por Alcione em *Almas & Corações* (1983), álbum em que a cantora se apresentou como compositora pela primeira e única vez, assinando "Amor em tom menor" com Nilton Barros.

A partir do álbum de 1984, significativamente intitulado *Da Cor do Brasil*, Alcione passou a enfatizar a diversidade rítmica nacional na discografia. Neste disco, ela rodou com Maria Bethânia na ciranda de samba de Martinho da Vila e *forrofiou* com Luiz Gonzaga (1912 – 1989), rei da nação musical nordestina. No álbum seguinte, *Fogo da Vida* (1985), seguiu o passo do ijexá para saudar o bloco afro-baiano Ara Ketu. Em *Fruto e Raiz*, álbum de 1986, Alcione *chamegou* ao gravar tema forrozeiro do compositor Jorge de Altinho.

Entre sambas, baladas e até lambada ("Universo da paixão", do álbum *Ouro & Cobre*, de 1988), Alcione seguiu nos tons do Brasil. Por contingências mercadológicas, a cantora amargou períodos de menor visibilidade ao longo dos anos 1990, década em que gravou discos de menor rigor estilístico como *Pulsa Coração* (1992).

Entre duas celebrações dos tempos de *crooner* na noite carioca nos álbuns *Profissão Cantora* (1995) e *Nos Bares da Vida* (2000), Alcione fez álbuns temáticos quando voltou em 1997 para a gravadora que a havia lançado no mercado fonográfico. *Valeu* (1997) foi aval aos grupos de pagode projetados nos anos 1990. *Claridade* (1999) foi tributo à amiga Clara Nunes.

Alcione recuperou o fôlego mercadológico ao ingressar em 2002 na Indie Records, gravadora na qual intercalou discos ao vivo com álbuns de músicas inéditas de apelo popular perceptível em títulos como *Faz Uma Loucura Por Mim* (2004) e *Uma Nova Paixão* (2005).

Desde então, a *Marrom* virou entidade, voz já transcendental do samba, que é primo do jazz, das canções de amor e de toda música feita com a cor do Brasil.

Ana Carolina

A voz ardente das paixões

Para seguidores de vozes passionais, Ana Carolina foi sol que se acendeu em todo o território brasileiro em 1999 e que se manteve a pino ao longo das duas primeiras décadas do século XXI. É como se Ana Carolina Souza – cantora, compositora e instrumentista mineira nascida em Juiz de Fora (MG) em 9 de setembro de 1974 – acendesse fogueira em alto mar com o canto ardente e personificasse ilha cercada de cantoras de registro *cool* por todos os lados.

Voz febril que se fez ouvir em todo o Brasil a partir do sucesso da música "Garganta" (Antonio Villeroy), hit massivo do álbum de estreia *Ana Carolina* (1999) que reverberou em escala nacional na trilha sonora da novela *Andando nas Nuvens* (TV Globo, 1999), a artista mineira é capaz se afinar com o requinte de Guinga – com quem fez a canção "Leveza de valsa" (2010), escrevendo com precisão os versos da letra – e, em outro universo, entabular parceria com o *hitmaker* sertanejo Bruno Caliman e com o sofisticado compositor e pianista Zé Manoel.

Caliman e Zé Manoel são os parceiros de Ana Carolina em "Fogueira em alto mar", composição que deu nome ao álbum de músicas inéditas lançado pela artista em 2019. Em *Fogueira em Alto Mar*, disco de combustão industrializada, a cantora procurou reacender a brasa que levantou altas labaredas ao longo dos anos 2000.

Bamba no toque do pandeiro, Ana Carolina é autora de textos quentes como a voz grave e volumosa. A edição do livro *Ruído Branco* em dezembro de 2016 ratificou que, na escrita da poeta, há o calor que irradia nas letras de músicas. Muitas dessas músicas são compostas em parceria com Antonio Villeroy, gaúcho que vivia *longe demais das capitais* antes de ganhar projeção nacional como parceiro de Ana em canções como "Pra rua me levar" – apresentada na voz de Maria Bethânia em 2001 dois anos antes de ser gravada pela autora no álbum *Estampado* (2003) – e "Ruas de outono", balada sobressalente no farto repertório do álbum *Dois Quartos* (2006).

Treinada no circuito de bares da cidade natal de Juiz de Fora (MG), antes de a artista buscar um lugar ao sol nacional ao fazer a travessia para o Rio de Janeiro (RJ) em 1998, a voz de Ana Carolina geralmente seduz ouvintes quando a artista extrapola o arco da obra autoral. Ao seguir o roteiro imprevisível do show *Ruído Branco* (2017), por exemplo, a cantora tascou "Beijo partido" (Toninho Horta, 1975) e enveredou pela poesia de "Dentro de mim mora um anjo" (Sueli Costa e Cacaso, 1975) entre inéditas músicas autorais como o rap "A pele" (Ana Carolina, 2017).

Compositora generosa, orgulhosa da produção autoral, Ana Carolina forneceu músicas que sedimentaram as carreiras de Mart'nália – intérprete original do samba "Cabide", sucesso do álbum *Menino do Rio* (2005) – e de Preta Gil, que acendeu "Sinais de fogo" (Ana Carolina e Antonio Villeroy) ao se lançar como cantora em 2003.

Talvez pelo zelo com o cancioneiro autoral, Ana Carolina consiga a proeza de imprimir a própria assinatura vocal em músicas de lavras alheias. Somente seguidores fiéis da artista sabem que a canção "Nada pra mim", do já mencionado álbum de estreia *Ana Carolina*, é de autoria de John Ulhoa, compositor e músico do grupo mineiro Pato Fu. O próprio hit inicial "Garganta" parece ter nascido das entranhas de Ana Carolina, intérprete que carrega na voz "um desejo doido de gritar", como canta na letra desse hit seminal.

Abafado pelos críticos e amplificado pela adesão popular ao canto da intérprete, o brado visceral de Ana Carolina provoca amores e ódios na mesma intensa proporção. Fogueira acesa nesse mar de paixões, a voz da cantora agregou nomes de peso no segundo álbum, *Ana Rita Joana Iracema e Carolina* (2001). Adriana Calcanhotto foi parceira de Ana em "Dadivosa", tributo a Maria Bethânia, também assinado por Neusa

Pinheiro. Alcione foi a convidada da gravação de "Violão e voz" (Ana Carolina). Com Vanessa da Mata, Ana compôs "Me sento na rua".

Contudo, entre três parcerias com Antonio Villeroy ("A câmara que filma os dias", "Confesso" e "Que se danem os nós"), a música que o Brasil cantou foi "Quem de nós dois", tema da novela *Um Anjo Caiu do Céu* (TV Globo, 2001). Versão em português da canção italiana "La mia storiatrale dita" (Gianluca Grignani e Massimo Luca, 1994), escrita por Ana com Dudu Falcão, "Quem de nós dois" ampliou o público e o alcance da voz da cantora, talvez por trazer no D.N.A. a intensidade característica de Ana Carolina.

O álbum seguinte, *Estampado* (2003), ponto culminante da discografia da artista, marcou as aberturas das parcerias de Ana Carolina com Chico César ("Mais que isso"), Seu Jorge ("Não fale desse jeito" e "O beat da beata") e Vitor Ramil ("Nua", canção de beleza melódica sobressalente em safra autoral que também destacou "Encostar na tua", balada composta por Ana sem parceiros).

A conexão com Seu Jorge em "O beat da beata" – faixa gravada com a adesão vocal do cantor e compositor carioca – deu a pista de dois momentos posteriores da trajetória artística de Ana Carolina. A incursão pela música de pista seria intensificada dez anos depois no álbum *#AC* (2013), disco de moldura eletrônica em que a cantora apostou no *groove* gerado por mix de programações, guitarras e percussões.

O álbum *#AC* teve repertório escorado na parceria de Ana com Edu Krieger, coautor de cinco das 12 músicas do disco. Uma delas, "A resposta da Rita", foi réplica da letra do samba "A Rita", composto por Chico Buarque e apresentado na voz do autor em 1965. Chico embarcou na ideia e participou da faixa, em sintonia com o fato de ter sido avalista do canto de Ana Carolina desde que ouviu a gravação de "Beatriz" (Chico Buarque e Edu Lobo, 1983) no primeiro álbum da cantora, a ponto de indicá-la para o elenco do *songbook* com a obra do compositor, projeto fonográfico de 1999 para o qual Ana gravou "Eu te amo" (1980), parceria de Chico com Antonio Carlos Jobim (1927 – 1994).

O outro desdobramento da parceria com Seu Jorge aconteceu em 2005. Naquele ano, a cantora se apresentou com o artista em show que ganhou vida própria e correu o Brasil. Perpetuado em CD e DVD, o show *Ana & Jorge* foi alavancado pela explosão radiofônica da balada "É isso aí", gravada pelos cantores com a letra em português escrita por

Ana para a melodia de "The blower's daughter" (2002), canção do compositor irlandês Damien Rice propagada em âmbito mundial no filme *Closer* (2004).

Por ter representado pico de popularidade nas trajetórias de Ana Carolina e Seu Jorge, o encontro dos cantores nos palcos foi bisado onze anos depois. Em 1º de abril de 2016, os artistas estrearam na cidade de São Paulo (SP) o show *Mais Uma Vez Ana & Jorge* em clima de bailão eletro-pop-popular. A fórmula parecia certeira, aliando hits dos artistas a sucessos alheios como "Coleção" (Cassiano e Paulo Zdanowski, 1976) e "Não diga nada" (Prêntice, Ed Wilson, Gilson e Ronaldo Bastos, 1985). Contudo, a química surtiu efeito bem menor do que o do show original de 2005.

Encerrado o período áureo da primeira década de carreira, Ana Carolina ousou se distanciar dos habituais tons febris no álbum *N9ve*, lançado em agosto de 2009. Idealizado para celebrar os dez anos de carreira fonográfica da artista, *N9ve* foi disco em que a cantora procurou abrandar a temperatura do canto, em sintonia com a refinada produção musical orquestrada por Alê Siqueira, Alexandre Kassin e Mario Caldato Jr. – trio habituado a transitar em outros ambientes musicais. Em busca do status perdido, Ana Carolina abriu parceria com Gilberto Gil – coautor de "Torpedo", samba também assinado por Mombaça – e convidou a cantora norte-americana de jazz Esperanza Spalding para dividir a interpretação da balada "Traição" (Ana Carolina e Chiara Civello) em tempo de delicadeza sublinhada pelo toque do piano de Daniel Jobim.

Mesmo esboçando aura *cool* neste álbum atípico na discografia da cantora, Ana Carolina soou pop em "Entreolhares (The way you're looking at me)", faixa bilíngue gravada com o cantor e compositor norte-americano John Legend, parceiro de Ana e de Antonio Villeroy na composição estrategicamente apresentada em julho de 2009 como primeiro single de *N9ve*, álbum sucedido três meses depois pelo projeto fonográfico colaborativo *N9ve + 1*(2009), editado em CD e DVD.

Cantora surgida na era da música audiovisual, Ana Carolina contabiliza sete DVDs editados entre 2003 e 2015, ano em que *#AC ao vivo* chegou ao mercado fonográfico. Nos doze álbuns da discografia, a cantora se permitiu pecar por excessos tão ao gosto do público passional que a segue com fidelidade reiterada pelos ingressos esgotados nas sucessivas apresentações do show *Fogueira Em Alto Mar* (2019), em cujo roteiro Ana Carolina reacendeu sucessos de Cazuza (1958 – 1990), Djavan, Lulu Santos, Martinho da Vila e Rita Lee e Roberto Carlos.

"Sei que não sou santa / Às vezes, vou na cara dura / Às vezes, ajo com candura / Pra te conquistar / Mas não sou beata / Me criei na rua / E não mudo minha postura / Só pra te agradar", avisou Ana Carolina, voz ardente das paixões, tão logo irrompeu em cena, através dos versos de "Garganta". Dado em 1999, o recado faz todo sentido em 2022, ano que Ana Carolina preparou o retorno à cena com show e disco previstos para outubro, com o habitual "desejo doido de gritar" que rege a garganta potente da artista.

Angela Ro Ro

Canto com cheiro de amor

Angela Ro Ro completa 50 anos de carreira em 2022 se contabilizado o toque (não creditado) da gaita na gravação de "Nostalgia (That's what rock'nroll is all about)", música de Caetano Veloso que encerrou o álbum *Transa*, lançado em janeiro de 1972 pelo artista então exilado em Londres.

Carioca nascida em 5 de dezembro de 1949, Angela Maria Diniz Gonsalves – com o 's' no último sobrenome no lugar do 'ç' exigido pela norma gramatical – estava na capital da Inglaterra em 1971, ano em que Caetano gravou *Transa* com a *little help* de vários amigos. Só que o exílio dessa então hippie carioca nascida em Copacabana e criada em Ipanema, à beira-mar, era voluntário.

Na volta ao Brasil em 1974, Ro Ro – que ganhara o apelido por conta da voz grave e rouca – começou a gerar cancioneiro autoral que o Brasil ouviria a partir de 1979, ano marcado pela revolução feminina na MPB.

Cantora, compositora e pianista, Ro Ro já teve infância musical, pautada pelo estudo do piano clássico e pelas primeiras composições. Contudo, foi somente ao reunir a bagagem existencial da vida adulta, com as ilusões e "as tristezas que o amor lhe deu" – como poetizou em verso da música "Não há cabeça" – que Angela Ro Ro cresceu e apareceu como compositora. A estreia fonográfica poderia ter acontecido em 1976 se os produtores do festival *Som, Sol & Surf – Saquarema* tivessem concretizado a ideia de lançar disco com registros do evento realizado na litorânea cidade fluminense de Saquarema (RJ). Uma das atrações do festival, Ro Ro mostrou composições autorais ainda inéditas como "Minha mãezinha".

"Minha mãezinha" somente chegaria ao disco em 1979 entre as doze músicas que compuseram o lapidar repertório autoral do primeiro álbum de Angela Ro Ro. Um dos mais coesos discos de estreia de um artista, o álbum *Angela Ro Ro* se tornou, com o passar dos anos, espécie de *greatest hits* do cancioneiro da cantora. Havia originalidade e beleza nesse repertório criado pela artista com doses equilibradas do desalento em carne viva do blues, do balanço frenético do boogie, da postura assertiva do rock e da melancolia melodramática do samba-canção.

Foi como se Ro Ro, ao cantar sobre "aquela velha história, ah, o amor", ardesse na fogueira das paixões como *mix* improvável de Maysa (1936 – 1977) e Janis Joplin (1943 – 1970), mas com assinatura própria, delineada pela delicadeza do canto que podia acarinhar em um momento e expor ferocidade em outro.

Selvagem, aliás, é o título do por ora último álbum de músicas inéditas da artista, lançado em 2017. Nesse disco, a arretada Ro Ro xaxou na pisada do baião "Parte com o Capeta" e subiu o morro para denunciar a violência contra a mulher no samba "Maria da Penha". Contudo, foi na balada "Nenhuma nuvem" que o seguidor mais atento da artista conectou a compositora de "Selvagem" com a Ro Ro em estado de graça do álbum de 1979.

No disco de estreia, havia canções do porte de "Tola foi você", "Não há cabeça" – apresentada meses antes na voz de Marina Lima, cantora que teve a primazia de lançar Angela Ro Ro no disco *Simples Como Fogo* (1979) – e "Gota de sangue", também gravada por Maria Bethânia naquele ano de 1979 no álbum *Mel*. Das doze músicas, dez traziam somente a assinatura de Ro Ro. O suor da paixão em "Cheirando a amor", a ressaca afetiva de "Mares de Espanha" e o tormento solitário de "Me acalmo danando" externaram dores e amores de compositora à flor da pele. Contudo, o grande sucesso do disco foi "Amor, meu grande amor", parceria de Ro Ro com a compositora letrista Ana Terra.

Propagada na trilha sonora da novela *Água Viva*, exibida pela TV Globo em 1980, a canção "Amor, meu grande amor" abriu caminho para o segundo álbum de Angela Ro Ro. Intitulado *Só Nos Resta Vi-*

ver, esse segundo álbum chegou às lojas no segundo semestre de 1980, impulsionado pela execução da música-título na trilha de outra novela global, *Coração Alado*.

Marcada pelos versos finais "A vida é bela / Só nos resta viver", a bela canção-título do álbum de 1980 sobressaiu, pela afinidade entre letra e melodia, em repertório autoral que resultou menos coeso no confronto com o conjunto homogêneo do disco de 1979. Contudo, entre temas confessionais como a canção "Renúncia" e o boogie "Meu mal é a birita", Ro Ro se mostrou pela primeira vez como (sensível) intérprete de músicas alheias, mergulhando fundo no poço de "Bárbara" (1973) para viver a paixão entre mulheres da canção de Chico Buarque e Ruy Guerra.

A abordagem de "Bárbara" no álbum *Só Nos Resta Viver* soou coerente com a coragem pioneira de Ro Ro, primeira cantora famosa a se assumir lésbica no panteão da música brasileira. A pista já havia sido dada na letra da canção "Tola foi você". Maravilhosa nessa atitude, Ro Ro transbordaria feito hemorragia por ter enfrentado o mundo de boca e peito abertos, sofrendo e revidando preconceitos. *Eu Desatino*, reconheceu a artista no título do álbum de 1985 que, após seis LPs, encerrou a passagem de Angela Ro Ro pela Polygram, gravadora que editou os primeiros discos da cantora pelo selo Polydor.

Ro Ro parou em manchetes policiais e enfrentou turbulências emocionais, mas caiu de pé. Atento aos sinais de desajuste, Caetano Veloso retratou as dissonâncias e a sanidade da loucura de Ro Ro na canção *bluesy* que daria título ao terceiro álbum da artista, *Escândalo!*, lançado em 1981 com menor dose de músicas autorais no repertório que, da lavra de Ro Ro, incluiu "Came e case".

Efeito da menor coesão da produção autoral da compositora nessa fase de desvario da vida, o grande sucesso do quarto álbum de Ro Ro, *Simples Carinho* (1982), foi o bolero que batizou o disco. "Simples carinho" é bolero de João Donato com letra de Abel Silva. Melodista e letrista souberam dar leveza ao gênero, atenuando a carga de dramaticidade normalmente imposta aos boleros.

Tanto *Escândalo!* como *Simples Carinho* foram álbuns gravados por Angela Ro Ro com produção musical do pianista carioca Antonio Adolfo. A parceria com Adolfo na produção foi estendida para o melhor álbum de Ro Ro após a estreia consagradora de 1979. O álbum *A Vida*

É Mesmo Assim foi lançado em 1984 com música que mostra que Ro Ro reacendera a chama da criação. Só que essa música, "Fogueira", já não era inédita, pois havia sido apresentada no ano anterior por Maria Bethânia no álbum *Ciclo* (1983). De novidade autoral, havia o fox-canção-título "A vida é mesmo assim" e a tristonha "Gata, moleque, ninfa", canção que ecoou a melancolia das melhores músicas da compositora. Da lavra alheia, havia a canção "Nenhum lugar", obra-prima de Sueli Costa com letra do poeta Tite de Lemos (1942 – 1989).

Com o pouco efeito desses petardos nas paradas, Angela Ro Ro acabou empurrada para a margem do mercado fonográfico. Após seis álbuns que concentram o suprassumo da obra da compositora, a cantora passou a gravar com menor regularidade. Em 1988, lançou pela gravadora Eldorado álbum, *Prova de Amor*, que trouxe a canção "Meu benzinho" e que, não fosse a teimosia da artista, poderia ter apresentado ao Brasil a música "Malandragem" (Cazuza e Roberto Frejat) que seria lançada seis anos depois na voz de Cássia Eller (1962 – 2001). Identificando em Ro Ro os próprios excessos, Cazuza estendeu a mão para a "exagerada". Mas Ro Ro foi surda aos apelos para gravar "Malandragem". Ao menos, aceitou abrir parceria com Cazuza em "Cobaias de Deus" (1989), grande música da compositora após a fase áurea.

Raio-x das alucinações do cantor nos períodos de internação em hospitais para frear as infecções provocadas pelo vírus da Aids, "Cobaias de Deus" foi lançada por Cazuza no álbum *Burguesia* (1989) e ganhou a voz de Ro Ro no primeiro disco com registro de show da cantora, *Nosso Amor Ao Armagedon – Ao Vivo*, disco gravado em fevereiro de 1993 e lançado naquele ano pela Som Livre. Neste primeiro álbum de Ro Ro editado em CD, a cantora rebobinou sucessos entre músicas de Chico Buarque.

Chico reapareceu com "Gota d'água" (1975) no primeiro disco de estúdio de Ro Ro em doze anos, *Acertei no Milênio* (2000), cujo título aludia ao samba "Acertei no milhar" (Geraldo Pereira e Wilson Baptista, 1940). O samba foi gênero recorrente no repertório desse disco em que Ro Ro apresentou a canção "Sim, dói" e gravou parcerias com Ricardo McCord, pianista e arranjador que passara a dividir os palcos com a cantora nos anos 1990 em shows regados a humor e música.

McCord é o parceiro de "Compasso", boa música-título do álbum de composições inéditas que marcou a volta de Ro Ro ao disco em 2006 via Indie Records. Retorno duplo, pois, no mesmo ano, a cantora gravou e lançou o CD e DVD *Angela Ro Ro Ao Vivo* em sintonia com o boom audiovisual do mercado fonográfico nos anos 2000. Captado em show apresentado pela cantora em setembro de 2006 no Circo Voador (RJ), com participações de Alcione, Luiz Melodia (1951 – 2017) e Roberto Frejat, o DVD *Angela Ro Ro* chegou às lojas em dezembro daquele ano como o primeiro e por ora único registro audiovisual de tom retrospectivo da artista.

O segundo DVD de Ro Ro – *Feliz da Vida!*, gravado em outubro de 2012 e lançado em setembro de 2013 com registro de show também editado em CD – foi feito fora da linha revisionista do mercado e apresentou repertório inédito. Ro Ro abriu parcerias com Ana Carolina ("Canto livre"), Jorge Vercillo ("Capital do amor"), Paulinho Moska ("Feliz da vida!") e Sandra Sá ("Beijos na boca"), além de ter corrigido o erro de 1988 ao gravar, enfim, "Malandragem" com a adesão de Frejat. O título *Feliz da Vida!* aludiu ao bem-estar dessa artista celebrada pela obra inicial calcada nas tristezas que o amor lhe deu.

Anitta

A *Brazilian Bombshell* do funk pop

Com a notória sagacidade com que vem conduzindo carreira que completou uma década em 2022, Anitta evocou a imagem tropicalista de Carmen Miranda (1909 – 1955) ao se apresentar na edição de 2018 do festival *Rock in Rio Lisboa*.

O link fez sentido. Nascida em 30 de março de 1993 na cidade do Rio de Janeiro (RJ), Larissa de Macedo Machado se tornou a *Brazilian Bombshell* do funk pop carioca, ganhando visibilidade em escala planetária ao longo dos últimos dez anos em improvável trajetória que suscita comparações com o sucesso obtido por Carmen Miranda nos Estados Unidos ao longo da década de 1940.

A presença de Anitta no 14º álbum de estúdio de Madonna – *Madame X* (2019), em dueto com a *material girl* no funk lusitano "Faz gostoso" (Blaya, Mc Zuka, Tyoz, No Maka e Stego, 2018) – foi o atestado definitivo de que a cantora e compositora havia chegado lá. E por "lá" entenda-se o fato de Anitta ser estrela internacional que dialoga com os códigos do pop gringo sem abafar as origens funkeira e carioca. Essa habilidade ficou mais uma vez evidenciada no eletrizante show apresentado pela cantora em 15 de abril de 2022 no festival norte-americano *Coachella*. Durante 43 minutos, Anitta fez história ao comandar baile cheio de referências da cultura brasileira tropicalista – com ênfase na associação do funk com a favela – no primeiro show solo de uma artista do Brasil no palco principal festival.

Aos olhos do público do *Coachella* e do mundo, Anitta é a *girl from Rio*, como a cantora se apresentou em 2021 em single incorporado ao repertório trilíngue do quinto álbum de estúdio da artista, *Versions of Me*, lançado em 12 de abril de 2022 com quinze músicas escritas em inglês, em espanhol e até em português – caso do funk "Que rabão", gravado com o rapper norte-americano IG, com o MC fluminense Kevin O Chris e com o produtor Papatinho, além do funkeiro Mr. Catra (1968 – 2018), ouvido em colaboração póstuma. Nesse coquetel pop industrializado, orquestrado pelo produtor executivo Ryan Tedder com adesões estelares de Cardi B e TyDolla $ign, entre outros nomes em evidência no universo pop, o *reggaeton* "Envolver" adquiriu papel emblemático na escalada de Anitta porque, em 25 de março de 2022, "Envolver" se tornou a música mais ouvida no mundo, na plataforma Spotify, contabilizando feito histórico na carreira da artista, proeza que rendeu a Anitta, em julho, menção honrosa no livro *Guiness World Records* por ter sido a primeira artista latina a alcançar a primeira posição no ranking global da plataforma com gravação solo.

Criada em família de modestos recursos no subúrbio carioca de Honório Gurgel, Anitta desde cedo demonstrou pendores artísticos, desenvolvidos no canto de coral de igreja e em aulas de dança. Ao mesmo tempo, cursou administração em escola técnica visando emprego seguro que largou ainda em estágio inicial para seguir o circuito fluminense dos bailes de funk promovidos pela empresa Furacão 2000, marca historicamente associada ao *batidão* carioca.

Rebatizada como Anitta em 2010 pelo DJ Batutinha, designado pela equipe da Furacão 2000 para ensinar à cantora debutante o beabá dos bailes, a artista logo mostrou luz própria. Dois anos depois, Anitta começou a pavimentar a própria trilha na música, indo além do circuito dos bailes.

Em março de 2012, a cantora lançou na internet a música "Menina má", de autoria própria. A gravação surtiu efeito e abriu caminho para que, em julho daquele ano, outra música, "Meiga e abusada", parceria de Anitta com Cláudia Regina e Jefferson Junior, fosse jogada na rede. Novamente, Anitta acertou o alvo e, em agosto, lançou o EP *Anitta* com os dois hits entre músicas de Batutinha.

Na sequência, com a carreira já agenciada por Kamilla Fialho, empresária carioca que negociou o passe da cantora com a empresa Furacão 2000, Anitta começou a despertar a atenção das gravadoras.

A escolhida foi a multinacional Warner Music, com a qual Anitta assinou contrato em janeiro de 2013, no rastro do sucesso das músicas "Meiga e abusada" e "Menina má". Em abril, single com a música que seria o primeiro grande sucesso da artista além do circuito do funk – "Show das poderosas", composição de Anitta formatada em estúdio com batida pop pelos produtores musicais Mãozinha e Umberto Tavares – precedeu o primeiro álbum da cantora, *Anitta*, lançado em julho daquele ano de 2013.

Dali em diante, Anitta se tornou de fato poderosa e vem dando show ao mostrar tino para desenvolver a carreira. Anitta deu o tom feminino do funk de cepa pop dos anos 2010. Com discurso altivo, mas brando, sem o tom abrasivo de funkeiras antecessoras que recorriam aos palavrões para se fazerem ouvir em território sexista, a cantora e compositora contribuiu decisivamente para dar voz ativa às mulheres nas letras de gênero historicamente escrito sob ótica masculina e comumente machista.

Bem assimilado pelo mercado, o primeiro álbum de Anitta fez jus ao investimento da gravadora. Em junho de 2014, a Warner Music pôs nas lojas o segundo disco da cantora, *Ritmo Perfeito*, simultaneamente com o DVD *Meu Lugar*.

Com dez músicas gravadas em estúdio, dois duetos com o rapper Projota e produção musical que enfatizava o aceno da funkeira para o pop palatável, o álbum *Ritmo Perfeito* chegou ao mercado fonográfico como produto complementar de *Meu Lugar*, primeiro registro audiovisual de show de Anitta, captado em show apresentado pela artista em fevereiro daquele ano de 2014 em arena da cidade natal do Rio de Janeiro (RJ).

Na época, o lugar de Anitta já era privilegiado no mundo da música. A cantora já contabilizava seguidores fiéis que dançaram ao som do pop funk "Blábláblá" (Anitta, Jefferson Junior e Umberto Tavares), da levada R&B de "Na batida" (Anitta, Jefferson Junior e Umberto Tavares) e da cadência romântica de baladas como "Música de amor" (Anitta, Jefferson Junior e Umberto Tavares).

Mesmo sem provocar a explosão do álbum de estreia *Anitta*, o disco *Ritmo Perfeito* consolidou a imagem da cantora. Só que Anitta, ambiciosa, queria mais e já arquitetava um salto na carreira. O pulo inicial da gata foi dado com o lançamento do terceiro álbum de estúdio, *Bang!*, em outubro de 2015. A estrela queria subir ao pódio do universo pop sem fronteiras. Petardo certeiro, a música-título "Bang" (Anitta, Jefferson Junior e Umberto Tavares) abafou eventuais trivialidades do repertório do álbum e sinalizou que Anitta estava atenta aos sinais do pop internacional. Impressão reforçada pela capa estilosa criada por Giovanni Bianco, artista brasileiro que já ostentava trabalhos com Madonna no currículo estrelado.

A pista de *Bang!* era verdadeira. Em 2016, com contatos certeiros, Anitta começou a aparecer fora do Brasil. A Colômbia foi a porta de entrada da cantora brasileira para o rentável mercado de pop latino dos países de língua hispânica. Singles com os cantores colombianos J Balvin (o remix de "Ginza") e Maluma ("Sim ou não") – ambos astros jovens associados ao *reggaeton* – foram passos bem calculados para a conquista do território musical mais cobiçado por Anitta: o dos Estados Unidos.

Em 2017, a assinatura de contrato com agência norte-americana foi outro passo certeiro de Anitta. Nova colaboração com J Balvin no single "Downtown" e conexões fonográficas com artistas de visibilidade planetária – como o trio norte-americano de música eletrônica Major Lazer, a rapper australiana Iggy Azalea e o produtor norte-americano Poo Bear– foram ampliando a presença de Anitta no universo pop.

Com um olho no Brasil e outro no exterior, Anitta apresentou mix de *reggaeton* e *dancehall* em espanhol em maio de 2017 – "Paradinha", parceria da artista com os brasileiros Umberto Tavares e Jefferson Junior – e detonou em 18 de dezembro de 2017 "Vai malandra", funk turbinado por clipe incendiário.

"Vai malandra" pôs Anitta no olho do furacão nacional. Composto pela artista em parceria com Brandon Green e MC Zaac, funkeiro brasileiro que participou da gravação que reuniu Anitta com o rapper norte-americano Maejor, o duo Tropkillaz e o DJ Yuri Martins, "Vai malandra" expôs imagem sem filtro do Brasil real, rodeado por favelas. Só que tanto a batida aliciante do funk quanto o clipe dialogavam com o pop gringo.

Desde 2018, Anitta vem alternando singles gravados em espanhol, inglês e português. Alguns foram mais bem-sucedidos do que outros nas paradas e playlists, caso de "Bola rebola" (Laudz, Zegon, MC Zaac, Anitta, Hailey Collier, JVZEL e J Balvin), funk trilíngue de 2019 em que a cantora reforçou a conexão com J Balvin, MC Zaac e Tropkillaz. Mas todos colaboraram para alavancar o plano de carreira traçado por essa artista de notório temperamento controlador que, em abril de 2019, lançou o primeiro álbum voltado para o mercado internacional, *Kisses*, quarto álbum de estúdio da discografia de Anitta.

Disco difuso, *Kisses* alternou músicas em português, espanhol e inglês em repertório que flertou até com a MPB em "Você mentiu" (Anitta, Jefferson Junior e Umberto Tavares) – canção gravada pela cantora com Caetano Veloso, ícone dessa MPB – e que juntou Anitta com Ludmilla e o rapper Snoop Dogg em "Onda diferente", música que sobressaiu no repertório, inclusive por controvérsia pública relativa à autoria da composição, efetivamente criada por Ludmilla, mas também creditada a Snoop Dogg pelo fato de o artista norte-americano ter participado do fonograma.

Ao dar forma ao quinto álbum de estúdio, inicialmente intitulado *Girl From Rio*, mas depois rebatizado como *Versions of Me*, Anitta resolveu fechar um pouco mais o foco do disco, mais especificamente direcionado ao mercado norte-americano – alvo de músicas em inglês, como "I'd rather have sex" e "Turn it up"– e aos países de língua hispânica, para os quais a cantora gravou o aliciador *reggaeton* "Gata" com o astro porto-riquenho Chencho Corleone. Já o R&B "Ur baby"mesclou versos em inglês e em espanhol no dueto sensual de Anitta com o cantor norte-americano Khalid.

Ainda assim, a batida do Brasil reverberou no funk com Mr. Catra e na bossa sagaz de *Girl From Rio*. Lançado em abril de 2021, o single com a música "Girl from Rio"– assinada por Anitta com as cantoras e compositoras Gale e Raye e com a dupla StarGate (Tor Erik Hermansen e Mikkel Storleer Eriksen) – mixou a suavidade da bossa nova com a batida do trap, se utilizando de parte da melodia de "Garota de Ipanema"(Antonio Carlos Jobim e Vinicius de Moraes, 1962), samba que ganhou o mundo a partir de 1964.

O fato de a foto da capa do single *Girl From Rio* ter virado meme reiterou, mais uma vez, o poder da sagaz garota carioca que se transformou na *Brazilian Bombshell* do funk em trajetória seguida com doses precisas de ambição, marketing e talento.

Tais doses foram aplicadas novamente em 27 de janeiro de 2022 com a edição do single "Boys don't cry", gravado em inglês com a grife de Max Martin, produtor musical e compositor sueco que, a partir dos anos 2000, deu forma a hits para grandes cantoras norte-americanas. Ao lançar essa música explicitamente pop, gravada com sintetizadores que evocavam sons da década de 1980 em batida electrop de *vibe* emo roqueira, a garota carioca mostrou mais uma vez que sabe aonde quer chegar.

Se "Boys don't cry" esteve longe de ser o *blockbuster* imaginado por Anitta, a explosão do *reggaeton* em espanhol "Envolver" (2021) no mercado latino, em efeito viral observado em março de 2022, mostrou que Anitta estava no passo certo para alcançar o destino final da caminhada, chegando ao topo do universo pop com uma das muitas versões de si mesma, ainda que essa travessia esteja longe do fim.

Beth Carvalho

A madrinha do samba da melhor qualidade

Em 1º de maio de 2019, dia triste para a comunidade do samba, a imagem de Beth Carvalho no caixão exposto no velório realizado na sede do Botafogo, time do futebol carioca que fazia bater o coração apaixonado da cantora conterrânea, desmentiu a máxima cunhada no título do samba mais popular do compositor Nelson Sargento (1924 – 2021), "Agoniza, mas não morre", lançado na voz da própria Beth Carvalho há então 41 anos no revolucionário álbum *De Pé no Chão* (1978).

Por alguns momentos, pareceu que o samba estava morto após anos de agonia e dor enfrentadas com valentia pela artista entre entradas e saídas de hospital para combater um câncer na coluna. É que, naquela altura, Elizabeth Santos Leal de Carvalho (5 de maio de 1946 – 30 de abril de 2019) já personificava o próprio samba, gênero que abraçou com paixão no alvorecer da década de 1970.

Beth hasteou e defendeu a bandeira do samba após ter mergulhado brevemente nas águas plácidas da bossa nova e ter transitado pelos palcos dos festivais da canção, em cuja era ganhara projeção nacional em 1968 como intérprete da toada "Andança" (Danilo Caymmi, Edmundo Souto e Paulo Tapajós), defendida pela cantora ao lado do grupo Golden Boys no palco do *III Festival Internacional da Canção*. "Andança" deu nome ao primeiro álbum da cantora, lançado em 1969 na gravadora Odeon com repertório miscigenado que destoaria do tom dos discos posteriores da intérprete.

Em 2019, aos 73 anos de idade e 54 de carreira, iniciada em 1965 com single duplo em que apresentou as músicas "Namorinho" (Mário de Castro e Athayde) e "Por quem morreu de amor" (Roberto Menescal e Roberto Bôscoli) com arranjos de Eumir Deodato, Beth Carvalho já tinha se tornado sinônimo de samba. O gênero que parecia ter morrido com a *madrinha* naquele momento.

Contudo, a roda de samba armada no velório logo diluiu essa sensação. O samba encarava a morte e estava vivo, imortalizado na voz de Beth Carvalho. Até porque a própria Beth vive na afetiva memória popular do Brasil como referência do samba da melhor qualidade, como alardeou com orgulho ao gravar parceria de Almir Guineto (1946 – 2017) e Arlindo Cruz no álbum *Das Bênçãos Que Virão Com Os Novos Amanhãs* (1985).

Em vida, Beth colheu bênçãos e flores dos maiores bambas do samba desde que decidiu cultivar o gênero. O samba "Folhas secas" (Nelson Cavaquinho e Guilherme de Brito, 1973) caiu da Mangueira direto no colo de Beth para o primeiro álbum dedicado pela artista ao samba, *Canto Por Um Novo Dia* (1973), primeiro dos três discos feitos pela cantora na gravadora brasileira Tapecar.

Beth migrou para a Tapecar um ano após gravar o samba-enredo da escola de samba Unidos de São Carlos para o Carnaval de 1972, "Rio Grande do Sul na festa do Preto Forro" (Dárcio Marciano e Nilo Mendes), para EP coletivo editado pela Odeon com quatro registros do gênero nas vozes dos cantores de samba da gravadora. Ao perceber que a Odeon apostaria todas as fichas do samba em Clara Nunes (1942 – 1983), Beth foi para a Tapecar, destino também seguido por Elza Soares.

Na Tapecar, Beth se firmou como a *Enamorada do Sambão*, epíteto cunhado pelo compositor Martinho da Vila no título do samba lançado pela cantora no último dos três álbuns gravados pela cantora nessa companhia fonográfica, *Pandeiro e Viola*. Lançado em 1975, o LP *Pandeiro e Viola* consolidou o sucesso alcançado por Beth no ano anterior quando o samba "1.800 colinas", de autoria de Gracia do Salgueiro, estourou nas rádios, impulsionando o álbum *Pra Seu Governo* (1974).

A partir de 1976, ano em que foi contratada pela gravadora multinacional RCA-Victor, Beth Carvalho deu continuidade, com relevo ainda maior, a uma das trajetórias fundamentais da história do samba, construindo discografia pautada pela coesão até o derradeiro disco, *Ao Vivo no Parque Madureira*, editado em 2014 em CD e DVD, com a gravação do show que Beth fizera em Madureira, bairro carioca associado à Portela, escola de samba cujos compositores foram sempre gravados pela cantora mangueirense.

A discografia de Beth Carvalho contabiliza 32 álbuns oficiais, mas abarca também um 33º título, *Live at Montreux 2005*, editado (somente) em DVD no Brasil em 2008 com o registro do terceiro show feito pela cantora no *Montreux Jazz Festival* com roteiro que apresentou samba até então nunca gravado pela artista, "Lenço branco" (1977), parceria do compositor Picolino da Portela (1930 – 2003) com a cantora Eliana Pittman. É que a gravadora Eagle Vision, cujo acervo então era distribuído pela ST2 no mercado nacional, tinha por contrato o direito de editar em CD e DVD as gravações de shows filmados no festival suíço.

Com trinta e dois ou trinta e três títulos (descontados os singles e coletâneas), a obra fonográfica de Beth Carvalho se tornou de fato referência de samba com os doze álbuns lançados pela cantora via RCA-Victor entre 1976 e 1987. O primeiro, *Mundo Melhor* (1976), contribuiu para popularizar "As rosas não falam" (1976), joia do cancioneiro do compositor Cartola (1908 – 1980), de cuja obra poética Beth pescou outra pérola, "O mundo é um moinho" (1976), para o álbum seguinte, *Nos Botequins da Vida* (1977).

Contudo, a maior e definitiva contribuição de Beth Carvalho ao samba foi feita a partir do álbum de *De Pé no Chão* (1978), disco produzido por Rildo Hora que galgou o topo das *playlists* da época a reboque do samba "Vou festejar" (Jorge Aragão, Dida e Neoci Dias, 1978). Atenta aos sinais, a cantora viu em 1977 a luz que se acendia após o fim do Túnel Rebouças – elo entre a zona sul carioca, berço de Beth, e a zona norte, reduto do melhor samba produzido na cidade do Rio de Janeiro (RJ) – e foi ver o que acontecia na quadra do bloco Cacique de Ramos, celeiro de bambas que pediam passagem no samba.

Beth abriu alas e portas para a geração de Almir Guineto, Arlindo Cruz, Jorge Aragão, Sereno, Ubirany Félix do Nascimento (1940 – 2020), Zeca Pagodinho e Cia. ao dar voz no disco *De Pé no Chão* a um samba renovado pela forma de tocar. Além do repique de mão, invenção de Ubirany, essa geração agregada em torno do grupo Fundo de Quintal pôs na roda o banjo – instrumento criado por Guineto com o auxílio do cantor, ritmista e humorista Mussum (1941 – 1994) – e o tantã, instrumento de percussão já existente na roda, mas reintroduzido por Sereno com outra levada.

Com os pés no chão em 1978, Beth fez história que celebraria 40 anos depois, em setembro de 2018, em show apresentado com o Fundo de Quintal em palco da cidade do Rio de Janeiro (RJ). Nesse show, para atenuar as dores na coluna, Beth também fez história ao cantar deitada sem tirar esses pés do chão que embasa o samba que propagou em álbuns primorosos como *Beth Carvalho no Pagode* (1979), *Sentimento Brasileiro* (1980) e *Na Fonte* (1981), santíssima trindade que deu continuidade à revolução do LP de 1978. A imagem da cantora em cena, deitada no sofá-cama alocado ao centro do palco da casa carioca de shows, simbolizou a valentia dessa artista que se orgulhava de ser caracterizada como sambista, mas que, no fim da vida, idealizou um disco intitulado *Brasileiríssima* para mostrar que o samba e a música não têm fronteiras.

Beth não teve tempo de concretizar esse disco, mas cruzou as fronteiras cariocas ao dar voz ao samba de São Paulo – em disco gravado ao vivo em 1991 na Terra da Garoa e lançado em 1993 – e ao samba da Bahia em registro de show captado no Teatro Castro Alves, palco mais nobre de Salvador (BA), com as presenças de ícones baianos da MPB como Caetano Veloso, Gilberto Gil e Maria Bethânia. A gravação estelar gerou CD ao vivo e DVD em 2007.

Por caprichos do mercado fonográfico, a discografia de Beth Carvalho passou a ser povoada por álbuns ao vivo a partir da década de 1990 e sobretudo nos anos 2000, sendo que alguns registros de show soaram redundantes pelas inevitáveis interseções de sucessos nos repertórios.

É que as portas das gravadoras às vezes se fecharam para essa cantora que se recusou a aderir ao samba menos tradicional irrompido no mercado a partir dos anos 1990 com o rótulo de pagode romântico e que lutou pela numeração dos discos, em sintonia com a ideologia do pai João Francisco Leal de Carvalho, militante de esquerda cassado em 1964 pela ditadura brasileira, o que daria simbolismo especial ao dueto de Beth com engajada cantora argentina Mercedes Sosa (1935 – 2009) no álbum *Beth* (1986).

Basta dizer que a cantora ficou 15 anos sem lançar disco com músicas inéditas no período que foi de 1996, ano do álbum *Brasileira da Gema*, até 2011, quando Beth integrou gerações distintas de compositores em *Nosso Samba Tá na Rua*, álbum que soou como manifesto da fé dessa artista no gênero ao qual se dedicou com tanta verdade que o início titubeante de carreira nos anos 1960 teria sido praticamente apagado da memória nacional, não fosse pelo sucesso perene da música "Andança".

De acordo com a maré, Beth Carvalho cantou novidade, apresentou Zeca Pagodinho ao Brasil no álbum *Suor no Rosto* (1983), promoveu a abertura de parcerias entre bambas do samba e gênios da MPB – mote do disco *Traço de União* (1982) – e prestou tributo a Nelson Cavaquinho (1911 – 1986), a cuja obra dedicou álbum, *Nome Sagrado*, que foi literalmente para as bancas em 2001.

O samba de Beth Carvalho resistiu incólume em álbuns como *Coração Feliz* (1984), *Alma do Brasil* (1988), *Saudades da Guanabara* (1989) e *Intérprete* (1991) – este o derradeiro título da fase mais exponencial e regular da discografia da artista. Rebatendo e combatendo o samba que é ruim, Beth Carvalho pairou soberana sobre velhos e novos quintais. E, por isso, está viva como o samba que pode até agonizar, mas nunca morre.

Cássia Eller

Trovão que ressoa na eternidade

Cássia Eller vive! A frase pode soar o clichê do clichê quando se trata de cantoras que saíram precocemente de cena, mas ainda faz todo o sentido se a cantora em questão for Cássia Rejane Eller (10 de dezembro de 1962 – 29 de dezembro de 2001). Fez 20 anos em dezembro de 2021 que se calou a voz de trovão – assim caracterizada em 1999 por Rita Lee, primeira dama do rock brasileiro. Só que essa voz trovejante parece ressoar na eternidade, como se Cássia jamais tivesse morrido aos 39 anos, vítima de parada cardíaca, em clínica de Laranjeiras, o bairro da zona sul carioca que Nando Reis pôs no mapa musical do Brasil em verso de "All Star", canção que compôs para celebrar Cássia em vida e que o próprio autor lançou em álbum de 2000.

Nem dá para creditar a intensa vivência dessa voz aos discos lançados postumamente, em doses quase anuais, desde 2002, para expandir a obra da cantora nascida na cidade do Rio de Janeiro (RJ), mas criada artisticamente na Brasília (DF) punk da década de 1980. O último disco póstumo de Cássia foi o single *O Espírito do Som*, lançado em dezembro de 2021 com gravação inédita, formatada com produção musical de Chico Chico, Pedro Fonseca e Rodrigo Garcia a partir de áudio com registro ao vivo, captado em 1985, de blues de Chico Evangelista e Péricles Cavalcanti com a voz e o violão de Cássia.

Para quem não liga o nome a pessoa, Chico Chico é o nome artístico de Francisco Ribeiro Eller, filho de Cássia, nascido em 1993. Cantor, compositor e músico que entrou em cena em 2009 e encontrou a própria turma ao longo dos anos 2010, Chico Chico ajuda a perpetuar pela força da genética a imagem ao mesmo tempo doce e rebelde da mãe, imortalizada na memória afetiva de quem viveu no Brasil ao longo da década de 1990.

Celebrada em 2022 pelos 60 anos de vida que poderia estar festejando se não tivesse partido aos breves 39, Cássia Eller irrompeu como vulcão no Brasil deprimido de 1990. Mesmo sem virar fenômeno de massa, o álbum *Cássia Eller* – gravado com produção musical de Mayrton Bahia e Wanderson Clayton, fiéis tradutores da alma musical da artista – arrastou pequenas multidões ao ser lançado naquele ano de 1990 com lava que escorria tanto do canto incandescente da intérprete quanto do som que reanimava o então adormecido espírito do rock e do blues.

O insubordinado rock "Não sei o que eu quero da vida" – da lavra de Arrigo Barnabé e Hermelino Neder, compositores associados à Vanguarda Paulista da década de 1980 – fez saltar a veia punk da indomada Cássia Eller. Neste álbum de 1990, Cássia deu voz a Cazuza (1958 – 1990), Itamar Assumpção (1949 – 2003), Mário Manga e Renato Russo (1960 – 1996), entre outros compositores identificados com a rebeldia e com a *independência ou morte* artística. Conterrâneo da cantora carioca, Russo também tinha crescido artisticamente em Brasília (DF), cidade onde Cássia debutou nos palcos em 1982 no elenco do musical *Veja Você, Brasília*, criado por Oswaldo Montenegro, outro carioca que teve marcante passagem artística pela Capital Federal.

Em Brasília (DF), Cássia Eller cantou em bares, encenou shows teatrais ao lado do ator Marcelo Saback e subiu até no primeiro trio elétrico da cidade, o Massa Real, do qual foi uma das vocalistas. Foi como se a cantora tivesse preparando o terreno para se mostrar de verdade a partir do álbum de 1990.

Tanto o disco Cássia Eller quanto o álbum posterior *O Marginal* (1992) apresentaram a cantora em estado bruto, sem o filtro pop da indústria da música. Gravado entre janeiro e abril de 1992, *O Marginal* fez jus ao título, soando como desdobramento mais radical do disco de 1990, inclusive por flagrar Cássia novamente às voltas com produção musical de Wanderson Clayton, sob a conivente direção artística de Mayrton Bahia.

As conexões entre os dois álbuns eram fortes. Em *O Marginal*, Cássia mais uma vez deu voz a Itamar Assumpção – desta vez, apresentando música inédita do compositor, "Sonhei que viajava com você"– e novamente defendeu a bandeira da liberdade sexual, hasteada com o rock "Eles", assinado pela própria Cássia, compositora bissexta, Tavinho Fialho (1960 – 1993) e Luiz Pinheiro. Entre duas músicas de Luiz Melodia (1951 – 2017), a inédita "Amnésia" e a obscura "Sensações" (1987), a cantora rebobinou "Hear my train a comin'" (1967), blues do compositor e guitarrista norte-americano Jimi Hendrix (1942 – 1970). O tema de Hendrix integrava o roteiro do show feito por Cássia naquele ano de 1992 com Victor Biglione, guitarrista argentino residente no Brasil. A edição em disco do registro deste show – gravado em estúdio com repertório em inglês formado por *standards* do blues e do rock como "I ain't got nothin' but the blues" (Duke Ellington e Don George, 1937) – era o que seguidores de Cássia sempre almejaram para cultuar a memória da cantora.

O fato de o álbum de Cássia com Biglione ter sido sumariamente arquivado pela gravadora PolyGram em 1992 sinalizou que, no balanço contábil da empresa, a conta de Cássia Eller nunca fechava. Sob nova e mais rígida direção, a companhia fonográfica deu polimento pop no som da cantora, amplificando o alcance da voz rascante e grave da artista.

A partir da edição em 1994 do álbum *Cássia Eller*, gravado com produção musical orquestrada com habilidade por Guto Graça Mello para preservar ao máximo a integridade artística da cantora, a voz de trovão se fez ouvir além do circuito alternativo. Pautado por regravações de músicas como "Pétala" (Djavan, 1982) e "Lanterna dos afogados" (Herbert Vianna, 1989), o repertório emplacou nas rádios duas músicas inéditas. Uma foi "Malandragem", composição que Cazuza e Roberto Frejat tinham feito para Angela Ro Ro gravar no álbum *Prova de Amor* (1988), mas que Ro Ro recusara por rejeição à letra. O outro hit radiofônico foi "E.C.T.", parceria de Marisa Monte com Carlinhos Brown e Nando Reis, compositor que se tornaria indissociável da discografia de Cássia a partir de 1999.

No embalo da popularidade do álbum de 1994, Cássia Eller saiu em turnê em 1995 com *Violões*, show acústico, mas cheio de energia. Feita ainda em 1995, a gravação ao vivo de *Violões* gerou o primeiro registro de show da discografia da artista. O álbum *Cássia Eller ao Vivo* foi lançado em 1996, ano em que outra captação do show, feita em apresentação em teatro da cidade de São Paulo (SP) para ser exibida como especial da TV Cultura, possibilitou em 2010 a edição do show no DVD póstumo *Violões*.

Se no estúdio a indústria da música por vezes domesticou a fera antes radical, no palco Cássia Eller sempre foi bicho solto. A indomada postura da artista em cena ficou evidente no show que a cantora criou em 1997 para promover o quinto álbum, *Veneno Antimonotonia*, gravado com produção musical de Waly Salomão (1943 – 2003) e lançado naquele ano de 1997 com repertório dedicado à obra de Cazuza, compositor presente na discografia de Cássia desde o CD de estreia de 1990, quando a cantora deu voz à música "Que o Deus venha" (1986), parceria de Cazuza e Frejat com a escritora Clarice Lispector (1920 – 1977).

Cássia honrou Cazuza no estúdio e ainda mais no palco, dando voz às ansiedades e rebeldias do *Exagerado*. A fúria santa do show gerou o segundo registro ao vivo da discografia da cantora. Captado em dezembro de 1997, em apresentações no carioca Teatro Rival, o álbum *Veneno Vivo* foi lançado em março de 1998 com quatorze dos vinte e quatro números do show. A dose integral somente seria aplicada 21 anos depois, em agosto de 2019, mês em que a Universal Music – gravadora que encampou a Polygram em 1999, passando a ter no acervo a obra fonográfica de Cássia – lançou o álbum *Todo Veneno Vivo* com o registro integral do show de 1997, sendo que vinte dos vinte e quatro números foram editados em *takes* inéditos.

Em 1999, a cantora injetou dose de leveza pop na discografia com o lançamento do que seria o último álbum de estúdio de Cássia em vida, *Com Você... Meu Mundo Ficaria Completo*. Álbum que expôs na capa imagem mais feminina da artista, vista pela primeira vez com cabelos longos, *Com Você... Meu Mundo Ficaria Completo* reforçou a conexão e a amizade da cantora com Nando Reis, produtor musical do disco e compositor de quatro das doze músicas de repertório que destacou "O segundo sol", faixa que iluminou as *playlists* daquele ano, dando nova injeção de popularidade na carreira de Cássia. Com o tempo, o álbum também espalharia "Palavras ao vento" – balada composta por Marisa Monte em parceria com o eterno novo baiano Moraes Moreira (1947 – 2020) – e projetaria "Gatas extraordinárias", música inédita de Caetano Veloso.

Em 2001, a gravação e a explosão nas paradas do CD ao vivo e DVD da cantora na série *Acústico MTV* pareceram completar o mundo de Cássia Eller. Mas talvez algo estivesse fora da ordem interna dessa cantora que, por vezes, ainda parecia ser a mesma fera acuada que somente mostrava as garras no palco. Cássia se foi em corpo e vieram discos póstumos como *Dez de Dezembro* (2002, criado por Nando Reis a partir de registros de voz e violão), *Rock in Rio – Cássia Eller ao Vivo* (2006, com a explosiva apresentação da cantora no festival de 2001), *Do Lado do Avesso* (2012, com gravação de show de 2001) e *O espírito do Som – Cássia Eller em Brasília – Vol. 1 Segredo* (2015, com gravações caseiras de 1983), além do tributo coletivo *Cássia Reggae* (2022). Mas Cássia continua viva em espírito, como o ponto fora da curva de geração assombrada pela voz de trovão que ressoa na eternidade.

Cida Moreira

A dama que venceu na vida dizendo não

Ao festejar 70 anos de vida em 12 de novembro de 2021, Cida Moreira apresentou single com gravação de "A nobreza do não", canção composta por Arthur Nogueira para celebrar a arte maior da cantora, pianista e atriz paulistana. Na letra poética, Nogueira caracteriza a voz de Cida como pássaro que voa, inalcançável, sobre as ruínas de um Brasil em decomposição.

Nas asas da poesia, o compositor soou lapidar ao perfilar a dama que tem logrado vitórias com a nobreza de dizer não aos clichês, aos esquemas e às fórmulas musicais. No país em que a indignidade resiste impune, Maria Aparecida Guimarães Campiolo é a dama digna que levanta a voz operística contra quem taca cotidianamente as pedras nas Genis nacionais.

No cabaré particular de Cida Moreira, cabem canções de Chico Buarque – cujo repertório foi abordado pela cantora em álbum de 1993 com recorte elogiado publicamente pelo compositor – e *standards* da obra teatral dos alemães Bertolt Brecht (1898 – 1956) e Kurt Weill (1900 – 1950), compositores dos quais Cida tem sido a mais perfeita tradutora nos salões nacionais. Também recorrente no repertório de Cida, o cancioneiro farpado do compositor norte-americano Tom Waits encontra eco na voz afiada da dama do cabaré.

No palco da canção, Cida Moreira encarna a versão brasileira da *sa-*

loon singer, geralmente assumindo o papel da prostituta marginalizada, protagonista da narrativa musical do celebrado álbum *A Dama Indigna* (2011), título do lote inaugural de lançamentos da gravadora Joia Moderna, aberta pelo DJ Zé Pedro para dar voz a Cida e a outras cantoras alijadas do mercado comum da música.

Por ter pavimentado a trajetória artística no limiar entre a música e a dramaturgia, tendo se conectado com grupos de teatro na interiorana cidade paulista de Assis (SP) antes mesmo de se apresentar profissionalmente como cantora, a intérprete seduz séquitos pequenos, mas fiéis, pela alta qualidade da performance vocal, sempre carregada de significados poéticos e políticos.

Os sentidos poéticos e políticos da obra de Cida encheram *Um Copo de Veneno* de relevância. Lançado em novembro de 2020, com onze músicas extraídas da trilha sonora de programa apresentado por Cida no Canal Brasil sob direção de Murilo Alvesso, o álbum *Um Copo de Veneno* destilou a versatilidade da intérprete, capaz de disparar a certeira "A bala" – versão em português de "La bala" (Rene Perez, Eduardo Cabra e Rafael Ignacio Arcaute, 2010), música do grupo porto-riquenho de rap Calle 13 – e de ambientar no cabaré um funk popularizado na voz de Valesca Popozuda, "Eu sou a diva que você quer copiar" (André Vieira, Leandro Pardal e Wallace Viana, 2014), entre abordagens de sucessos das cantoras Alcione, Tina Turner e Tulipa Ruiz.

Menos de dois anos após a edição do álbum *Um Copo de Veneno*, a cantora fez registro audiovisual captado em 27 de março de 2022, em estúdio de São Paulo (SP), com roteiro inédito em que, ao repertório do disco de 2020, Cida adicionou músicas de Arnaldo Baptista, Belchior (1946 – 2017), Eduardo Dussek e da banda Legião Urbana. Todas cantadas ao vivo, sem repetições, com a voz e o piano da dama. A gravação foi idealizada para gerar mais um álbum da cantora.

Revelada em 1977 ao participar da encenação de *Ornitorrinco canta Brecht & Weill*, espetáculo da companhia de teatro Ornitorrinco que seria reencenado pela artista em novembro de 2012, Cida Moreira ganhou mais projeção na virada da década de 1970 para a de 1980 na cidade natal de São Paulo (SP), onde montou shows cultuados na cena vanguardista paulistana, como *Summertime – Um Show Para Inglês Ver* (1979 / 1980) e *Serpente Rara* (1981).

Esse ponto de partida soou de certo modo imprevisível para a cantora de formação clássica que entrara em cena em 1957, seis anos após vir ao mundo em 12 de novembro de 1951. Numa brecha das aulas de piano iniciadas na infância, a futura artista cantou o samba-canção "Serra da boa esperança" (Lamartine Babo, 1937) em emissora de rádio de Paraguaçu Paulista (SP), cidade interiorana onde se criou e onde começou a mostrar pendores musicais. Os estudos de piano foram continuados em Londrina (PR), cidade natal de Arrigo Barnabé, compositor que se tornaria um dos principais mentores do movimento musical conhecido como Vanguarda Paulista e iniciado em 1980.

Os caminhos profissionais de Arrigo e Cida se cruzariam ao longo da vida, pois, no início da carreira, a cantora também ajudou a desfiar a lira paulistana que daria novos ares à música brasileira na década de 1980. Os primeiros álbuns da intérprete, *Summertime* (lançado em 1981 com o registro ao vivo do show que a projetou como dama do cabaré) e *Abolerado Blues* (1983), são títulos que reforçaram a revolução musical paulistana.

Em 1986, a dama roçou o *mainstream* ao gravar "Armando eu vou" – samba-rumba de autoria do então ainda desconhecido Carlinhos Brown em parceria com Ricardo Luedy – a convite da TV Globo para a trilha sonora da novela *Cambalacho*. Naquele mesmo ano de 1986, Cida foi contratada pela gravadora brasileira Continental para gravar dois álbuns.

O primeiro, *Cida Moreyra*, saiu em 1986, estampando na capa o 'y' que a artista incorporara ao sobrenome. O trunfo do disco seria a gravação da "Balada do louco" (Arnaldo Baptista e Rita Lee, 1972) feita com a adesão do guitarrista Sérgio Dias, dos Mutantes, banda que lançara o tema há 14 anos. Só que Ney Matogrosso também reviveu a balada no disco *Bugre* (1986) e, como a gravadora do cantor tinha mais cacife no mercado, foi a versão de Ney que invadiu as rádios.

Além da "Balada do louco", Cida deu voz ao recorrente Arrigo Barnabé (a inédita "Vocalise" e a emblemática "Clara Crocodilo", esta com a participação do autor deste tema de 1980 composto com Mário Lúcio Cortes), a Caetano Veloso ("Nu com a minha música", canção de 1981) e a José Miguel Wisnik ("Como diria Satie"), entre outros compositores. Mas nenhuma música provocou tantas emoções quanto "Furacão", cortante versão em português (escrita por Miguel Paiva) de "Hurricane", música de Bob Dylan com Jacques Levy, lançada por Dylan em 1975.

Dois anos depois, a dama voltou ao universo do cabaré, especialmente dos salões alemães de tempos idos para gravar, com a devida atmosfera teatral, o repertório de *Cida Moreyra Interpreta Brecht*, segundo disco da artista na Continental. Neste álbum conceitual lançado em 1988, 90 anos após a morte do compositor e dramaturgo alemão Bertolt Brecht, Cida costurou a narrativa da obra musical de Brecht e Kurt Weill com a vinheta instrumental "Moritat (Die Moritat Von MackieMesser)".

De 1993 a 2003, Cida Moreira encontrou abrigo fonográfico na Kuarup, gravadora pela qual lançou três álbuns. *Cida Moreyra Canta Chico Buarque* foi o primeiro disco da cantora a ser editado no formato de CD, em janeiro de 1993, com dezenove músicas do compositor carioca, alinhadas com costura teatral, em sintonia com o fato de a seleção do repertório priorizar temas criados por Chico para trilhas sonoras de peças, filmes e balés. Intérprete vocacionada para o palco, Cida cantou Chico sob direção musical do pianista e clarinetista Gil Reyes, músico que se tornaria recorrente na obra da artista.

A parceria com Gil Reyes foi repetida em 1997, ano do segundo álbum lançado via Kuarup, *Na Trilha do Cinema*. Sob direção musical dividida por Reyes com Cida, a cantora deu voz neste disco a canções veiculadas em filmes lançados entre 1945 e 1994. A trilha cinematográfica de Cida incluiu músicas de Chico Buarque e Milton Nascimento, entre outros compositores.

Nessa trilha também pavimentada pelo lirismo ruralista, Cida deu asas à desilusão de "Azulão" (Jayme Ovale e Manuel Bandeira, 1944), expiou "Tristeza do Jeca" (Angelino de Oliveira, 1918 / 1926) e se embrenhou em "Noites do sertão" (Tavinho Moura e Milton Nascimento, 1985).

O mergulho nas entranhas do cancioneiro brasileiro foi aprofundado por Cida no álbum seguinte, *Uma Canção Pelo Ar...* (2003), disco gravado com arranjos e direção musical do mesmo Gil Reys – e com o Moreira do sobrenome de Cida novamente grafado com "i". Em atmosfera mais lírica, Cida fez "Leilão" (Hekel Tavares e Joracy Camargo, 1933), cantou "Quem é?" (Custódio Mesquita e Joracy Camargo, 1937) com Vander Lee (1966 – 2016), reavivou modinha do tempo imperial – "Si te adoro" (composta por volta de 1850) – e caiu no choro "Pedacinhos do céu" (Waldir Azevedo e Miguel Lima, 1947) com a nobreza de sempre ter dito sim somente quando era fiel a si mesma.

Essa nobreza saltou aos ouvidos no álbum *Angenor* (2008), tributo ao centenário de nascimento do compositor carioca Cartola (1908

– 1980), fino estilista do samba. Lançado pela gravadora Lua Music, o álbum *Angenor* tem produção musical assinada pela artista com o violonista Omar Campos, cuja viola caipira sublinhou o tom ruralista de "Feriado na roça" (1979), um dos coelhos que a intérprete tirou da cartola ao selecionar o repertório deste disco em que Cida revisitou "A canção que chegou", composta por Cartola com Nuno Veloso em 1971, mas lançada somente em 1977.

A partir de 2011, com a injeção de ânimo aplicada pelo álbum *A Dama Indigna*, registro de estúdio de show bancado em CD pelo produtor Thiago Marques Luiz, Cida lançou o primeiro DVD em 2012, *A Dama Indigna*, com a gravação audiovisual desse show que a reintroduziu no salão. Em 2015, Cida fez tudo vibrar novamente ao voltar ao disco com *Soledade*. Neste álbum, editado pela gravadora da qual é musa, Joia Moderna, Cida voltou a Chico Buarque com arranjo demolidor de "Construção" (1971), fez ressoar "A última voz do Brasil" (Tico Terpins, Zé Rodrix, Armando Ferrante Jr. e Próspero Albanese, 1985) – música do grupo paulista Joelho de Porco – e iluminou "Um gosto de sol" (Milton Nascimento e Ronaldo Bastos, 1972).

Em 2017, a sós com o piano e a sensibilidade em gravação ao vivo na Casa de Francisca (SP), Cida Moreira afiou a lâmina vocal para iluminar recantos escuros no cortante álbum *Soledade Solo*. Basta ouvir "Forasteiro" (Hélio Flanders e Thiago Petit, 2010), "Youkali tango" (Roger Farney e Kurt Weill, 1934), "Preciso cantar" (Arthur Nogueira e Dand M, 2013) e "Na hora do almoço" (Belchior, 1971) para constatar mais um alto voo artístico dessa inalcançável dama que venceu na música dizendo não.

Daniela Mercury

A ativista das misturas tropicais

Em 1992, ao lançar o álbum O *Canto da Cidade*, Daniela Mercury irrompeu como furacão que espalhou para o todo Brasil os ventos do gênero musical afro-pop-baiano rotulado como *axé music*. Essa música de espírito carnavalesco já vinha extrapolando as fronteiras da Bahia desde 1985, ano em que Luiz Caldas se tornou a primeira mola propulsora de som gerado na década anterior pelo eterno novo baiano Moraes Moreira (1947 – 2020).

Contudo, coube a Daniela fazer o canto da cidade de Salvador (BA) ecoar ainda mais alto em todo o Brasil a partir de 1992, com a autoridade de ter posto os pés na profissão de cantora na década de 1980 nos bares da vida noturna da capital baiana, onde nascera em 28 de julho de 1965 com o nome de Daniela Mercuri de Almeida.

Em 2022, ano em que a artista festeja com orgulho soteropolitano as três décadas do álbum O *Canto da Cidade*, Daniela Mercury já é percebida pelo Brasil como uma voz ativista. A voz ensolarada da autoproclamada *Rainha do axé* já reverbera pelo país como canto político, de resistência.

Intensificado ao longo dos anos 2010, o ativismo da artista ganhou capas de revistas e manchetes de jornais e sites quando, em 3 de abril de 2013, a artista assumiu publicamente em rede social o relacionamento afetivo com a jornalista Malu Verçosa, com quem Daniela se casou naquele ano. A união tornou a cantora uma porta-voz da luta da comunidade LGBTQIA+.

Com Malu, Daniela apareceu nua, em clima sensual e afetivo, na foto exposta na capa de *Vinil Virtual*, álbum de repertório autoral que, lançado em novembro de 2015, soou como verborrágico manifesto sócio-político. A foto do casal na capa do disco, clicada por Célia Santos, era baseada em imagem icônica de John Lennon (1940 – 1980) e Yoko Ono estampada na capa da edição de janeiro de 1981 da revista *Rolling Stone*.

Celebrado pelo fiel público gay da cantora, o ativismo de Daniela Mercury foi além da pauta LGBTQIA+ e se tornou indissociável da música da artista. Uma das vozes públicas que se levantaram contra a extremada ideologia direitista de Jair Bolsonaro, eleito Presidente do Brasil em 2018, Daniela Mercury fez da música o palanque em defesa das liberdades individuais e coletivas.

Nessa seara, a marcha-frevo "Proibido o Carnaval" sobressaiu – inclusive por ser das mais inspiradas composições do irregular cancioneiro autoral da artista – e pôs Daniela novamente atrás do trio elétrico em single folião lançado em janeiro de 2019 e gravado com o conterrâneo Caetano Veloso, baiano pioneiro nas marchas pela liberdade e na criação de eletrizantes frevos que seguiram o passo veloz dos trios de Salvador (BA).

A luta pela democracia também pautou a regravação de "Milla", música de Manno Góes e Tuca Fernandes apresentada ao Brasil pelo cantor Netinho em 1996. Com Netinho em campo ideológico oposto ao da cantora, Daniela rebobinou "Milla" em single editado em setembro de 2021 para associar novamente a música à alegria libertária do Carnaval.

Antes, com o lançamento do álbum *Perfume* em janeiro de 2020, Daniela mais uma vez tinha unido o ativismo ao Carnaval. Com dezesseis faixas que costuravam quatro músicas então inéditas com composições já previamente lançadas em singles de forma avulsa, entre 2010 e 2019, *Perfume* mostrou Daniela novamente indo atrás do trio elétrico, seja fazendo "A banda" (Chico Buarque, 1966) passar pelo circuito folião de Salvador (BA) em gravação bilíngue com o duo italiano I Koko, seja emanando o brilho ancestral do Ilê Aiyê, celebrado em "Exalou" (Marito Lima, Lafayete e Milton Boquinha), música lançada em 2015 pelo grupo afro-baiano com o título original de "Negras perfumadas".

Exaltações ao Ilê Aiyê, o mais tradicional bloco afro de Salvador (BA), são recorrentes na discografia de Daniela Mercury, também ativista por valorizar a cultura negra da Bahia. Basta lembrar "Ilê pérola negra (O canto do negro)", música de Guiguio, René Veneno e Miltão que a cantora apresentou no álbum sintomaticamente intitulado *Sol da Liberdade* (2000). E que rebobinou em tom ainda mais inebriante em *Eletrodoméstico* (2003), globalizado registro de show gravado na série *MTV ao Vivo* e editado em CD e DVD quando a artista já encarava fase de menor popularidade no mercado fonográfico.

Artista que emana calor no palco em espetáculos que entrelaçam música e dança, Daniela Mercury nem sempre esteve no olho do furacão midiático. Até porque, a partir dos anos 2000, a *axé music* deixou de ser a hegemônica trilha sonora dos Carnavais da Bahia. Tanto que, atenta aos sinais, a cantora procurou se reinventar nessa década. Em 2004, Daniela fez a *axé music* cair na pista, associando o incandescente batuque afro-baiano dos percussionistas ao groove sintético dos DJs em *Carnaval Eletrônico*, disco que, mesmo sem ter tido apoio da gravadora BMG, gerou o sucesso "Maimbê dandá" (Carlinhos Brown e Mateus Aleluia), petardo certeiro nos shows da cantora.

Em 2005, Daniela Mercury investiu na imagem de cantora de MPB com *Clássica*, registro de show (de tons pastéis) editado em CD e DVD. Contudo, foi ao carnavalizar a mistura pop tropicalista do Brasil em *Balé Mulato*, álbum lançado no mesmo ano de *Clássica*, que Daniela recuperou todas as cores da discografia. Vista na capa do disco em foto tirada por Mario Cravo Neto (1947 – 2009) na quadra da escola de samba fluminense Beija-flor de Nilópolis, a cantora festejou o suingue nacional em "Levada brasileira" (Pierre Onassis e Edilson) e reapresentou uma das mais apaixonantes baladas de Chico César, "Pensar em você" (1999), em registro delicado, regido pelas cordas orquestradas por Lincoln Olivetti (1954 – 2015).

Disco movido pela fome antropofágica de Daniela Mercury, *Balé Mulato* evoluiu bem na mistura entre músicas foliãs e canções mais interiorizadas, mas com ênfase na festa. Tanto que, quatro anos depois, a artista procurou repetir a receita tropicalista com *Canibália* (2009), álbum em que passou a miscigenação brasileira pelo filtro do Carnaval. Naquela altura, a mistura já tinha se tornado marca da discografia de Daniela Mercury, cantora que subira ao trio elétrico, no Carnaval de 2005, para dar voz a temas do universo erudito, proeza eternizada no DVD *Baile Barroco* (2006).

Daniela tem história nas ruas de Salvador (BA), cidade onde, após atuar como *backing vocal* da banda de Gilberto Gil em meados dos anos 1980, a cantora começou a chamar a atenção ao se tornar a vocalista da banda Companhia Clic. Com a banda, Daniela lançou dois álbuns em 1988 e 1989, ambos intitulados *Companhia Clic*. Uma das músicas do primeiro disco, "Pega que oh" (Rudnei Monteiro e Edmundo Carôso, 1988), era hit local que virou sucesso nacional ao chegar ao roteiro do show *O Canto da Cidade*, apresentado em 1992 quando a cantora conquistava definitivamente o Brasil com o disco também intitulado *O Canto da Cidade*.

Lustrado com o polimento pop do produtor musical Liminha, tendo a percussão afro-baiana orquestrada com maestria pelo percussionista Ramiro Musotto (1963 – 2009), esse consagrador disco foi impulsionado pelo estouro da música-título do compositor Tote Gira – cuja letra foi burilada no estúdio por Daniela para soar mais universal e menos soteropolitana, sendo a cantora creditada como coautora da música – e pelo *medley* "O mais belo dos belos", que agregou habilmente dois sambas-reggaes em tributo ao bloco afro-baiano Ilê Aiyê, "A verdade do Ilê" (Guiguio) e "O charme da liberdade" (Valter Farias e Adailton Poesia).

Em 1992, parte do Brasil teve a impressão de que Daniela Mercury virara da noite para o dia a primeira popstar da *axé music*, iniciando reinado que, ao longo daqueles anos 1990, seria dividido com Ivete Sangalo. A rigor, a subida da cantora ao trono teve alguns degraus. Ao deixar o posto de vocalista da banda Companhia Clic, a cantora começou a pavimentar carreira solo com a gravação e edição, em 1991, do primeiro álbum individual, *Daniela Mercury*, disco comercializado via Eldorado, pequena gravadora paulistana.

Em união de talento com sorte, ou destino, o samba-reggae "Swing da cor" (Luciano Gomes) fez sucesso além das fronteiras da Bahia e conquistou São Paulo (SP), cidade onde cerca de 20 mil pessoas se aglomeraram na Avenida Paulista no início da tarde de 5 de junho de 1992 para assistir a show apresentado pela cantora no vão livre do Museu de Arte de São Paulo (MASP) em projeto vespertino. O show teve que ser interrompido para a segurança do público.

Antes de parar literalmente o trânsito da Avenida Paulista, Daniela Mercury já tinha despertado a atenção da Sony Music, gravadora que a contratara antes desse show e pela qual, além do histórico disco *O*

Canto da Cidade, a cantora fez álbuns como *Música de Rua* (1994), *Feijão com Arroz* (1996) e *Elétrica* (1998). Disco produzido por Liminha, *Música de Rua* nunca surtiu o efeito catártico do antecessor *O Canto da Cidade*, mas legou músicas como "Domingo no Candeal" (Lucas Santana e Quito Ribeiro) e "Por amor ao Ilê" (Guiguio) em repertório em que Daniela deu ênfase às próprias músicas.

Daniela voltou a acertar o tempero da mistura pop brasileira no quarto álbum solo, *Feijão com Arroz*, gravado com produção musical do tecladista e arranjador Alfredo Moura. Entre hits de trios elétricos como "Rapunzel" (Carlinhos Brown e Alain Tavares) e samba de suingue carioca regido pelo maestro Rildo Hora, "Vide Gal" (Carlinhos Brown), o grande hit foi a balada "À primeira vista", lançada pelo autor Chico César em 1995 e amplificada na voz de Daniela Mercury em gravação propagada em escala nacional na trilha da novela *O Rei do Gado (*1996 / 1997).

A mistura desandou em *Elétrica*, disco ao vivo sem energia. Só que, em 1998, já era tarde para ofuscar o sol da liberdade que iluminou o Brasil através do canto ativista de Daniela Mercury, voz das misturas tropicais do país do samba e do Carnaval.

Elba Ramalho

A valentia do Nordeste

Já virou clichê caracterizar Elba Ramalho como leoa nordestina, em alusão ao nome de caboclinho de Lenine e Paulo César Pinheiro, *Leão do Norte* (1993), que batizou em 1996 disco e show referenciais na trajetória dessa arretada cantora e atriz paraibana nascida em 17 de agosto de 1951 em Conceição (PB), município entranhado no Vale do Piancó.

O clichê faz sentido quando se sabe que Elba Maria Nunes Ramalho se fez ouvir pela valentia, demolindo preconceitos contra o canto agreste e inicialmente estridente com o qual a artista foi sendo progressivamente revelada ao longo dos anos 1970, já na cidade do Rio de Janeiro (RJ). Uma voz que se fez ouvir mais domesticada em 2021 quando, aos 70 anos, Elba se uniu ao cantor Raimundo Fagner para cantar o repertório matricial do cantor, compositor e sanfoneiro Luiz Gonzaga (1912 – 1989) no álbum *Festa*.

A cantora de fato está associada na música brasileira ao tom festivo da trilha sonora da nação nordestina. Dando continuidade ao legado da antecessora Marinês (1935 – 2007), Elba demarcou o território da região em todo o Brasil, sobretudo a partir dos anos 1980. Nessa década de afirmação na trajetória artística iniciada pela intérprete em fins dos anos 1960, Elba amansou o canto – de textura árida na trilogia inicial de álbuns seminais, formada por *Ave de Prata* (1979), *Capim do Vale* (1980) e *Elba* (1981), editados pela gravadora CBS – e lustrou o repertório com o *tecnopop* vigente no som radiofônico daqueles anos 1980 regidos pelo mago Lincoln Olivetti (1954 – 2015).

Embora em fase juvenil já tivesse sido guitarrista e baterista d'As Brasas, banda feminina formada em 1966 em Campina Grande (PB) no embalo da Jovem Guarda, e também vocalista das Golden Girls, grupo também feminino que criara em 1967 quando já residia em João Pessoa (PB), Elba Ramalho entrou em cena com mais visibilidade como atriz de teatro em peças encenadas no Rio de Janeiro ao longo dos anos 1970.

Foi como cantora de verve teatral que Elba foi apresentada ao público carioca em 1974 pelo pernambucano Quinteto Violado, com quem dividia o palco no show *A Feira* e com quem migrara para o Rio em busca de melhores oportunidades profissionais. A artista chegou ao Rio com a bagagem de ter atuado em peças colegiais na Paraíba e de ter percorrido o circuito local de festivais, inclusive como compositora, atividade que nunca levou adiante quando começou a se estabelecer como cantora de alcance nacional.

A partir de 1979, dois anos após ter atuado como corista na Tropicana's Band em discoteca carioca, Elba começou a se firmar como cantora, colhendo os frutos das conexões firmadas em 1978, ano em que foi vocalista do show do conterrâneo e também debutante Zé Ramalho, dividiu o palco com Geraldo Azevedo no show *Baião de Dois*, assinou contrato com a gravadora CBS para fazer o próprio LP e encarnou a personagem Lúcia na *Ópera do Malandro*, escrita por Chico Buarque a partir de textos dos dramaturgos John Gay (1685 – 1732) e Bertolt Brecht (1898 – 1956).

Avalista de Elba desde que a viu e ouviu em cena, Chico forneceu música inédita, "Não sonho mais", para o primeiro álbum da artista, o já mencionado *Ave de Prata*, lançado em setembro de 1979 pelo selo Epic, da CBS.

O resto é história que ainda se desenrola e que rendeu a Elba o primeiro pico de popularidade em 1981 com a explosão em todo o Brasil do xote "Bate Coração" (Cecéu, 1980), lançado por Marinês no ano anterior em gravação de repercussão restrita ao nordeste.

Estrela radiante de brilho potencializado pela energia que emana em shows, Elba Ramalho desde então hasteou a bandeira do nordeste em solo nacional, tendo sido a porta-voz de compositores da região, como Lenine, (sempre) gravado por Elba antes de alcançar fama e reconhecimento.

Em discografia que alterna álbuns feitos sob as leis do mercado e títulos mais arrojados, como *O Ouro do Pó da Estrada* (2018), disco formatado com mix incandescente de guitarras e sanfonas, os álbuns *Alegria* (1982), *Coração Brasileiro* (1983), *Do Jeito que a Gente Gosta* (1984) e *Fogo na Mistura* (1985) formam o lote essencial da bem-sucedida fase *tecnopop* da obra da cantora na década de 1980.

Finda a fase áurea, Elba se manteve em cena com o aval do público, frequentador fiel de shows aclamados como *Popular Brasileira* (1989) e *Leão do Norte* (1996), ambos postos em cena sob a batuta do mesmo diretor, Jorge Fernando (1955 – 2019), que armou o circo em *Baioque* (1997), espetáculo que merecia ter tido carreira igualmente bem-sucedida.

Foi a partir da segunda metade dos anos 1980 que, já fora do olho do furacão midiático, a cantora se revezou entre álbuns mais acomodados – como *Elba* (1987) e *Fruto* (1988), ambos direcionados para o rentável circuito junino do nordeste – e discos mais arriscados por desafiarem o padrão mercadológico da artista. E, no meio deles, houve até um álbum, *Eu Sou o Caminho* (2017), em que a cantora deu testemunho da fé cristã em repertório que transitou em terreno mais sagrado (mas com ritmos profanos), louvando Deus e Jesus com discursos, símbolos e signos da religião católica. A regravação épica da canção espiritualista "O homem" (Roberto Carlos e Erasmo Carlos, 1973) puxou o canto em feitio de oração.

Na seara do risco (calculado), Elba harmonizou *beats*, tambores, guitarras, sanfonas e canções de Dominguinhos (1941 – 2013) – com quem gravara álbum lançado em 2005 – no álbum *Do Meu Olhar Para Fora* (2015), feito com produção musical dividida entre Luã Mattar – filho da cantora, piloto do recente álbum *Eu e Vocês* (2020) – e Yuri Queiroga. No disco *Do Meu Olhar Para Fora*, a regravação de "Nossa Senhora da Paz" (Clayton Barros, Emerson Calado, José Paes Lira, Nego Henrique e Rafael Almeida, 2002), tema da banda Cordel do Fogo Encantado, já tinha dado a pista do caminho religioso que seria seguido pela artista com fervor a partir dos anos 2000.

No disco *Do Meu Olhar Para Fora*, Elba alargou o eixo estético como já fizera, 23 anos antes, em *Felicidade Urgente* (1991), álbum em que, sob a direção artística de Nelson Motta, a cantora se permitiu dar voz até a um standard da cantora francesa Edith Piaf (1915 –1963), "La vie en rose" (Edith Piaf, Louiguy e Marguerite Monnot, 1945), canção que exalava a sensualidade feminina que sempre habitou a pele de Elba Ramalho. De autoria de Claudio Zoli e Ronaldo Santos, a música-título

"Felicidade urgente" também se deslocava da rota nordestina, evoluindo no balanço do reggae.

No álbum seguinte, *Encanto* (1992), gravado sob a batuta do mesmo produtor musical Marco Mazzola que na década anterior fizera o disco *Alegria* irradiar a força de Elba e o posterior álbum *Coração Brasileiro* bater forte na pulsação do frevo "Banho de cheiro" (Carlos Fernando, 1983), hit infalível no bis dos shows da cantora, a leoa se amansou e voltou a seguir a trilha das quadrilhas, gravando "São João na estrada", tema de Moraes Moreira (1947 – 2020), que já havia lhe fornecido hit no gênero, "Boca do balão", estourado em single de 1986.

Devora-me, o álbum posterior a *Encanto*, saiu em 1993, redirecionando o canto de Elba para rota estrangeira, mesclando os ritmos caribenhos com o balanço brasileiro do Nordeste, em especial o da Bahia. De volta para o aconchego dos ritmos nacionais em *Paisagem* (1995), álbum de tom indefinido que obteve modesta repercussão entre público e crítica ao apostar em reciclagens da marcha "Eu quero é botar meu bloco na rua" (Sérgio Sampaio, 1972), Elba Ramalho percebeu que era hora de virar o disco.

Encerrado o vínculo contratual com a gravadora PolyGram (dona do acervo da Ariola, companhia que contratara Elba a peso de ouro em 1981), a cantora migrou para a BMG, companhia fonográfica pela qual lançou em 1996 dois álbuns que revitalizaram a discografia da intérprete. Um deles é *Leão do Norte*, título inicial de trilogia pilotada pelo produtor Robertinho de Recife. *Leão do Norte* adensou a obra de Elba ao reconectar a cantora com as raízes nordestinas sem o filtro *tecnopop* dos anos 1980. *Baioque* saiu em 1997 no embalo do sucesso do antecessor. Já *Flor da Paraíba*, disco lançado em 1998, desabrochou com menor impacto no mercado.

Paralelamente à trajetória solo em discos e shows, Elba iniciou em 1996 o projeto *O Grande Encontro* com espetáculo e disco ao vivo que reuniu a cantora com Alceu Valença, Geraldo Azevedo e Zé Ramalho, companheiros na jornada iniciada no nordeste. Em 2016, *O Grande Encontro 20 anos* celebrou as duas décadas do projeto com show e álbum que juntaram Elba, Alceu e Geraldo. O dissidente Zé Ramalho se recusara a participar, mas estivera presente no disco de estúdio gravado em 1997 e no álbum ao vivo lançado em CD e DVD em 2000, ambos sem Alceu.

Outra virada na discografia de Elba aconteceria em 2007, ano em que a cantora editou por vias independentes o álbum *Qual o Assunto que Mais lhe Interessa?*, expressivo disco orquestrado com a modernidade da produção musical do trio Lula Queiroga, Tostão Queiroga e Yuri Queiroga. Ali, Elba aparecia fincada nas raízes nordestinas, mas com as antenas aptas a captar as novidades de um mundo que lhe permitia investir no romantismo mais convencional dos xotes, como nos álbuns *Balaio de Amor* (2009) e *Vambora Lá Dançar* (2013), mas também ir além do circuito junino.

Em qualquer tom, a valentia da leoa paraibana tem garantido a permanência de Elba Ramalho no reino selvagem da indústria da música.

Elza Soares

Transgressão até o fim do mundo

Ao longo da manhã e do início da tarde de 21 de janeiro de 2022, o semblante tranquilo de Elza Soares no caixão exposto no foyer do Theatro Municipal do Rio de Janeiro e coberto com as bandeiras da escola de samba Mocidade Independente de Padre Miguel e do Clube de Regatas do Flamengo – time ecade futebol que fazia o coração da cantora carioca bater (ainda) mais forte – simbolizou a derradeira transgressão dessa voz transcendental. Voz que marcou o último milênio, atravessando gerações e movimentos musicais rumo à eternidade celebrada na casa mais nobre da cidade natal que a cobrira de glórias e beijos, mas também de tapas, ao longo da vida.

Atestada por causas naturais, a morte indolor de Elza Soares, às 15h45m do feriado carioca de 20 de janeiro de 2022, talvez tenha sido o único ato pacífico na vida guerreira dessa cantora que veio ao mundo em 1930 para lutar – e cantar para não enlouquecer de dor com as sucessivas perdas e com as trapaças da sorte que, dura na queda, encarou ao longo de 91 anos e seis meses de vida. Vida que não se encerrou com a morte, até porque Elza deixou pronto um registro audiovisual de show e um álbum de estúdio, *No Tempo da Intolerância*, gravado em 2021 com produção musical de Rafael Ramos e programado para ser lançado no segundo semestre de 2022 com repertório que inclui samba inédito de Dona Ivone Lara (1922 – 2018), "No compasso da vida", letrado por Pedro Loureiro.

O dia exato do nascimento de Elza Gomes da Conceição teria sido 22 de julho de 1930, mas a data adotada ao longo da vida foi 23 de junho – dia em que a cantora festejava o aniversário e que constava no documento de identidade que tirou ao ser emancipada em 1942, aos 12 anos, para se casar com Alaurdes Antônio Soares, o homem que lhe daria o sobrenome artístico. Uma briga no mato com o futuro marido foi vista pelo pai de Elza como estupro, o que gerou o casamento precoce.

Nascida em Moça Bonita, favela atualmente conhecida como Vila Vintém, localizada entre os bairros de Realengo e Padre Miguel, na zona oeste do Rio de Janeiro (RJ), Elza Soares foi criada no morro de Água Santa, na zona norte da cidade. Foi nas quebradas desse morro que, equilibrando na cabeça a lata d'água e as trouxas de roupa que recebia da mãe lavadeira para entregar para as freguesas, Elza adquiriu a ginga que a transformou na voz do sambalanço ao longo da década de 1960, farta em discos.

De grande alcance, a voz rouca da artista evocava o canto do jazzista norte-americano Louis Armstrong (1901 – 1971) pelo *scat* improvisado intuitivamente por Elza. Se Elza aprendera sem saber a língua do jazz à moda brasileira, o canto personificou o lamento profundo do blues tanto quanto a cadência do samba envenenado pelo balanço da cantora. Qualquer que fosse o gênero musical que cantasse, a voz de Elza era e é o símbolo da lágrima branca sobre a pele escura por expiar a dor exposta poeticamente por Caetano Veloso em versos de "Desde que o samba é samba" (1992).

Elza Soares começou a vencer no planeta fome quando, em outubro de 1953, desceu o morro de Água Santa para tentar a sorte em programa de calouros comandado pelo compositor Ary Barroso (1903 – 1964) na Rádio Tupi. Ao terminar de cantar o samba-canção "Lama" (Paulo Marques e Alice Chaves, 1952), avalizada até pelo ranzinza apresentador, Elza subiu ao pódio reservado às grandes cantoras do planeta. E lá permaneceu, mesmo quando o Brasil lhe virou a cara, cantando até o fim, como suplicava no verso derradeiro do samba "A mulher do fim do mundo" (Romulo Fróes e Alice Coutinho), música que deu título ao álbum de 2015 que consagrou definitivamente a trajetória de Elza Soares após anos de altos e baixos na carreira.

Sim, Elza Soares nem sempre teve a realeza oficializada pelo país que amou e pelo qual lutou com a artilharia vocal posta a serviço de repertório engajado como o do derradeiro álbum de estúdio *Planeta Fome* (2019) – o último lançado com Elza viva, já que a cantora gravou em 2021, com produção musical de Rafael Ramos, álbum de tom político que se tornou forçosamente póstumo com a morte da artista.

Em vida, a discografia de Elza Soares totalizou 35 álbuns, tendo sido encerrada em dezembro de 2021 com a edição digital do álbum *Elza Soares & João de Aquino*, resultante da descoberta de gravação feita pela cantora com o violonista em estúdio carioca, presumivelmente em 1996, durante período de ostracismo amargado por Elza.

A partir dos anos 1980, a vida artística de Elza Soares oscilou ao sabor dos caprichos do mercado da música. Após lançar em 2007 o álbum ao vivo *Beba-me* (primeiro registro audiovisual de show da cantora a ganhar edição em DVD), Elza encarou fase de baixa visibilidade midiática, inventando e reinventando shows de pequeno porte, geralmente apresentados no palco acolhedor do carioca Teatro Rival, para fechar as contas no fim do mês.

Foi somente quando passou a ter a carreira gerenciada pelos empresários e produtores Juliano Almeida e Pedro Loureiro que Elza Soares ascendeu de fato ao trono que sempre pertenceu à cantora pela legitimidade do talento sobrenatural. Comandado mais tarde somente por Loureiro, esse gerenciamento foi iniciado na fase de promoção do álbum *A Mulher do Fim do Mundo*, disco gravado com produção musical de Guilherme Kastrup sob a direção artística de Romulo Fróes e Celso Sim. O choro da cuíca e as distorções das guitarras criaram o clima apocalíptico para que Elza desse voz a um Brasil em ruínas no esquema *noise* de samba de atitude roqueira. Show apoteótico, gerado a partir do disco, correu o Brasil e o mundo, com Elza entronizada no alto do palco, como divindade feminina.

O álbum seguinte, *Deus é Mulher* (2018), bisou a contundência e a coesão do disco anterior e reforçou a conexão da cantora carioca com a turma vanguardista paulistana que também incluiu os compositores Kiko Dinucci e Rodrigo Campos. Foi somente a partir do álbum *Planeta Fome*, gravado com produção musical de Rafael Ramos, que a discografia de Elza entrou novamente em órbita carioca.

A cidade do Rio de Janeiro (RJ) foi o palco e o cenário para a explosão de Elza Soares em dezembro de 1959 com a gravação de *"Se acaso você chegasse"* (Lupicínio Rodrigues e Felisberto Martins, 1938), samba que renasceu na voz da cantora 21 anos após ter sido lançado na voz do cantor carioca Cyro Monteiro (1913 - 1973).

Com a ajuda do amigo Moreira da Silva (1902 - 2000) - avalista das primeiras gravações feitas em discos editados em 1958 sem a mínima repercussão - e de Sylvia Telles (1935 - 1966), cantora que vira a colega ainda desconhecida soltar a voz na noite carioca e acionou contatos para que ela fizesse teste na gravadora Odeon, Elza começou a se revezar entre os estúdios de gravação e o expediente nos palcos de clubes e boates cariocas.

Contratada pela Odeon, gravadora na qual permaneceu de 1959 a 1973, Elza pôs *bebop* no samba em série de discos gravados ao longo dos anos 1960. Foi a fase em que, com a bossa negra alardeada em 1960 no título do segundo álbum, a cantora seguiu a cadência do samba-jazz e do sambalanço, termos afins que designam sambas mais sinuosos. Foram 17 álbuns lançados entre 1960 e 1973 nessa marcante fase inicial da discografia da cantora, sendo três com o cantor Miltinho (1928 - 2014) entre 1967 e 1969, um com o baterista Wilson das Neves (1936 - 2017) em 1968 e outro com o então desconhecido cantor Roberto Ribeiro (1940 - 1996) em 1972. Da produção solo da artista na Odeon, álbuns como O *Samba é Elza Soares* (1961), *Sambossa* (1963), *Na Roda do Samba* (1964), *Um Show de Elza* (1965), *O Máximo em Samba* (1967) e *Elza, Carnaval e Samba* (1969) já indicaram nos títulos o universo musical no qual Elza gravitou com maestria.

Na volta ao Brasil, após período de exílio vivido na Itália entre 1970 e 1971 para fugir das perseguições da mídia e de parte do público por ter se unido a um homem casado, o jogador de futebol Garrincha (1933 - 1983), a cantora pôs soul no samba ao retomar a carreira fonográfica em 1972 com o álbum *Elza Pede Passagem*, gravado com arranjos do pianista Dom Salvador, mestre do samba-funk-jazz.

A ascensão da cantora Clara Nunes (1942 - 1983) como sambista, a partir de 1971, afetou a discografia de Elza. Sentindo-se preterida na Odeon, Elza foi para a gravadora Tapecar - na qual Beth Carvalho (1946 - 2019) também se refugiara em 1973 para tentar se impor como sambista - e iniciou outra fase na discografia, pondo menos *bepop* no samba de álbuns como *Elza Soares* (1974), *Nos Braços do Samba* (1975), *Lição de Vida* (1976) e *Pilão + Raça = Elza* (1977), este arranjado pelo pianista Gilson Peranzetta. Foi nessa fase que Elza lançou sambas que tocaram nas rádios, ficando com a voz definitivamente associada às músicas "Salve a Mocidade" (Luiz Reis, 1974), "Bom dia, Portela" (David Correa e Bebeto Di São João, 1974) e "Malandro" (Jorge Aragão e Jotabê, 1976).

Após dois álbuns de modesta repercussão na CBS (um deles, *Senhora da Terra*, lançado em 1979, ficou tão obscuro que sequer mereceu edição em CD), Elza se sentiu desorientada na primeira metade dos anos 1980 a ponto de ter cogitado parar de cantar. Dura na queda, a cantora pediu a ajuda a Caetano Veloso e deu a volta por cima com o cantor, que compôs o samba-rap "Língua" e convidou Elza para dividir com ele a gravação incluída no álbum *Velô* (1984).

No embalo da repercussão de *Língua*, Elza fez álbum arrojado na gravadora Som Livre, *Somos Todos Iguais* (1985), indo além do samba em repertório que transitou por jazz e blues. Como nada aconteceu, Elza sumiu e retornou em 1988 com álbum intitulado justamente *Voltei*. Produzido por Milton Manhães para a RGE, este disco conectou Elza com a geração de compositores projetados ao longo dos anos 1980 no embalo da revolução do samba feita por Beth Carvalho em 1978 no álbum *De Pé no Chão*. Em *Voltei*, Elza deu voz a sambas de Adilson Bispo, Arlindo Cruz, Beto sem Braço (1941 – 1993), Luiz Carlos da Vila (1949 – 2008), Pedrinho da Flor e Sombrinha, entre outros bambas dos quintais cariocas.

Nada aconteceu de novo. Elza ficou nove anos sem lançar álbum. A volta (mais uma!) aconteceu em 1997 com *Trajetória*, disco produzido por José Milton em que, pela primeira vez, Elza gravou Guinga, parceiro de Aldir Blanc (1946 – 2020) no samba "Rio de Janeiro", lançado no ano anterior por Sergio Mendes. Foi também em *Trajetória* que Elza cantou "Sinhá Mandaçaia" (Almir Guineto e Luverci Ernesto, 1981) com Zeca Pagodinho, reacendeu "Boato" (João Roberto Kelly) – música que gravara com sucesso no álbum *A Bossa Negra* (1960) – e tomou para si a dor materna exposta por Chico Buarque em "O meu guri" (1978).

Após o precariamente distribuído disco ao vivo *Carioca da Gema*, gravado e lançado por Elza em 1999 com registro de show feito na cidade natal do Rio de Janeiro (RJ), a cantora-fênix renasceu artisticamente em 2002 com o álbum *Do Cóccix até o Pescoço*, formatado com produção musical de Alê Siqueira sob a direção artística de José Miguel Wisnik. O disco gerou show produzido com igual requinte. O título *Do Cóccix até o Pescoço* vinha de "Dor de cotovelo", música inédita fornecida por Caetano Veloso. Chico Buarque contribuiu com "Dura na queda", samba que compusera para musical de teatro encenado em 2000 com narrativa baseada na vida da cantora. Em repertório em que Elza misturou samba, funk, rap e *beats* eletrônicos, "Fadas"(Luiz Melodia, 1978) encantou no passo sedutor do tango e "A carne" (Marcelo Yuka, Seu Jorge e Wilson Cappellette, 1998) encontrou uma voz definitiva que nunca se calou diante do racismo.

Sem se acomodar, Elza foi além no álbum seguinte, *Vivo Feliz*, gravado com produção musical de Arthur Joly – líder do projeto eletrônico paulista Mugomango – e lançado em dezembro de 2003 com sólida textura eletrônica. Entre música inédita de Nando Reis ("Concórdia"), Elza cantou sobre batidas de drum'n'bass e levadas de dub, base das regravações do samba "Volta por cima" (Paulo Vanzolini, 1962) e de "Computadores fazem arte" (Fred 04, 1994), uma das pedras fundamentais do repertório do movimento Mangue Beat.

Disco jovial, moderno, *Vivo Feliz* passou quase despercebido. Elza precisou esperar 12 anos para retomar o trilho da modernidade com *A Mulher do Fim do Mundo*. Álbum cheio de som e fúria, *A Mulher do Fim do Mundo* encarou o universo em desencanto. Partindo de poema do modernista Oswald de Andrade (1890 – 1954), "Coração do mar", musicado por José Miguel Wisnik, o disco deságua em "Comigo" (Romulo Fróes e Alberto Tassinari), faixa que encerra álbum em que, após o fecho, a voz de Elza Soares ainda se faz ouvir além do fim do mundo, transcendental, transgressora, com a valentia da leoa que atacou a violência doméstica contra a mulher – assunto do samba-punk "Maria da Vila Matilde" (Douglas Germano, 2015) – e que vira loba voraz, sedenta de sexo, na explícita "Pra fuder" (Kiko Dinucci, 2015).

Leoa e loba, Elza da Conceição Soares – ou Elza Gomes da Conceição, como veio ao mundo em 1930 – transcendeu a existência que, no plano terreno, se encerrou dois dias após a cantora concluir em 18 de janeiro de 2022 a gravação ao vivo de show de caráter retrospectivo no Theatro Municipal de São Paulo, eternizado no álbum *Elza ao Vivo no Municipal*, lançado em maio. E nada mais simbólico do que, no arremate da gravação, o último verso a sair da voz transgressora de Elza ter sido "Me deixe cantar até o fim". Elza Soares cantou até o fim e partiu para viver na memória de um Brasil que, ao menos no fim, glorificou a deusa-mulher que, de Vila Vintém, atravessou o milênio para chegar ao topo do mundo.

Fafá de Belém

Canto com a alma e a dimensão do Brasil

A sonora gargalhada de Maria de Fátima Palha de Figueiredo ecoa pelo Brasil na dimensão da voz dessa cantora que, embora traga no sobrenome artístico a cidade em que nasceu em 9 de agosto de 1956, deixou de ser somente de Belém a partir de 1975. Neste ano, já apresentada ao país como Fafá de Belém, a cantora paraense se tornou nome nacional quando a novela *Gabriela*, exibida pela TV Globo de abril a outubro de 1975, veiculou a gravação do samba de roda "Filho da Bahia" (Walter Queiroz) na voz quente da artista debutante.

O sorriso farto e a alma musical brasileira são os traços de união entre a cantora brejeira desse início de carreira – de sucessos como a canção "Paupixuna" e o bolero "Foi assim", ambos fornecidos em 1977 pelos compositores Paulo André Barata e Ruy Barata (1920 – 1990) – e a artista maturada pelo tempo que, em 2021, com os cabelos elegantemente já grisalhos, gravou duas músicas de Roberto Carlos e Erasmo Carlos, "O portão" (1974) e "Ilegal, imoral ou engorda" (1976), somente com o toque do piano de Jonas Dantas. Por sugestão do DJ Zé Pedro, essas gravações foram lançadas em single duplo em 19 de abril de 2022, dia do 81º aniversário de Roberto.

Poucas cantoras têm condições de encarar o enredo sentimental das "canções do Roberto" como Fafá. Como ela comprovou ao interpretar "O portão" em tom emotivo, Fafá é intérprete que embute no canto caloroso o D.N.A. nacional por ter sido diplomada na heterogeneidade do repertório ouvido e aprendido na infância e adolescência vividas em Belém (PA). Musicalmente, Fafá segue tanto os cursos dos rios da cidade natal quanto os folhetins melodramáticos do repertório de Angela Maria (1929 – 2018), cantora da era do rádio, referência assumida da sucessora paraense nas tramas da paixão.

Estrela radiante, como se caracterizou em 1979 no título do quarto dos cinco álbuns da fase inicialmente regionalista da discografia, Fafá vai de Roberto Carlos a Letrux no alinhamento energético de obra pautada pela diversidade que caracteriza a música do Brasil. A cantora de riso largo associada aos ritmos de Belém (PA) na embalagem regional da década de 1970 é a mesma que, sob a direção musical do paraense Arthur Nogueira, fechou a cara no invernal e interiorizado álbum *Humana* (2019), aclamado disco de desconstrução da imagem brejeira perpetuada pelos seminais álbuns *Tamba-Tajá* (1976), *Água* (1977), *Banho de Cheiro* (1978), *Estrela Radiante* (1979) e *Crença* (1980).

Entre um momento e outro, Fafá adquiriu relevância política – como poucas cantoras do Brasil tinham alcançado até então – ao subir em palanques entre 1983 e 1984, personificando a *Musa das Diretas*, uma voz na luta pela democracia, enfim restabelecida em 3 de agosto de 1988 com a extinção oficial da censura e da prática intolerável da tortura, dois instrumentos de dominação do regime ditatorial instaurado em 1964.

Com a autoridade de quem sempre nadou nas águas da liberdade, desde que subvertia padrões de comportamento adolescente na Belém natal, Fafá gravou o *Hino Nacional Brasileiro* (Francisco Manuel da Silva, 1831, com letra de Joaquim Osório Duque Estrada, 1909). A gravação do hino integra o repertório do álbum sintomaticamente intitulado *Aprendizes da Esperança* (1985).

Dois anos antes, em 1983, a cantora dera voz a "Menestrel das Alagoas", música em que Milton Nascimento e Fernando Brant (1946 – 2015) celebraram a luta do Teotônio Vilela (1917 – 1983), político então engajado na redemocratização do Brasil. "Menestrel das Alagoas" é a música que abre o álbum *Fafá de Belém* (1983), disco que marcou a entrada da cantora na gravadora Som Livre após passagem pela Philips, companhia fonográfica da qual Fafá saíra injustamente desacreditada no ano anterior por diluir a imagem brejeira no álbum *Essencial* (1982).

Gravado entre novembro de 1981 e janeiro de 1982, sob direção musical do pianista César Camargo Mariano, *Essencial* foi disco de ruptura na trajetória fonográfica da cantora, um álbum batizado com nome de música então inédita de Joyce Moreno. É desse álbum a antológica gravação de "Bilhete" (1980), canção densa de Ivan Lins e Vitor Martins, lançada dois anos antes por Ivan sem repercussão e alçada ao sucesso nacional por Fafá em interpretação de alta carga emocional, alimentada pela lágrima que escorria pela voz da artista.

A partir dos anos 1980, década em que a MPB perdeu a hegemonia nas paradas nacionais para gêneros musicais como o pop rock brasileiro e o pagode da geração dominada por integrantes do grupo Fundo de Quintal, Fafá aderiu às canções sentimentais de fácil identificação popular, alcançando picos de fama e vendas de discos.

O marco da entrada da artista nessa seara rotulada como brega – termo que expõe as ainda vigentes práticas de dominação cultural pelas elites do Brasil – foi a gravação da canção "Memórias" em 1986. Música de autoria de Leonardo (cantor e compositor pernambucano, irmão de Michael Sullivan, *hitmaker* que ainda iria ganhar importância na discografia de Fafá), "Memórias" tinha sido lançada em 1982 em gravação do autor. Contudo, foi na voz despudorada de Fafá que a canção ficou conhecida em todo o Brasil, impulsionando as vendas do álbum *Atrevida* (1986).

Foi nesse disco *Atrevida* que, atenta aos sinais, Fafá gravou *pot-pourri* de lambadas – gênero do norte do Brasil que se tornaria mania nacional entre o fim dos anos 1980 e o início da década de 1990 – e repetiu a dose no álbum seguinte *Grandes Amores* (1987). Em outra demonstração de faro mercadológico, a cantora pressentiu em 1989 a expansão do território sertanejo e gravou a guarânia "Nuvem de lágrimas" (Paulo Debétio e Paulinho Rezende) em dueto com Chitãozinho & Xororó, dupla que alcançava visibilidade nacional no rastro da popularidade consolidada nos rincões interioranos do Brasil. "Nuvem de lágrimas" se tornou um dos hits massivos do álbum *Fafá* (1989), título *blockbuster* da discografia da cantora, e abriu espaço para a música sertaneja nas rádios da cidade do Rio de Janeiro (RJ), praça até então refratária às anasaladas vozes caipiras.

A partir dos anos 1990, seguindo a tendência da década anterior, a discografia de Fafá de Belém bateu no ritmo do Brasil popular e musicalmente plural. A cantora repetiu no álbum *Doces Palavras* (1991) a fórmula bem-sucedida do disco anterior e acenou para a MPB e até para o rock – com gravação de "Desordem" (Marcelo Fromer, Sérgio Brito e Charles Gavin, 1987), sucesso da banda paulistana Titãs – no álbum *Do Fundo do Meu Coração* (1993). Entre um disco e outro, Fafá deu voz a paixões e desilusões lusitanas no álbum *Meu Fado*, gravado com produção musical de Mário Martins, arranjado por António Chainho (virtuose da guitarra portuguesa), lançado em Portugal em 1992 e também editado no Brasil.

Com o álbum *Cantiga Para Ninar Meu Namorado* (1994), a cantora fez saltar todas as veias do sentimento popular do cancioneiro reproduzido em vitrolões Brasil afora. Na sequência, a artista eternizou no disco *Fafá ao Vivo* (1995) a revisão dos 20 anos de carreira feita em show captado na cidade do Rio de Janeiro (RJ). Contudo, o sucesso de massa voltou somente com *Pássaro Sonhador*, disco de 1996 que voou alto nas paradas nacionais a reboque dos sons amazônicos – mote da regravação de "Vermelho", toada composta por Chico da Silva para a apresentação do Boi Garantido no Festival Folclórico de Parintins, tradicional evento da região realizado desde 1965 – e dos tons passionais de "Abandonada", a canção de Michael Sullivan e Paulo Sérgio Valle que encontrou na voz acalorada de Fafá o veículo ideal para expiar a *sofrência* da letra.

Após álbum que bateu sem força, *Coração Brasileiro* (1998), Fafá mudou o figurino e entrou nos anos 2000 com a imagem mais formal exposta na capa no disco *Maria de Fátima Palha de Figueiredo*, produzido por José Milton com novos acenos para MPB em repertório formado por baladas, boleros e sambas-canção. A repaginação da imagem surtiu pouco efeito comercial.

Em 2002, Fafá lançou dois discos quase simultâneos. Se *O Canto das Águas – Fafá de Belém do Pará* foi outro mergulho nos sons amazônicos que inundam o norte do Brasil entre levadas de carimbó, *Piano e Voz*, disco ao vivo de título autoexplicativo, flagrou a cantora no palco do carioca Teatro Rival, em abril de 2002, em nova revisão das andanças da artista em carreira que, na época, já contabilizava 27 anos. Se a voz do disco era obviamente a de Fafá, o piano era o de João Rebouças. A entrada em cena do trompetista Márcio Montarroyos (1948 – 2007) encorpou as abordagens de "Escândalo"(Caetano Veloso, 1981) – atestado da grandeza do canto de Fafá – e de "Quando eu estiver cantando" (João Rebouças e Cazuza, 1989), músicas então inéditas na voz da intérprete.

O mesmo pianista João Rebouças orquestrou a direção musical do disco seguinte da cantora, *Tanto Mar – Fafá de Belém canta Chico Buarque* (2005). O *songbook* contou com a voz do compositor em "Fado tropical" (Chico Buarque e Ruy Guerra, 1973) e gerou show apresentado por Fafá pelo Brasil com banda mais enxuta. Outro show da cantora teve moldura sinfônica, caráter retrospectivo e arquitetura luxuosa como a do Theatro da Paz, palco nobre de Belém (PA), onde foi gravado ao vivo, em outubro de 2006, para gerar o primeiro DVD da cantora, *Fafá de Belém ao Vivo*, lançado em fevereiro de 2007, na era dos vídeos digitais.

Após jejum fonográfico de oito anos, Fafá voltou aos estúdios, tendo como guia o DJ Zé Pedro, para celebrar 40 anos de carreira no álbum *Do Tamanho Certo Para o Meu Sorriso* (2015), gravado com produção musical orquestrada pelos guitarristas Manoel Cordeiro e Felipe Cordeiro, pai e filho. O disco, que gerou show eternizado em DVD editado em 2017, marcou mais um (re)encontro de Fafá com Belém (PA), cidade que a cantora ajudou a repor no mapa musical do Brasil na segunda metade dos anos 1970. Contudo, a gravação da canção "Volta" (Johnny Hooker, 2013), tema passional como a voz da intérprete, atestou mais uma vez que Fafá é de Belém, mas traz a alma popular do Brasil entranhada no canto que alcançou a mesma dimensão do país.

Fernanda Abreu

Entidade urbana na pista do país do suingue

Fernanda Abreu foi assertiva no título do disco duplo que lançou em setembro de 2021 – mês em que festejou 60 joviais anos de vida – com luminosos remixes produzidos por DJs de diversas escolas e gerações a partir de gravações feitas pela artista em discografia solo iniciada em 1990. O título *30 Anos de Baile* sintetizou a opção da já sessentona garota carioca de suingue sangue bom por fazer música para a pista, atitude que pode soar trivial em 2022, mas que, em 1990, ano em que a artista lançou o primeiro álbum solo, era símbolo de modernidade ainda associada à cantora e compositora.

Nascida Fernanda Sampaio de Lacerda Abreu em 8 de setembro de 1961, entre as belezas e o caos da cidade do Rio de Janeiro (RJ), Fernanda Abreu se tornou entidade urbana da música para dança. Unindo a zona norte à zona sul, como a última romântica dos bailes da pesada, a artista valorizou a figura do DJ, foi visionária ao fazer uso de samples – ação incomum em 1990 quando o hip hop nacional ainda era consumido nos guetos e quebradas das periferias do Brasil – e, ao longo de discografia fundamental na história do pop carioca, misturou samba, funk, rap, *dance* e *disco music* na panela de pressão do Rio de Janeiro, cidade chapa-quente.

As presenças dos rappers paulistanos Emicida e Projota nas recicladas gravações do disco *30 Anos de Baile* são indicativas do alcance nacional do som da garota carioca. Contudo, é impossível dissociar o som de Fernanda Abreu da cultura musical do Rio de Janeiro. Foi na cidade natal que, em fins de 1981, a artista foi revelada como *backing vocal* da Blitz, banda que protagonizou a revolução pop iniciada no verão de 1982.

Estudante de sociologia que começara a estudar balé aos nove anos e quase se formara em dança clássica e contemporânea, Fernanda tinha integrado a obscura banda carioca Nota Vermelha – ao lado de Fábio Fonseca e Leo Jaime – antes de ganhar a vaga na Blitz, banda capitaneada pelo ator, cantor e compositor Evandro Mesquita.

Com a Blitz alçada à sensação do pop brasileiro com a explosão nacional da música "Você não soube me amar" (Evandro Mesquita, Guto Barros, Ricardo Barreto e Zeca Mendigo), lançada em single *blockbuster* antes do álbum As Aventuras da Blitz (1982), Fernanda Abreu passou a viver a rotina de popstar até a dissolução da banda por *egotrips* em 1986 após mais dois álbuns, *Radioatividade* (1983) e *Blitz 3* (1984), que desgastaram a irreverente fórmula sonora dessa banda que dialogava com a estética dos quadrinhos na música e no visual.

A Blitz voltaria à cena, mas sem Fernanda Abreu, que foi encontrar a própria turma e o próprio som na segunda metade dos anos 1980. A estreia da cantora em disco como artista solo aconteceu em 1987 – ano em que Fernanda recusou convite da gravadora EMI-Odeon para lançar o primeiro álbum solo por se perceber ainda sem preparo para a empreitada – como convidada do futuro parceiro Fausto Fawcett na gravação do samba-funk-rap "Juliette", música de Fawcett com Carlos Laufer, outro nome que iria adquirir relevo na discografia solo da garota carioca.

Foi somente após fazer aulas de canto (com o irmão Fernando Abreu) e de violão que Fernanda Abreu se sentiu pronta para ir para os palcos como artista principal, em show apresentado em 1989 com sucessos da *disco music* em arranjos com influências do funk carioca que a cantora conhecera naquele ano, guiada pelo antropólogo Hermano Vianna em visita a um baile da pesada.

O show foi embrião do primeiro álbum solo da artista, *Sla Radical Dance Disco Club*, gravado entre janeiro e fevereiro de 1990, com produção musical dividida entre Fábio Fonseca e Herbert Vianna, irmão de Hermano. Tendo na mão fita *demo* produzida por Herbert, Fernanda procurou em 1989 o então diretor artístico da gravadora EMI, Jorge

Davidson, e o convenceu a abrir mercado nacional para o pop de pista, gênero então inexplorado pela indústria fonográfica do Brasil.

Coprodutora de *Sla Radical Dance Disco Club*, disco lançado em março de 1990, Fernanda deu relevo ao DJ no embalo de álbum que lançou mão de samples e foi pioneiro ao valorizar a então desprezada *disco music*. O som dos *dancin' days* foi inserido pela artista no universo da *dance music* em faixas como "A noite" (Fernanda Abreu, Carlos Laufer e Luiz Stein, 1990), "Luxo pesado" – versão em português, escrita por Fernanda com Fausto Fawcett, de "Got to be real" (1978), hit da cantora norte-americana Cheryl Lynn – e a regravação de "Kung Fu Fighting"(1974), hit autoral do jamaicano Carl Douglas rebobinado por Fernanda e alocado como faixa-bônus da edição em CD do álbum *Sla Radical Dance Disco Club*.

Disco que desacelerou o *beat* na balada "Você pra mim", composta solitariamente por Fernanda, *Sla Radical Dance Disco Club* teve capa e encarte criados por Luiz Stein, artista gráfico fundamental para a criação da requintada identidade visual dos discos, shows e clipes da artista em parceria iniciada ainda nos tempos da Blitz e mantida na trajetória solo de Fernanda.

A cantora se manteve na pista com o segundo álbum solo, *Sla 2 – Be Sample*, lançado em 1992 com título que já aludia ao uso do sample, ampliado neste disco gravado com produção musical orquestrada por Liminha com as colaborações de Fernanda e Fábio Fonseca. As adições do samba e do rap deixaram o som carioca da artista em ponto de fervura.

Foi em *Sla 2* que apareceu a música que se tornaria o hino informal da cidade natal da cantora, "Rio 40 graus" (Fernanda Abreu, Carlos Laufer e Fausto Fawcett, 1992), misto de funk, rap e samba que atualizou o perfil da "cidade-maravilha, purgatório da beleza e do caos". Foi também em *Sla 2 – Be Sample* que, devota fervorosa do som de *são* Jorge Ben Jor, Fernanda Abreu repaginou "Jorge de Capadócia" (1975).

Em 1995, Fernanda Abreu voltou para a pista com o terceiro álbum solo, *Da Lata*, disco pautado pela fusão da cadência bonita do samba com a batida do funk. A mistura carioca resultou em samba-funk formatado por Liminha com o suíço Will Mowat. Na época, o funk carioca já se transformara em cultura de massa, forma de expressão popular que ganhara identidade própria ao reprocessar o Miami Bass embrionário dos anos 1980.

Aos ouvidos da classe média urbana que ignorava a cultura, o comportamento e o som das favelas e periferias, Fernanda Abreu teve papel importante na propagação do funk em todo o país do suingue. "O brasileiro é de festa / O brasileiro é de baile", sentenciou a artista em versos de "Brasil é o país do suingue" (Fernanda Abreu, Fausto Fawcett, Carlos Laufer e Hermano Vianna), espécie de aquarela brasileira do samba-funk. Com *Da Lata*, disco que estendeu o alcance do som da artista com turnê que extrapolou as fronteiras do Brasil, Fernanda Abreu angariou prestígio e popularidade a reboque de hits como "Garota sangue bom" (Fernanda Abreu e Fausto Fawcett) e "Veneno da lata" (Fernanda Abreu e Will Mowat).

O álbum seguinte, *Raio X* (1997), foi coletânea com justo status de disco de carreira. Disco em que a cantora, sem se escorar no glorioso (e então curto) passado, direcionou o foco para o futuro com remixes e seis gravações inéditas, em vez de fazer o protocolar disco ao vivo sugerido pela gravadora. Sobressaíram na abreugrafia a inédita canção romântica "Um amor, um lugar" (presente de Herbert Vianna), a abordagem de "Aquarela Brasileira" (Silas Oliveira) – samba-enredo com o qual a escola de samba Império Serrano desfilou no Carnaval de 1964 – e a gravação de "Jack soul brasileiro", música inédita de Lenine que mixava o suingue do nordeste de Jackson do Pandeiro (1919 – 1982) com o balanço carioca. Sem falar na lembrança do pioneiro rap nacional "Kátia Flávia, a Godiva do Irajá" (Fausto Fawcett e Carlos Laufer), lançado no mesmo disco de 1987 em que Fernanda apareceu como artista solo com convidada de Fausto Fawcett.

De volta para o futuro com o quinto álbum solo, *Entidade Urbana* (2000), Fernanda buscou elos entre as grandes cidades do Brasil e do mundo, acenando para o público paulistano em "São Paulo – SP" (Fernanda Abreu, Fausto Fawcett, Carlos Laufer e Liminha) – tentativa de criar um "Sampa 40 graus" – sem abrir mão da alma musical carioca, sobressalente em "Baile da pesada" (Fernanda Abreu e Rodrigo Maranhão), rolê pela cidade do Rio de Janeiro com paradas para louvar os pioneiros DJs Ademir Lemos (1946 – 1998), Big Boy (1943 – 1977) e Monsieur Limá (1943 – 1993).

Entidade Urbana gravitou em torno do planeta pop. "Toda a terra inteira quer balançar", sintetizou a cantora na letra de "Roda que se mexe" (Fernanda Abreu, Rodrigo Campello e Suely Mesquita), samba que reverberou o suingue matricial de Jorge Ben Jor com os toques do violão de Gilberto Gil e do piano de João Donato.

Título inaugural do selo Garota Sangue bom, o álbum *Na Paz* foi disparado em 2004 como míssil pacifista de artista que, como exposto na foto da capa, acreditava na flor como arma que venceria o canhão na guerra cotidiana travada na selva das cidades. Caminhando e cantando a mistura pop de samba-funk-rap, Fernanda novamente recorreu a Jorge Ben ao rebobinar "Eu vou torcer" (1974) em repertório majoritariamente inédito gravado com participações de Gustavo Black Alien, Ivo Meirelles, Mart'nália e do fiel escudeiro Fausto Fawcett.

Dois anos depois, Fernanda Abreu procurou reproduzir a atmosfera de um baile funk no primeiro registro de show, lançado em 2006 em CD e DVD na série *MTV ao Vivo*. O cenário com caixas de som evocou a estética visual dos bailes promovidos pela equipe Furacão 2000 nas periferias cariocas e fluminenses – ideia também concretizada por Anitta ao arquitetar o show com que se apresentou no festival *Rock in Rio* em 2019.

Problemas de ordem pessoal fizeram Fernanda Abreu ficar dez anos sem lançar um álbum, embora tenha permanecido discretamente em cena com o show *Eletro-Acústico*. A volta em grande estilo aconteceu em maio de 2016 com a edição do álbum *Amor Geral*. Entrando na pista da *house*, sem abandonar o suingue samba-funk, a cantora mostrou frescor em disco gravado com time de produtores que incluiu Qinho, Tuto Ferraz, Sérgio Santos, Gui Marques, Liminha, Wladimir Gasper e Rodrigo Campello. Disco costurado pelo afeto, *Amor Geral* renovou o som de Fernanda Abreu sem diluir a matriz da discografia solo da artista.

Entre músicas compostas com antigos e novos parceiros, Fernanda Abreu teve a honra de contar em *Amor Geral* com Afrika Bambaataa. Um dos pais do rap semeado nos Estados Unidos nos anos 1970, Bambaataa se fez ouvir na batida contagiante de "Tambor" (Fernanda Abreu, Jovi Joviano e Gabriel Moura), destaque do repertório.

O disco *Amor Geral* gerou show calcado no groove e na dança que, ao entrar em cena em outubro de 2016 na cidade do Rio de Janeiro (RJ), mostrou que a artista permanecia em contínuo movimento jovial. Perpetuado em apresentação carioca captada sem plateia em 13 de março de 2020, dia em que decreto municipal ordenou o fechamento imediato dos palcos do Rio de Janeiro para frear o avanço da pandemia de covid-19, o show gerou álbum ao vivo e DVD lançados em dezembro de 2020 com o engenhoso título *Amor Geral (a)live*.

Sim, Fernanda Abreu está viva. A eterna garota carioca sobreviveu aos caprichos do mercado sem dançar conforme a música e o ritmo do momento. E fez nome ao fazer pop de pista, música para dançar na noite que, assim como o som moderno da artista, bebe na fonte da juventude.

Gal Costa

O cristal que ilumina os caminhos da MPB

Cristal de timbre único no universo pop, a voz laminada de Gal Costa mapeia desde 1964 os caminhos seguidos pela música popular do Brasil. De João Gilberto (1931 – 2019) – referência de canto para a tímida menina soteropolitana apelidada de Gracinha que foi vendedora de loja de discos em Salvador (BA) – a Zé Ibarra, com quem a artista reciclou a canção "Meu bem, meu mal" (Caetano Veloso, 1981) no álbum de duetos *Nenhuma Dor* (2021), tudo e todos parecem ter sido filtrados pelo canto matricial de Gal em trajetória norteada pela cumplicidade musical com Caetano Veloso.

Parte dessa história está costurada no roteiro de *As Várias Pontas de Uma Estrela*, show que entrou em cena em outubro de 2021, percorrendo o Brasil ao longo de 2022. A partir do cancioneiro de Milton Nascimento, Gal alinha vinte e quatro músicas que expõem o caráter plural de canto que foi "fa-tal" entre 1971 e o verão de 1972, época em que a cantora encarou a musa nacional da contracultura no show eternizado no álbum duplo *Fa-Tal – Gal a Todo Vapor* (1971), símbolo de resistência quando os amigos Caetano Veloso e Gilberto Gil, expulsos do Brasil, amargavam forçado exílio em Londres.

Nascida Maria da Graça Costa Penna Burgos em Salvador (BA), em 26 de setembro de 1945, essa verdadeira baiana entrou em cena no segundo semestre de 1964, dividindo o palco do Teatro Vila Velha, na cidade natal, com Caetano, Gil, Maria Bethânia, Tom Zé e outros artistas da cidade no show *Nós, Por Exemplo*..., ao qual se seguiu outro show coletivo, *Nova Bossa Velha, Velha Bossa Nova*.

Tendo migrado para a cidade do Rio de Janeiro (RJ) em 1965, no rastro da explosão de Maria Bethânia no teatralizado show *Opinião* (1964 / 1965), a artista debutou em disco ao dividir com a colega conterrânea o canto de "Sol negro" (Caetano Veloso, 1965) no primeiro álbum de Bethânia. Na sequência, Gal gravou e lançou single com músicas inéditas de Gil (o samba "Eu vim da Bahia") e Caetano ("Sim, foi você"), gravadas com arranjos e canto que ecoavam a estética *cool* da bossa nova.

Nesse single inicial, lançado em 1965, Gal ainda assinava Maria da Graça. Sugestão do empresário e produtor carioca Guilherme Araújo (1936 – 2007), o nome artístico Gal apareceria somente na capa do álbum *Domingo* (1967), dividido pela cantora com Caetano Veloso. Mesmo assinado como Gal, o disco ainda reverbera o canto suave da Gracinha devota de João Gilberto em faixas como "Avarandado"(Caetano Veloso), "Candeias" (Edu Lobo) e "Coração vagabundo" (Caetano Veloso), canção gravada por Gal em dueto com o amigo baiano.

Presente no disco-manifesto *Tropicália ou Panis et Circensis* (1968) com o solo em "Mamãe, coragem" (Torquato Neto) e a gravação emblemática de "Baby" (canção feita por Caetano Veloso para Bethânia, mas que se tornou desde então associada a Gal), a cantora deixou definitivamente de ser a Gracinha em 25 de novembro de 1968 ao abrir a voz no *IV Festival da Música Popular Brasileira* para defender "Divino maravilhoso" (Caetano Veloso e Gilberto Gil, 1968) com postura, indumentária e canto de roqueira.

A partir de 1969, a pluralidade e a liberdade regeram o canto de Gal Costa, que então podia evocar tanto João Gilberto quanto Janis Joplin (1943 – 1970). Aliás, o sobrenome Costa apareceu pela primeira vez na capa do primeiro álbum solo da cantora. Gravado em 1968, o LP *Gal Costa* foi lançado no início de 1969. É o disco de "Não identificado" (Caetano Veloso), de "Que pena" (Jorge Ben) e da abordagem do rock "Se você pensa" (Roberto Carlos e Erasmo Carlos, 1968), lançado pelo então menosprezado Roberto Carlos no ano anterior.

Lançado ainda em 1969, o segundo álbum solo da cantora, *Gal*, teve aura psicodélica, guitarras de Lanny Gordin, violões de Jards Macalé e arranjos do maestro tropicalista Rogério Duprat (1932 – 2006). É um disco (in)tenso, com Gal galgando a escala musical com agudos cortantes, fazendo pulsar a veia roqueira em "Cinema Olympia" (Caetano Veloso) e se confirmando a cantora mais moderna do Brasil em 1969.

A conexão com Lanny Gordin e Macalé foi reforçada no álbum seguinte, *LeGal* (1970), gravado com arranjos do maestro e pianista Chiquinho de Moraes. É o disco de "London London" (Caetano Veloso, 1970) – retrato do exílio de Caetano na capital da Inglaterra – e de "Hotel das estrelas" (Jards Macalé e Duda Machado), *flash* da barra que pesava no Brasil em 1970.

Como o cultuado show *Fa-Tal – Gal a Todo Vapor* virou álbum em dezembro de 1971, gerando um dos títulos mais aclamados da discografia de Gal pelo sentimento de resistência ao momento do país, a cantora somente lançou álbum de estúdio em 1973. *Índia* simbolizou o fecho de ciclo de desbunde na trajetória da artista. Impulsionado pelo registro épico da música-título "*Índia*" (José Asunción Flores e Manuel Ortiz Guerrero, 1928, em versão em português de José Fortuna, 1952), guarânia paraguaia apresentada ao Brasil nas vozes da dupla Cascatinha & Inhana, o LP representou um último suspiro tropicalista na discografia de Gal, com repertório que foi de Lupicínio Rodrigues (1914 – 1974) – de quem a cantora expiou a dor amargurada do samba-canção "Volta" (1957) – a Luiz Melodia (1951 – 2017), compositor apresentado por Gal no show emblemático de 1971 com o canto de "Pérola negra".

Em 1974, a cantora acendeu belezas no surpreendente movimento para dentro feito pela artista ao gravar *Cantar*, álbum mais sereno, bucólico, produzido por Caetano Veloso com arranjos de João Donato, autor de músicas como "Até quem sabe" (com Lysias Ênio) e "A rã" (com a letra de Caetano), destaques de repertório em que também sobressaíram "Barato total" (Gilberto Gil) e "Lágrimas negras" (Jorge Mautner e Nelson Jacobina).

Cultuado com o passar dos anos, *Cantar* foi álbum recebido com desprezo em 1974, como se Gal tivesse que encarnar eternamente a musa da contracultura. Sintomaticamente, desde então a discografia da cantora ficou livre de amarras estéticas. Em 1975, a voz de Gal alcançou todo o Brasil com a gravação do tema de abertura da novela *Gabriela*, "Modinha para Gabriela", de Dorival Caymmi (1914 – 2008), compositor com quem a artista saiu em turnê pelo Brasil e que teria a obra abordada com delicadeza pela cantora no álbum *Gal Canta Caymmi* (1976), um dos pioneiros *songbooks* da MPB, formato ao qual Gal voltaria quatro anos depois, quando, já na fase Tropical, dedicou o disco *Aquarela do Brasil* ao cancioneiro do compositor Ary Barroso (1903 – 1964).

Entre um *songbook* e outro, houve *Caras & Bocas* (1977), disco de ar mais roqueiro, mas que também flertou com o intimismo de canções de ambiência quase jazzística em repertório que destacou "Tigresa" (Caetano Veloso) e que revelou Marina Lima, apresentada ao Brasil por Gal com a gravação de "Meu doce amor", parceria de Marina com Duda Machado.

Com *Água Viva* (1978), disco que emplacou o bolero "Folhetim" (Chico Buarque), Gal iniciou movimento de popularização que preparou o público para o estouro de *Gal Tropical*, show e disco que marcaram 1979 com sucessos como "Balancê" (João de Barro e Alberto Ribeiro, 1937). Foi nesse clima tropical que a cantora lançou *Fantasia*, álbum de 1981 que se tornou quase um *greatest hits* da discografia de Gal por conta do êxito de músicas como a marcha-frevo junina "Festa do interior" (Moraes Moreira e Abel Silva) e a canção "Meu bem meu mal" (Caetano Veloso).

O arranjo do maestro Lincoln Olivetti (1954 – 2015) para "Festa do interior" ajudou a consolidar o padrão *tecnopop* da música brasileira ao longo dos anos 1980. Entrando na onda, a discografia de Gal nessa década foi atrás da massa real, amplificando o alcance e as vendas dos discos da cantora. O álbum *Minha Voz* (1982) bisou a fórmula e o êxito de *Fantasia* a reboque da marcha-frevo "Bloco do prazer" (Moraes Moreira e Fausto Nilo) e da canção "Azul" (Djavan). Álbum que encerrou a passagem da cantora pela gravadora Philips, *Baby Gal* (1983) reciclou a canção-título "Baby" com os vocais e o toque do grupo Roupa Nova.

Na gravadora RCA, que se tornaria BMG-Ariola em 1987, Gal se manteve em alta no mercado ao recorrer ao mel industrializado de baladas como "Chuva de prata" (Ed Wilson e Ronaldo Bastos, 1984) – sucesso do álbum *Profana* (1984), também marcado pela cinematográfica música-título de Caetano Veloso "Vaca profana" – e "Um dia de domingo" (Michael Sullivan e Paulo Massadas, 1985), hit *blockbuster* gravado por Gal em dueto com Tim Maia (1942 – 1998) para o álbum *Bem Bom* (1985), disco de repertório eclético e toque sensual.

Encerrada com *Lua de Mel Como o Diabo Gosta* (1987), álbum em que o cristal da cantora estava no auge da elasticidade, como atestaram a gravação de "Todos os instrumentos" (Joyce) e o canto de "Arara" (música de Lulu Santos, compositor dominante no repertório), a fase *tecno-pop* da discografia de Gal nos anos 1980 tem sido reavaliada com mais boa vontade nos últimos anos. Na época, a cantora foi bastante atacada pela crítica musical por seguir as regras do jogo mercadológico. Com o benefício da perspectiva do tempo, ficou claro que os discos são bons.

O prestígio foi recuperado com *Plural* (1990), disco idealizado pelo compositor, poeta e produtor baiano Waly Salomão (1943 – 2003), mentor do show *Fa-Tal – Gal a Todo Vapor*. A gravadora mandou para as rádios o registro do bolero "Alguém me disse" (Jair Amorim e Evaldo Gouveia, 1960), lançado há então 30 anos pelo cantor Anísio Silva (1920 – 1989), mas a alavanca de *Plural* junto aos críticos foi a conexão de Gal com o baticum dos blocos afro-baianosde Salvador (BA). Entre sambas-reggaes dos grupos Muzenza e Olodum, o disco trouxe "Zanzando", música inédita do então emergente Carlinhos Brown, e eriçou "Cabelo", parceria de Jorge Ben Jor com Arnaldo Antunes.

O álbum *Plural* rendeu show ovacionado por público e crítica, mas o disco surtiu pouco efeito comercial. Tanto que a gravadora BMG se manteve insensível ao apelo de Gal para perpetuar em álbum duplo ao vivo o show criado e dirigido por Waly Salomão. A saída da cantora foi incluir no álbum *Gal* (1992) músicas do show, como "Coisas nossas" (Noel Rosa), "Feitio de oração" (Vadico e Noel Rosa), "Tropicália" (Caetano Veloso) e a "Rumba de Jacarepaguá" (Haroldo Barbosa). Costurado pelas vinhetas "Saudação aos povos africanos", o disco saiu em silêncio.

Em 1993, atenta às consagrações de Caetano Veloso e Marisa Monte com álbuns feitos com Arto Lindsay, Gal gravou álbum produzido pelo artista norte-americano. *O Sorriso do Gato de Alice* consolidou a virada estética iniciada no álbum *Plural* com repertório formado somente por músicas inéditas dos compositores Caetano Veloso, Djavan, Gilberto Gil e Jorge Ben Jor. O disco gerou show vanguardista, moderno, dirigido pelo encenador teatral Gerald Thomas. Momento mais arrojado de Gal em cena, o show *O Sorriso do Gato de Alice* (1994) foi atacado sem fundamento e com fúria direcionada a Thomas, desafeto da imprensa na época.

O ano terminaria empobrecido com a morte, em 8 de dezembro, de Antonio Carlos Jobim (1927 – 1994), com quem Gal fizera show eternizado no disco *Rio Revisited*, lançado nos Estados Unidos em 1987 e no Brasil em 1992. A dor da perda de Tom foi expiada por Gal no álbum *Mina D'água do Meu Canto* (1995), disco de título extraído de verso da música "Como um samba de adeus", parceria de Caetano Veloso com Chico Buarque, os dois únicos compositores presentes no repertório do belo álbum gravado com produção musical de Jaques Morelenbaum.

Dois anos depois, em 1997, Gal revisitou o próprio repertório, com arranjos do maestro Wagner Tiso, em álbum ao vivo da série *Acústico MTV*. O dueto da cantora com Herbert Vianna na balada "Lanterna dos afogados" (1989), composta e gravada por Herbert em álbum do trio Paralamas do Sucesso, tocou bem nas rádios e devolveu a Gal o sucesso comercial que a cantora não experimentava desde meados dos anos 1980.

No embalo do sucesso do *Acústico MTV*, Gal lançou em 1998 o álbum *Aquele Frevo Axé*, produzido por Celso Fonseca e batizado com nome do belo *sambossa* de Cezar Mendes e Caetano Veloso. O single enviado para as rádios, "Que beleza" (1975), era sucesso da fase *Racional* de Tim Maia. Os flertes com a sonoridade eletrônica tentaram dar ar moderno ao canto de Gal.

Talvez pela morna recepção do álbum *Aquele Frevo Axé*, Gal passou a fazer discos de olho no retrovisor. Registro de show gravado em São Paulo com produção musical de Marco Mazzola, o álbum duplo *Gal Costa Canta Tom Jobim Ao Vivo* (1999) se escorou com reverência no cancioneiro soberano do compositor carioca. Já *Gal de Tantos Amores* (2001) – o título mais equivocado da discografia da artista – requentou sucessos do passado em arranjos orquestrais criados pelo maestro Wagner Tiso, diretor musical do disco e também produtor (em função dividida com Daniel Filho) deste que seria o último álbum de Gal na gravadora BMG. Como consolo para fiéis seguidores da cantora, *Gal de Tantos Amores* apresentou gravação primorosa de "A última estrofe" (Cândido das Neves), valsa-canção de 1935, lançada na voz do cantor das multidões Orlando Silva (1915 – 1978).

Gal atravessou os anos 2000 em gravadoras de pequeno porte. Disco produzido por Marco Mazzola, *Bossa Tropical* (2002) saiu através de parceria da MZA Music com a Abril Music e soou irregular. A regravação de "Socorro" (Arnaldo Antunes e Alice Ruiz) chegou a tocar nas rádios. Mas o hit perdido do disco foi a balada "Quando eu fecho os olhos", parceria de Chico César com Carlos Rennó. Na sequência, em 2003, Gal lançou *Todas as Coisas e Eu* pela Indie Records. Neste disco, formatado dentro das tradições do samba-canção pelo produtor Mariozinho Rocha, a cantora registrou sucessos da música brasileira antes da bossa nova.

Hoje, álbum que marcou em 2005 a estreia de Gal na gravadora Trama, fechou a cortina do passado e renovou o repertório da cantora com arranjos de César Camargo Mariano, produtor que poderia ter sido mais hábil (ou menos tradicionalista) ao dar forma a músicas de compositores da cena *indie* como Clima, Junio Barreto, Moreno Veloso, Nuno Ramos e Péri. Caetano Veloso e Chico Buarque (em parceria com José Miguel Wisnik) representaram a MPB com "Luto" e "Embebedado", respectivamente. *Hoje* gerou show gravado ao vivo em São Paulo (SP) e lançado pela Trama em 2006, em CD e DVD (o primeiro registro de show de Gal idealizado para o formato de vídeo digital).

Coincidentemente, Gal teve outro disco ao vivo editado em 2006, só que nos Estados Unidos. Lançado no Brasil pela EMI Music em 2007, *Gal Costa Live At The Blue Note* foi, como o título já explicitou, o registro de show feito pela cantora em 19 de maio de 2006 na prestigiada casa de jazz de Nova York (EUA).

A partir de 2007, Gal se ausentou dos estúdios de gravação para cuidar da vida pessoal. A volta se deu em dezembro de 2011 com o lançamento de *Recanto*, revigorante álbum idealizado por Caetano Veloso e produzido pelo artista com o filho Moreno Veloso. No repertório, onze músicas de Caetano, sendo nove inéditas, feitas para a voz de Gal. Álbum de arrojada textura eletrônica, *Recanto* foi saudado pela crítica, reacendeu a chama da cantora e se tornou clássico instantâneo da discografia de Gal. A aclamação foi potencializada com o show que estreou em março de 2012 no Rio de Janeiro (RJ), onde foi gravado em outubro para edição de *Recanto Ao Vivo* em álbum duplo e DVD lançados em março de 2013.

O álbum e o show *Recanto* fizeram acordar em festa a voz de Gal e rejuvenesceram o público da cantora. Com a entrada em cena do diretor artístico Marcus Preto, a chama foi mantida acesa em álbuns posteriores como *Estratosférica* (2015) – disco em que, sob produção musical de Kassin e Moreno Veloso, Gal deu voz a músicas inéditas de Arthur Nogueira, Céu, Criolo, Mallu Magalhães e Zeca Veloso, entre outros nomes da geração anos 2010 – e *A Pele do Futuro* (2018).

No álbum *A Pele do Futuro*, gravado com produção musical de Pupillo e lançado no mesmo ano de 2018 em que o show da turnê *Trinca de Ases* (feita por Gal com Gilberto Gil e Nando Reis em 2017) gerou álbum ao vivo e DVD, Gal acenou para a MPB (através de músicas inéditas de Djavan e Gilberto Gil), reviveu a *disco music* e fez dueto com Maria Bethânia sem deixar de permanecer conectada com a presente geração, tendo gravado músicas de Silva (com letra de Omar Salomão) e Emicida (em parceria com Erasmo Carlos), além de dueto com Marília Mendonça (1995 – 2021), musa da *sofrência* feminina sertaneja.

Tudo soou natural, pois Maria da Graça Costa Penna Burgos habita a pele da grande cantora que, desde 1964, vem traçando caminho luminoso que aponta a trajetória da própria música popular do Brasil.

Joyce Moreno

Assinatura feminina no balanço do samba e outras bossas

Em 1967, Joyce Moreno escandalizou parte do público do *II Festival Internacional da Canção* ao dar voz aos versos "Já me disseram / Que meu homem não me ama / Me contaram que tem fama / De fazer mulher chorar". Ao defender o samba-canção autoral "Me disseram" no segundo FIC, a artista carioca foi vaiada, julgada e condenada no tribunal machista da música popular do Brasil simplesmente por ter se assumido mulher na escrita de letra que sinalizou que o príncipe muitas vezes virava um sapo.

Se contado em 2022, o caso pode soar incrível porque, já há alguns anos, cantoras de funk explicitam até posições sexuais em letras que, para parte da sociedade, fazem jus aos mesmos adjetivos de "vulgar" e "imoral" usados para desqualificar no festival de 1967 a jovem de 19 anos que nascera em 31 de janeiro de 1948 na zona sul da cidade do Rio de Janeiro (RJ), precisamente no bairro de Copacabana, um dos berços da bossa nova, e que começava a mostra a cara como compositora.

Contudo, o caso é real e ilustra a contribuição fundamental dada por Joyce Silveira Palhano de Jesus – naquela época somente Joyce, na certidão de nascimento artístico – ao cancioneiro feminino brasileiro. Até então, admitia-se na música do Brasil compositores que pareciam ter "alma de mulher" quando escreviam letras sob ótica feminina para alguns sambas e canções, caso do baiano Assis Valente (1911 – 1958) e do carioca Chico Buarque, autor de "Com açúcar, com afeto", canção daquele mesmo ano de 1967 que, em 2022, viria a ser condenada no tribunal feminista da música popular. Às poucas mulheres que tinham se aventurado no ofício da composição ao longo dos anos 1950, casos das desbravadoras Dolores Duran (1930 – 1959) e Maysa (1936 – 1977), era permitido no máximo escrever letras com gênero indefinido ou oculto. Foi Joyce Moreno que virou a mesa e o jogo.

Em 2022, ano que decidiu gravar álbum autoral com doze músicas inéditas alinhavadas durante a pandemia (sete de lavra solitária e cinco com parceiros como Cristovão Bastos, Marcos Valle e Moacyr Luz), o primeiro disco da artista no gênero desde *Palavra e Som* (2016), Joyce Moreno já transcendeu as pequenezas do mundo machista com a musicalidade exuberante percebida por gigantes como Antonio Carlos Jobim (1927 – 1994). Intitulado *Brasileiras Canções*, o álbum foi programado para agosto de 2022 com músicas como "Alimento", "Paris e eu" e "Todo mundo", samba viçoso escolhido para anunciar o disco em single editado em julho.

Violonista autodidata que aprendeu a tocar aos 14 anos, estudando clássica e formalmente o instrumento aos 18, Joyce entrou em cena aos 16, em 1964, ano em que começou a compor e na qual gravou participação em disco do conjunto vocal Sambacana, com o aval de Roberto Menescal. Em 1968, a música já se impôs sobre o jornalismo, profissão na qual Joyce se formaria em 1970 e que chegara a exercer brevemente em 1967 como estagiária do então prestigiado *Jornal do Brasil*. Até porque 1968 foi o ano do primeiro álbum, *Joyce*, gravado com produção musical de Armando Pittigliani e arranjos de Dori Caymmi e do maestro Lindolpho Gaya (1921 – 1987). Ao LP *Joyce*, seguiu-se um segundo álbum, *Encontro Marcado*, lançado em 1969 com produção musical de Nelson Motta e arranjos de Luiz Eça (1936 – 1992).

O resto foi uma história que somente começou a dar visibilidade nacional a Joyce a partir de 1979. Naquele ano, o Quarteto em Cy gravou o samba "Feminina", composição decisiva na artilharia feminina que revolucionou a MPB, dando voz e vez a cantoras que também faziam as próprias músicas, como Angela Ro Ro, Fátima Guedes e Marina Lima. Foi nesse favorável contexto social e musical que, avalizada como compositora em 1979 por cantoras do alto quilate de Elis Regina (1945 – 1982) e Maria Bethânia, intérpretes originais de duas canções de Joyce com letras femininas de Ana Terra, "Essa mulher" e "Da cor brasileira", respectivamente, a artista teve a chance de retomar a discografia no Brasil com o álbum *Feminina*, lançado em 1980.

Joyce atravessara a década de 1970 sem projeção no Brasil. Tanto que, após ter integrado o grupo A Tribo e lançado EP (compacto duplo, no jargão fonográfico da época) em 1971 com a gravação original de "Nada será como antes" (Milton Nascimento e Ronaldo Bastos), futuro *standard* do Clube da Esquina, a cantora passou a se apresentar e a gravar mais no exterior. Não fosse pelo disco gravado com Nelson Angelo em 1972, a cantora teria passado a década de 1970 sem um álbum feito para o Brasil.

Joyce gravou nada menos do que três álbuns fora do Brasil entre 1975 e 1977. Por trapaça da sorte, o único que chegou ao mundo naqueles anos 1970 foi *Passarinho Urbano*, feito em Roma, Itália, em novembro de 1975, para a série *Folk Internazionale* da Fonit Cedra, gravadora que lançou em 1976 o álbum editado silenciosamente no Brasil em 1977. *Visions of Dawn*, álbum gravado pela cantora na França em 1976 com o percussionista Naná Vasconcelos (1944 – 2016) e com o músico Mauricio Maestro, foi arquivado na época e dado como perdido por 33 anos até ser editado em 2009 via Far Out Recordings, selo inglês que tem acolhido Joyce desde a edição do álbum autoral *Hard Bossa* em 1999.

O mesmo selo inglês programou para 2022 a edição do até então inédito terceiro álbum gravado por Joyce no exterior nos anos 1970. Trata-se de *Natureza*, disco gravado em Nova York (EUA), em 1977, com arranjos do maestro alemão Claus Ogerman (1930 – 2016) para o selo Horizon, mas arquivado por questão jurídica, tendo permanecido inédito por 45 anos. Foi nessa estada em Nova York que Joyce se encontrou e se afinou com Tutty Moreno, baterista que se tornaria parceiro da artista na música e na vida. Vem dele o sobrenome Moreno, incorporado ao nome oficial e artístico de Joyce a partir de maio de 2001 com a legalização da união com Tutty.

Tivesse sido lançado no ano em que foi gravado, o álbum de Joyce Moreno com Claus Ogerman teria apresentado ao mundo *Feminina* como legítimo samba-jazz, em gravação de quase 12 minutos. Quis o destino que o Brasil somente ouvisse *Feminina* na voz de Joyce no LP gravado no embalo da projeção da artista como compositora. O álbum *Feminina* foi editado pela gravadora em 1980, ano em que Joyce se impôs como cantora ao defender a canção autoral "Clareana", parceria com Maurício Maestro, no festival *MPB-80*, promovido e exibido pela TV Globo.

Embora já fosse a rigor o sétimo álbum gravado por Joyce (incluídos na conta os dois arquivados títulos estrangeiros), *Feminina* é disco de canções que soou como cartão-de-visitas da cantora e compositora. Além do samba-título e da canção "Clareana", o álbum traz "Mistérios"– parceria de Joyce com Mauricio Maestro lançada há dois anos por Milton Nascimento no álbum *Clube da Esquina 2* (1978) – e as versões da autora para "Essa mulher" e "Da cor brasileira", as já mencionadas músicas cujas letras escritas por Ana Terra ajudaram a delinear a assinatura feminina do cancioneiro de Joyce. *Feminina* é também o álbum de "Aldeia de Ogum", tema autoral que caiu nas graças dos DJs e nas pistas europeias na década de 1990, abrindo mais caminhos no mundo para a música de Joyce Moreno.

Essa abertura planetária da década de 1990 foi providencial porque, descontado o relativo sucesso radiofônico da canção autoral "Monsieur Binot" no álbum posterior *Água e Luz* (1981), Joyce Moreno nunca mais frequentou as paradas nacionais. Pior: foi alijada do círculo das gravadoras que ditavam as regras da indústria fonográfica do Brasil nos anos 1980 por ter ido reclamar direitos autorais relativos ao uso do arranjo e das bases da gravação de *Feminina* no disco de outra cantora. Sem saída, a cantora teve que partir para a produção fonográfica independente, bancando o álbum *Tardes Cariocas* (1983) com a *little help* de grandes músicos amigos e, na sequência, gravando pelo selo indie Pointer o disco *Saudade do Futuro* (1985).

A salvação foi a perenidade da música e do toque do violão de Joyce Moreno, calcados na cadência do samba, mas evocativos das modernidades da bossa e repletos de outras bossas. Tanta musicalidade lhe permitiu gravar discos em tributo a um compositor do samba pré-bossa nova, Wilson Baptista (1913 – 1968) – cuja obra foi abordada por Joyce em LP dividido com o cantor Roberto Silva (1920 – 2012) e editado em 1986 – como aos fundamentais Antonio Carlos Jobim e Vinicius de Moraes (1913 – 1980), celebrados nos álbuns *Tom Jobim – Os anos 1960* (1987) e *Negro Demais no Coração* (1988).

Em 1989, Joyce fez a revisão de 25 anos de trajetória – tomando como partida o início ainda titubeante em 1964 – em álbum ao vivo. A partir de 1990, a saída acabaria se tornando, cada vez mais, o aeroporto indicado por Jobim. Contratada pela Verve, prestigiada gravadora de jazz, Joyce lançou os álbuns *Music Inside* (1990) e *Language and Love* (1991), ambos gravados em Nova York.

De lá para cá, com a valorização do suingue brasileiro nas pistas internacionais, Joyce Moreno vem alternando discos feitos para o país natal e para o exterior, com vantagem numérica para as produções estrangeiras (algumas editadas no Brasil), gravando álbuns para o Japão e a Europa com regularidade. Pelo fato de as boates europeias terem se tornado gafieiras modernas pelo culto ao suingue do Brasil, como a cantora caracterizou no título de álbum de 2001, Joyce se firmou naturalmente como embaixatriz desse som brasileiro cheio de bossa, sem ficar presa a uma estética musical.

A Joyce Moreno que abordou o repertório de Elis Regina (1945 – 1982) no disco *Astronauta* (1998) é a mesma que renovou o próprio cancioneiro autoral no irretocável álbum *Tudo* (2012), que deu voz (sempre afinada) a *standards* da canção norte-americana no álbum *Cool* (2015), que fez viagem segura pelo cancioneiro de Dorival Caymmi (1914 – 2008) em disco de 2017 e que se juntou ao cantor Alfredo Del-Penho para trazer à tona a obra do compositor Sidney Miller (1945 – 1980) no álbum *Argumento* (2018).

Já são mais de 40 álbuns na discografia iniciada em 1968. Se mudam as latitudes do repertório, o traço de união são as bossas e as brasileiras canções de Joyce Moreno que, partindo do samba, extrapolaram as fronteiras da *Ilha Brasil* e alcançaram o mundo.

Leny Andrade

Diva dadivosa além da bossa e do jazz

Em janeiro de 2022, mês em que completou 79 anos, Leny Andrade tinha estúdio marcado para gravar quatro músicas – "Por causa de você" (Antonio Carlos Jobim e Dolores Duran, 1957), "Dindi" (Antonio Carlos Jobim e Aloysio de Oliveira, 1959), "La mentira" (Álvaro Carrillo, 1966) e "Cantor da noite" (Ivan Lins e Vitor Martins, 1984) – para disco a ser feito com o piano de Gilson Peranzzetta. O avanço da pandemia de covid-19 no Rio de Janeiro (RJ), cidade natal da cantora, adiou a entrada em estúdio dessa artista comumente rotulada como a diva brasileira do jazz e da bossa nova, mas que é muito mais do que isso.

De certa forma, esse lote de músicas sintetiza a trajetória musical de Leny de Andrade Lima, cantora carioca nascida em 26 de janeiro de 1943. Ali estavam um samba-canção (o mesmo "Por causa de você" que Leny cantara em Nova York, em dezembro de 1994, em missa em memória de Tom Jobim, morto naquele mês nos Estados Unidos), uma canção da bossa nova (a "Dindi" cantada por Leny em quatro dos 34 álbuns que lançou entre 1961 e 2018), um bolero em espanhol (gênero ao qual a cantora devotou o álbum em espanhol *Alma Mia*, de 2010) e uma composição que enaltece o espírito de cantar na noite.

Foi cantando na noite do bairro carioca de Copacabana, precisamente no circuito das boates do lendário Beco das Garrafas, que Leny Andrade se tornou a sensação da música brasileira em 1959, quando contabilizava somente 16 anos e, já formada em piano clássico, tinha no currículo a experiência precoce de ter sido *crooner* de bailes do circuito fluminense.

Mais do que expor no canto a tal influência do jazz, Leny Andrade sempre dominou a língua desse gênero musical norte-americano e, com a baixa estatura e o grande alcance da voz, logo se tornou a pequena notável do beco de Copacabana pela habilidade singular na arte dos improvisos vocais –*scat singing*, no dicionário do jazz – como se personificasse uma Ella Fitzgerald (1917 – 1996) dos trópicos.

Só que ela, Leny, sempre foi muito além de Ella. Além do apurado senso rítmico, Leny é cantora capaz de acionar alta carga emocional no canto depurado nas aulas de piano que teve na infância, quando ainda lapidava a exuberante musicalidade. Quem assistiu a Leny cantar o drama paterno do samba-canção "O mundo é um moinho" (Cartola, 1976) em um dos muitos shows apresentados pela cantora no palco do aconchegante Teatro Rival, no centro da cidade do Rio de Janeiro (RJ), sabe que é injusto rotular Leny como uma voz de jazz ou da bossa nova, ainda que tanto um como outra sejam marcas registradas da arte maior da artista.

Os cariocas sempre tiveram o privilégio de ver e ouvir Leny Andrade com frequência. Só que a cantora carimbou o passaporte inúmeras vezes. Sem abrir mão do repertório refinado, cantado em bom português, Leny Andrade se habituou a fazer shows nos mais prestigiados clubes e templos do jazz do mundo, sobretudo nos Estados Unidos, terra natal do jazz – a ponto de ter mantido apartamento em Nova York (EUA) nas décadas de 1980 e 1990.

Leny Andrade é uma cantora que tem bossa. E, se bossa nova é em essência samba, fica tudo em casa, pois a cantora parte da cadência do samba para cair no suingue do jazz. Só que, dona de voz calorosa, de temperatura (bem) mais alta do que as dos cantores diplomados na escola *cool* de João Gilberto (1931 – 2019), Leny também é intérprete com vocação para encarar os folhetins dos boleros e os melodramas dos sambas-canção.

Essa vocação para destilar a emoção concentrada nas canções mais dramáticas aparece mais na discografia da cantora a partir dos anos 1980. Os álbuns iniciais da década de 1960 – *A Sensação* (1961), *A Arte Maior de Leny Andrade* (gravado em 1963 e lançado em 1964) e *Esta-*

mos Aí (1965) – enfatizam o balanço do samba e a bossa do jazz que saltam aos ouvidos no canto sagaz de Leny. O álbum *Estamos Aí* apresentou a letra escrita pela compositora Regina Werneck (1937 – 2022) para o tema-título composto por Durval Ferreira (1935 – 2007) e Maurício Einhorn e ouvido em registros instrumentais entre 1963 e 1964. Durval se tornaria compositor recorrente na discografia da cantora.

Farta na primeira metade dos anos 1960, a obra fonográfica de Leny Andrade perdeu impulso na segunda metade dessa década. É que a temporada de cinco anos no México afastou temporariamente Leny dos palcos e estúdios brasileiros. Dessa temporada, há o registro de álbum gravado por Leny com o cantor Pery Ribeiro (1937 – 2012) e o conjunto Bossa Três – a rigor, um dos três discos feitos pelo quinteto sob a alcunha de Gemini V, de título alusivo ao nome da nave que a Nasa fez decolar para o espaço em 1965.

Por vezes rápido como um foguete quando ela engatava nos *scats*, o canto de Leny Andrade sempre alcançou as mais altas esferas musicais. De volta ao Brasil no início dos anos 1970, a cantora encarou o domínio da MPB – década em que a bossa nova e o samba-jazz já pareceram pertencer a algum lugar do passado – sem deixar de ser fiel a si própria em álbuns como *Alvoroço* (1973), *Leny Andrade* (1975) e *Registro* (1979).

Nestes discos, Leny se conectou com compositores da MPB projetada na plataforma dos festivais da segunda metade dos anos 1960 e também com nomes recém-revelados na década de 1970. Em *Alvoroço*, álbum que reapresentou Leny ao Brasil em 1973, a cantora deu voz a músicas de Belchior (1946 – 2017), Fagner, Ivan Lins, João Nogueira (1941 – 2000) e Milton Nascimento. No posterior *Leny Andrade*, disco de 1975, a seleção de repertório – pautada pelo samba e com músicas de Ederaldo Gentil (1944 – 2012), Egberto Gismonti, João de Aquino e Wilson Moreira (1936 – 2018), entre outros nomes menos conhecidos – reforçou a assinatura dessa cantora que nunca dançou conforme o ritmo do momento para escalar as paradas.

A inabilidade para fazer o jogo das gravadoras empurrou Leny Andrade para os pequenos selos a partir da década de 1980. Pela gravadora Pointer, aberta pelo empresário José Maurício Machline, a cantora lançou dois álbuns entre 1984 e 1985, ambos intitulados *Leny Andrade* e ambos com repertório de alto nível. Foi no álbum de 1984 que, entre sambas de Djavan e Ivan Lins (dois compositores recorrentes nos discos e shows da cantora) e revisitações de músicas de Durval Ferreira, Leny deu voz a "Cantor da noite", a música de Ivan e Vitor Martins que decidiu regravar em 2022.

Em 1987, ao gravar disco em comemoração dos 80 anos do compositor Cartola (1908 – 1980) para ser distribuído como brinde de fim de ano de empresa, Leny abriu na discografia uma vertente que renderia vários outros títulos na obra fonográfica da cantora. Comercializado em 1988, o álbum *Cartola 80 anos* foi o primeiro de muitos *songbooks* gravados por Leny. Após discos como *Luz Neon* (1989) e *Eu Quero Ver* (1990), ambos lançados pela mesma gravadora Eldorado que poria o álbum *Bossa Nova* no mercado em 1991, Leny Andrade dedicou discos aos cancioneiros dos compositores Nelson Cavaquinho (1911 – 1986), (*Luz Negra*, 1995), Altay Veloso (o surpreendente *Leny Andrade Canta Altay Veloso*, editado em 2000), Ronaldo Bôscoli (1928 – 1994) (*E Quero que a Canção... Seja Você*, 2001), Roberto Carlos (*As Canções do Rei*, disco editado em 2013 com versões em espanhol de sucessos românticos do compositor), Ivan Lins & Vitor Martins (*Iluminados*, álbum lançado de forma quase silenciosa em 2014) e Fred Falcão (*Bossa Nossa*, 2018).

Cantora de musicalidade perspicaz, Leny Andrade também dividiu discos com instrumentistas da mesma grandeza da artista a partir da década de 1990. Com o pianista César Camargo Mariano, foram nada menos do que dois álbuns, *Nós* (1993) e *Ao Vivo* (2006). Com o violonista Romero Lubambo, Leny também gravou dois discos, *Coisa Fina* (1994) e *Lua do Arpoador* (2006). Com o pianista Cristovão Bastos, a cantora deu voz ao cancioneiro de Antonio Carlos Jobim (1927 – 1994) em *songbook* editado em 1995 na série *Letra & Música* da Lumiar Discos. Com o guitarrista israelense de jazz Roni Ben-Hur, Leny fez *Alegria de Viver*, disco editado no mercado norte-americano em 2015. Por fim, com o pianista Gilson Peranzzetta, Leny voltou aos sambas e canções de Cartola e Nelson Cavaquinho em álbum editado em 2018.

A vasta e coerente discografia de Leny Andrade mostra o quão redutor é enquadrar a cantora no nicho do jazz ou mesmo da bossa nova. Embora tenha a bossa do jazz como poucas cantoras do Brasil, Leny Andrade é voz do samba, do bolero, das canções de amor. Uma diva dadivosa que honra a música do Brasil.

Ludmilla

Poder feminino no reino do funk e do pagode

Tese defendida pela acadêmica Dalila Maria Musa Belmiro, doutoranda em comunicação na Universidade Federal de Minas Gerais (UFMG), *Rainha da Favela – As Intersecções de Raça e Gênero na Construção da Mulher-negra Celebridade Ludmilla* virou notícia em janeiro de 2022, sinalizando o alcance da voz da cantora e compositora fluminense Ludmilla ao longo de uma década de carreira iniciada em 2012 com o nome artístico de MC Beyoncé. Codinome que, já consagrada, Ludmilla evocou no título de *Back to Be*, EP de funk lançado em março de 2022 com seis músicas inéditas que versavam sobre sexo na pressão do batidão, incluindo "Putari4", faixa gravada com o rapper norte-americano Akon.

No caso de Ludmilla Oliveira da Silva, artista nascida em 24 de abril de 1995 em Duque de Caxias (RJ), município da Baixada Fluminense (RJ), a voz abarca não somente o canto em si, treinado intuitivamente na infância nas festas familiares regadas a samba, mas também representatividade.

Alçada ao status de celebridade, como ressalta o título da tese acadêmica da UFMG, Ludmilla se tornou porta-voz de sonhos e conquistas da mulher negra de origem pobre. "Rainha da favela", título da música lançada pela cantora em *single* em novembro de 2020 e também nome da tese, expõe o poder da artista no segmento do funk pop e, a partir de 2020, também no reino do pagode.

Se em 2022 Ludmilla é espelho que reflete a possibilidade concreta de ascensão social para mulheres negras de origem periférica, em 2012 a referência mais visível de poder musical feminino no universo pop, para a então debutante artista de Caxias, era a cantora, compositora, dançarina e atriz norte-americana Beyoncé Knowles (de quem, já famosa, Ludmilla regravaria o hit "Halo" em álbum ao vivo de 2019).

Foi por isso que em maio de 2012, quando decidiu gravar a música intitulada "Fala mal de mim", Ludmilla se apresentou artisticamente ao mundo como MC Beyoncé. O prefixo do nome artístico, MC, aludia ao universo funk em que a cantora foi revelada, com o aval de Matheus de Souza Vargas Júnior, o empresário e também cantor conhecido no meio musical como MC Roba Cena.

Ludmilla tinha somente 17 anos quando deixou de ser mais uma na multidão que posta músicas e vídeos na internet. Parceria da artista com MC Roba Cena, a música "Fala mal de mim" virou peixe ao ser jogada na rede, fisgando a cantora para a fama, os palcos e os programas de TV.

O reinado de MC Beyoncé durou até meados de 2013. Desfeito o vínculo contratual com o primeiro empresário, a cantora passou a se apresentar com o nome de batismo, mas ainda usando o MC como prefixo. O passaporte definitivo para o sucesso foi carimbado no segundo semestre de 2013 com a contratação da artista pela Warner Music, gravadora multinacional que, estimulada pelo sucesso de Anitta, investia no segmento do funk de cepa pop, variante mais familiar do gênero musical que falava a língua do morro, em bom português.

Foi como MC Ludmilla que, já pela Warner, a cantora e compositora lançou em 14 de janeiro de 2014 o single com a música "Sem querer", composição de autoria da própria Ludmilla. Cinco meses depois, em junho de 2014, Ludmilla – já sem o MC no nome artístico, retirado para driblar o preconceito de parte da sociedade brasileira contra vozes do funk – lançou outro single, "Hoje", mais bem-sucedido do que o antecessor.

Composição de Jefferson Junior e Umberto Tavares, nomes que seriam alçados ao posto de *hitmakers* ao longo dos anos 2020, "Hoje" é a música que deu nome ao primeiro álbum de Ludmilla, tendo impulsionado o sucesso do disco. Gravado com produção musical de Toninho Aguiar, o álbum *Hoje* chegou ao mercado fonográfico em agosto de 2014 – também em CD, formato ainda vigente na época – e abriu (muito) mais caminho para a consolidação da carreira da cantora.

Recebido sem entusiasmo pela crítica, até então refratária ao funk, o álbum *Hoje* rendeu sucessos como "Te ensinei certin" (Jhama) e apresentou duetos de Ludmilla com os cantores Belo e Buchecha. Com Belo, voz referencial do pagode paulista dos anos 1990 por ter imprimido o fraseado do soul no canto do samba, Ludmilla cantou "Não quero mais" (Umberto Tavares e Jefferson Junior), canção de acento R&B. Com Buchecha, ídolo do funk melody da mesma década de 1990 que projetou Belo, a cantora dividiu a interpretação do pop funk "Tudo vale a pena" (André Vieira e Wallace Vianna).

Uma das duas músicas compostas por Ludmilla e alocadas como faixa-bônus da edição digital do álbum *Hoje*, o funk "Poder da preta" talvez seja a faixa mais representativa do disco em termos ideológicos por explicitar as conquistas da mulher negra na vida e na música. Ludmilla contribuiu decisivamente para que o funk também fosse cantado sob ótica feminina, sem letras que retratassem as mulheres submissas aos caprichos masculinos. Na contramão dessa tendência machista, Ludmilla exaltou o poder feminino no jogo do amor e do sexo e, por extensão, na sociedade.

O título assertivo do segundo álbum da artista – *A Danada Sou Eu*, lançado em outubro de 2016 pela mesma Warner Music – sinalizou que a artista seguiria no domínio do jogo feminino. Precedido pelo single *Bom*, editado em junho com música inédita de Umberto Tavares e Jefferson Junior, o álbum *A Danada Sou Eu* expôs Ludmilla em sintonia com o universo hedonista da juventude consumidora de funk. Quando o disco saiu, a aposta da gravadora foi na música "Sou eu" – de autoria dos mesmos Umberto Tavares e Jefferson Junior – mas o tempo provou que o grande hit do álbum sairia do terceiro single, "Cheguei", promovido oficialmente a partir de março de 2017.

Composição de André Vieira e Wallace Vianna, "Cheguei" se tornou um clássico instantâneo nas baladas e nas festas infantis, ampliando cada vez a visibilidade de Ludmilla além do circuito do funk. Embasado com batidas derivadas da *blackmusic* (o cantor norte-americano de R&B e rap Jeremith participou da gravação da música "Tipo crazy"), do pancadão do funk carioca e dos *beats* em voga no universo pop dance, o álbum *A Danada Sou Eu* expandiu os domínios de Ludmilla. Vindo de universo distinto, o cantor sertanejo Gusttavo Lima bateu ponto ao gravar dueto com Ludmilla em "Homem é homem", parceria de Romeu R3 com os onipresentes Umberto Tavares e Jefferson Junior, produtores do disco ao lado de Carlos Lago da Costa, conhecido no meio fonográfico pela alcunha de Mãozinha.

Encerrado o ciclo promocional do álbum *A Danada Sou Eu*, Ludmilla lançou singles em 2018 antes de partir para a gravação do terceiro álbum da discografia. *Hello Mundo* chegou ao mercado em 31 de maio de 2019, primeiramente na versão ao vivo originada da gravação audiovisual de show inédito apresentado pela cantora em 14 de fevereiro daquele ano de 2019, em arena da cidade do Rio de Janeiro (RJ), com participações de Anitta, Ferrugem, Jão, Léo Santana e a dupla Simone &Simaria. A versão ao vivo de *Hello Mundo* contabilizou trinta e quatro músicas distribuídas em quatorze faixas. Apresentado três meses antes do álbum, em single editado em 27 de fevereiro, o dueto de Ludmilla com Anitta no eletrizante funk de 150 BPM "Favela chegou" (André Vieira, Wallace Vianna, Pedro Breder e Tállia, 2019) se tornou especialmente relevante por expor com orgulho o poder do povo das comunidades cariocas. Apresentada em agosto, a versão de estúdio do álbum *Hello Mundo* rebobinou nove músicas do disco ao vivo e, em ação marqueteira da gravadora, incluiu o R&B "Espelho" (Toninho Aguiar, Umberto Tavares e Jefferson Junior, 2016), faixa extraída do álbum anterior *A Danada Sou Eu*, porque a música reverberava declaração do então já assumido amor de Ludmilla pela dançarina Brunna Gonçalves, com quem a cantora se casaria em dezembro de 2019 e para quem faria músicas como "212" e "Maldivas", ambas lançadas em 2022.

Sim, além de simbolizar o poder da mulher negra vinda da periferia, Ludmilla passou a personificar publicamente a imagem feliz de uma mulher que se relaciona com outra mulher sem esconder esse amor da mídia e do público. Essa postura libertária ajudou Ludmilla a se tornar uma das artistas mais influentes do Brasil nos anos 2020, inclusive na comunidade LGBTQIA+. Documentada na série *Ludmilla – Rainha da Favela* (2021), tamanha influência fez com que a TV Globo convidasse a artista para ser, em 2021, uma das técnicas do então estreante programa *The Voice +*, destinado a projetar cantores com mais de 60 anos. Ludmilla permaneceu no cargo na segunda temporada, exibida em 2022.

Em 2022, Ludmilla já é cantora associada tanto ao funk quanto ao pagode. Após singles controvertidos como "Verdinha" (2019), de título de duplo sentido alusivo à maconha, a artista apresentou em abril de 2020 o EP *Numanice*, disco em que, acertando as contas com a memória afetiva da infância em que ouvia e cantava samba nas reuniões familiares, Ludmilla aderiu ao pagode em repertório que, entre músicas festivas e temas típicos da *sofrência*, apresentou quatro inéditas autorais e as regravações de "Te amar demais" (Sodré, 2018) e "Um pôr-do-sol na praia" (Lúcio Silva e Lucas Silva, 2019).

Em 26 de janeiro de 2022, Ludmilla lançou o álbum *Numanice #2*, sequência de estúdio do EP de 2020. Formado por dez músicas autorais, o repertório de *Numanice #2* flagrou Ludmilla entre o céu e o inferno das relações afetivas, assunto recorrente nos pagodes da artista. Entre um e outro disco de estúdio, a cantora pôs no mundo digital, em fevereiro de 2021, o álbum *Numanice Ao Vivo*, registro audiovisual de show captado em 25 de novembro de 2020 em apresentação feita pela artista no Pão de Açúcar – um dos mais emblemáticos cartões postais da cidade do Rio de Janeiro (RJ) – sem público e com as participações de artistas como o rapper Orochi, o cantor Thiaguinho e o grupo Vou pro Sereno.

Como amplamente divulgado pela mídia, Ludmilla investiu mais de R$ 1 milhão na gravação do disco no cartão-postal carioca, em mais um indício concreto do poder e do alcance dessa cantora que se tornou uma das vozes mais influentes da música brasileira no século XXI.

Margareth Menezes

Potência afro pop brasileira

Força afro pop da natureza, o canto potente de Margareth Menezes da Purificação ecoa desde 1987 no Brasil e no mundo, vindo da Bahia, precisamente de Salvador (BA), onde a artista nasceu em 13 de outubro de 1962 em Boa Viagem, região da península de Itapagipe. Em 2022, ano em que celebra 60 anos de vida e 35 de carreira, *Maga* – como a artista é carinhosamente chamada no meio musical soteropolitano – lançou em fevereiro o single "Terra Aféfé" para reverberar o poder feminino, simbolizado pelo orixá Iansã na música composta pela cantora e compositora com Carlinhos Brown, produtor musical deste fonograma coerente com a ideologia musical da artista.

Das quatro cantoras mais famosas e identificadas com o segmento da música afro pop baiana logo rotulada como *axé music* ao irromper em Salvador (BA) em 1985, Margareth Menezes é a única negra. E foi a primeira a dar voz – no caso, uma voz tão potente quanto calorosa – ao samba-reggae, ritmo matricial de blocos afros como Olodum.

O que poucos sabem é que, antes de propagar em escala (inter)nacional sambas-reggae do porte de "Faraó (Divindade do Egito)" (Luciano Gomes, 1987) e "Uma história de Ifá (Elegibô)" (Ythamar Tropicália e Rey Zulu, 1987), Margareth Menezes entrou em cena como atriz, ainda na adolescência, tendo participado, como integrante da Companhia Baiana de Comédias, das encenações das peças *Ser ou Não Ser Gente*

(1980) e *Máscaras* (1981). Na sequência, já como integrante do grupo teatral Troca de Segredos em Geral, a atriz participou em 1982 de montagem amadora da peça *O Inspetor Geral*.

Decidida em 1986 a investir na carreira musical, Margareth Menezes desponta em 1987 com a gravação do samba-reggae "Faraó", feita com Djalma Oliveira – para disco do cantor – e editada em *single* no formato de LP de 12 polegadas. A partir desta gravação, a estrela de Margareth Menezes passou a brilhar com especial intensidade na constelação baiana.

De lá para cá, a cantora gravou 15 álbuns lançados entre 1988 e 2019. O primeiro, *Margareth Menezes*, foi lançado em novembro de 1988 com músicas que se tornariam emblemáticas na trajetória da artista, caso do reggae "Alegria de cidade" (Lazzo Matumbi e Jorge Portugal) e do já mencionado samba-reggae "Uma história de Ifá", mais conhecido pelo subtítulo "Elegibô" e gravado por Margareth antes da eletrificação pop do gênero.

O mais recente álbum da artista, *Autêntica*, foi apresentado em outubro de 2019 com repertório pautado por exaltações da negritude, da mulher e de signos e símbolos da cultura afro-brasileira. Entre composições de lavra própria como "Vento sã", trunfo da safra autoral do álbum *Autêntica*, Margareth pôs a voz grave a serviço do samba "Paraguassu" (música de Gilberto Gil, até então inédita em disco), da canção confessional "Por uma flor" (Flavia Wenceslau, 2017) – destaque do repertório – e do samba-reggae "Mãe preta" (Luedji Luna e Ravi Landim) no disco gravado com produção musical de Tito Oliveira.

Entre os álbuns *Margareth Menezes* e *Autêntica*, *Maga* se firmou em cena como a cantora de voz mais potente da *axé music*, driblando o branqueamento do gênero pelo mercado fonográfico a partir dos anos 1990 – década da explosão nacional das cantoras Daniela Mercury e Ivete Sangalo – e se impondo como artista comprometida com a ideologia do som que Margareth caracterizou como "afro pop brasileiro", nome do movimento artístico multimídia que lançou em 2005 com o aval dos principais blocos afros de Salvador (BA).

Em 1990, o canto de Margareth Menezes subiu para além das fronteiras mais altas do Brasil. Ao mesmo tempo em que lançou em solo nacional o segundo álbum, *Um Canto Pra Subir*, orquestrado com produção musical e arranjos de Ramiro Musotto (1963 – 2009) – argentino identificado com o universo da percussão afro-baiana – e Pedro Giorlandinni, a cantora entrou no mercado norte-americano através do selo Mango, associado à gravadora Island Records.

Nos Estados Unidos, onde vendeu estimadas dez mil cópias, o segundo álbum de Margareth Menezes alcançou boa posição nas paradas de *world music* no embalo da projeção mundial obtida pela cantora ao fazer o show de abertura da turnê *Rei Momo*, de David Byrne, a convite do próprio Byrne, mentor do grupo norte-americano Talking Heads. Abrindo o show de Byrne, Margareth Menezes foi vista e ouvida pelos públicos de quarenta e dois países, o que motivou a cantora a sair em turnê solo por Estados Unidos e Europa, respaldada pela edição no exterior do disco *Elegibô* (1990), compilação de fonogramas dos dois primeiros álbuns da artista.

Lançado em 1991, o terceiro álbum da artista, *Kindala*, marcou a retomada do investimento de Margareth Menezes no mercado brasileiro. A regravação do samba-reggae "Negrume da noite" (Paulinho do Reco e Cuiuba, 1989) se destacou no repertório assinado majoritariamente por compositores baianos, incluindo Raul Seixas (1945 – 1989), autor do afro-rock "Mosca na sopa" (1973), criado com influências dos sons do Candomblé e regravado por Margareth Menezes no mesmo disco em que também afiou "Fé cega, faca amolada" (Milton Nascimento e Fernando Brant, 1974).

A rota da turnê do álbum *Kindala* abarcou Brasil, Europa e Estados Unidos. Quando lançou em 1993 o quarto álbum, *Luz Dourada*, Margareth já encontrou o segmento de axé dominado por Daniela Mercury, cantora soteropolitana que irrompera em 1992 como furacão na música brasileira. Com menor repercussão comercial e artística, o álbum *Luz Dourada* marcou o fim do ciclo de Margareth na Polydor / Polygram, gravadora multinacional que passou então a investir em nomes como Netinho, Banda Beijo e Banda Eva, cujos discos eram pautados por um axé mais pop e distanciado das matrizes negras do gênero.

Para Margareth Menezes, a saída foi assinar contrato com a Continental, gravadora brasileira que investia no segmento da *axé music*. O primeiro e único álbum da cantora nessa companhia fonográfica, *Gente de Festa*, foi lançado em 1995 com capa que sugeria disco ao vivo, embora, na realidade, o álbum tivesse sido gravado em estúdio com as participações de Caetano Veloso em "Vestido de prata" (Jorge Alfredo) e Maria

Bethânia em "Libertar" (Roberto Mendes e J. Velloso), respectivamente.

A pouca repercussão do álbum *Gente de Festa* abriu hiato na carreira fonográfica de Margareth. Sem entrada nas gravadoras, a cantora somente foi lançar o sexto álbum, *Afro Pop Brasileiro*, seis anos depois, em 2001, no rastro da explosão da música "Dandalunda". Composição de Carlinhos Brown, avalista de primeira hora do canto de *Maga*, "Dandalunda" é tema com pique carnavalesco que se tornou o primeiro grande sucesso de Margareth desde o samba-reggae "Elegibô", gravado pela cantora em 1988.

Batizado com o nome do movimento gregário criado pela artista para valorizar a cultura negra nacional, em especial a da Bahia, o álbum *Afro Pop Brasileiro* foi o primeiro título da discografia da cantora que chegou ao mercado via Estrela do Mar, selo fonográfico aberto por Margareth para reentrar no mundo do disco. A partir de 2011, o selo também virou produtora artística.

Nos seis anos que ficou sem lançar disco, a artista criou o bloco Os Mascarados, que foi para as ruas de Salvador (BA) em 1999, celebrando os 450 anos da capital da Bahia. A força do bloco nos anos seguintes mostrou que a representatividade de Margareth Menezes nunca se limitou aos discos. É no palco e nos trios elétricos que essa força da natureza se manifesta com toda a potência vocal e a energia incendiária, nunca captada de forma completa, com todo o calor, nos seis títulos ao vivo da discografia da cantora – *Tete a Tete Margareth* (2003), *Ao Vivo – Festival de Verão de Salvador* (2004), *Brasileira* (2006), *Naturalmente Acústico* (2010), *Voz Talismã – Ao Vivo* (2013) e *Para Gil e Caetano* (2015), todos lançados no formato de DVD, com exceção do primeiro (o mais caloroso dos seis).

A partir dos anos 2000, Margareth intensificou as incursões pelos cancioneiros da MPB e do pop brasileiro em álbuns como *Pra Você* (2005) e *Naturalmente* (2008), com destaque para este último. Sob a batuta do produtor musical Marco Mazzola, a cantora abordou músicas de Nando Reis ("Os cegos do castelo", hit do grupo Titãs em 1997), Zeca Baleiro ("Febre", parceria com Lúcia Santos) e Gilberto Gil ("Mulher de coronel", em dueto com o próprio Gil).

E por falar no compositor baiano, Margareth Menezes celebrou em 2012 os 70 anos de Gil e de Caetano em show com músicas dos dois conterrâneos. O show rodou o Brasil e ganhou registro fonográfico ao vivo, *Para Gil & Caetano*, editado em 2015 em CD e DVD, em prova de que, acima de qualquer rótulo, *Maga* é cantora das grandes, das maiores do Brasil.

Analisada em perspectiva, a discografia construída pela artista em 35 anos de carreira resulta por vezes irregular, aquém da potência vocal da cantora. Ainda assim, o canto de Margareth Menezes da Purificação é força afro pop da natureza que subiu aos céus do Brasil e do mundo, driblando o racismo e os modismos do mercado da música.

Maria Bethânia

Uma força que nunca seca

O fio firme da coerência conecta o canto magno de Maria Bethânia em *Noturno* (2021) – álbum iluminado pelo contraste entre a claridade e o breu – com a voz rústica que, a partir de fevereiro de 1965, magnetizou o público carioca ao interpretar "Carcará" (João do Vale e José Cândido, 1964) no teatralizado show *Opinião*. "Carcará" levantou voo na voz de Bethânia e alçou a intérprete ao estrelato instantâneo, impulsionando trajetória artística que, a rigor, tinha sido iniciada em 1963, em Salvador (BA), em encenação da peça *Boca de Ouro* (1960). Autor da trilha sonora da montagem baiana do texto do dramaturgo pernambucano Nelson Rodrigues (1912 – 1980), Caetano Veloso escalou a irmã debutante para abrir o espetáculo, cantando, com o palco ainda no breu, "Na cadência do samba" (Ataulfo Alves e Paulo Gesta, 1962).

Os privilegiados espectadores dessa encenação de 1963 foram os primeiros a sentir o efeito magnético da voz grave e dramática de Maria Bethânia Viana Teles Veloso. Atriz nos sonhos de infância que se tornou cantora na vida adulta, a artista veio ao mundo em 18 de junho de 1946. Bethânia nasceu em Santo Amaro da Purificação (BA), cidade do interior da Bahia que, ao longo de trajetória artística que soma 60 anos em 2023 (se posta na conta a intervenção teatral de 1963), viria a ser o eixo, o norte e o elo fundamental da cantora com Claudionor Viana Teles Veloso (1907 – 2012), a Dona Canô, matriarca da família que contribuiu decisivamente para a consolidação da MPB a partir dos anos 1960.

"...E em tudo a voz de minha mãe / E a minha voz na dela", reiteraria Bethânia ao dar voz aos versos de "Motriz" (1983), canção em que o mano Caetano Veloso traçou a gênese do clã. "Motriz" é música apresentada pela cantora no álbum *Ciclo*, lançado sem grande alarde em 1983 e desde então um dos títulos essenciais da discografia da intérprete.

Ciclo foi o álbum de natureza acústica com que Bethânia virou o disco e a mesa, indo na contramão do *tecnopop* que já dava o tom da música brasileira no início dos anos 1980. O álbum simboliza a força da personalidade e da ideologia da intérprete indomada. Desde que recusou o rótulo de "cantora de protesto" que a indústria da música tentou lhe impor no rastro da explosão da artista no show *Opinião*, Bethânia vem dando as cartas, armando o jogo, comandando os ventos a favor dela. Tanto que, para muitos, a artista representa uma entidade na MPB, sobretudo quando está no palco, sob a aura sagrada da cena.

Sempre fiel a si própria, a cantora que voltou para o aconchego das boates com o show *Claros Breus*, estreado em julho de 2019 no palco do clube carioca Manouche, é a mesma cantora que, em 1966, lançou EP com seis músicas do compositor carioca Noel Rosa (1910 – 1937), pioneiro estilista do samba e do samba-canção. E é também a mesma cantora de rigores teatrais que, em 2018, subiu ao palco com Zeca Pagodinho – sambista carioca projetado em 1983 e dono de atuação pautada pela descontração – em show que percorreu algumas capitais do Brasil, tendo sido eternizado no álbum ao vivo e DVD *De Santo Amaro a Xerém*, lançados ainda em 2018.

Pelo caráter inusitado de encontro movido pelo contraste, o show com Zeca Pagodinho resultou atípico na trajetória nos palcos dessa artista que já fez espetáculos com Chico Buarque (em 1975), com o mano Caetano (em 1978) e com a cantora cubana Omara Portuondo (em 2008), todos perpetuados em discos ao vivo. Intérprete com o domínio preciso do drama das canções, Bethânia delineou a assinatura cênica a partir do encontro com o diretor e ator de teatro Fauzi Arap (1938 – 2013), criador de roteiros que entrelaçavam músicas, textos e poesias. Iniciada no show *Comigo Me Desavim* (1967), a parceria de Bethânia com Fauzi alcançou o auge precoce quatro depois na confecção de *Rosa dos Ventos – O Show Encantado* (1971), espetáculo cuja moldura serviria de matriz para shows posteriores da cantora, como *Âmbar / Imitação da Vida* (1996) e *Maricotinha* (2001), pela imponência dramática da costura entre repertório e textos.

A natural dramaticidade do canto da artista tem levado Bethânia a buscar diretores de teatro para conduzi-la em cena. Sob a batuta rígida de Bibi Ferreira (1922 – 2019), a cantora estreou em 1982 o show *Nossos Momentos*, eternizado em disco ao vivo na sequência de lote de álbuns de acabamento orquestral – *Álibi* (1978), *Mel* (1979), *Talismã* (1980) e *Alteza* (1981) – que amplificaram o alcance da voz de Bethânia, a reboque de sambas e canções de compositores como Gonzaguinha (1945 – 1991) e Ivone Lara (1922 – 2018).

A escalada de Bethânia rumo à popularidade nacional foi iniciada quando a gravação original da canção "Olhos nos olhos" (Chico Buarque), feita para o disco *Pássaro Proibido* (1976), irrompeu nas programações das emissoras de rádio AM, território pouco explorado por cantora que, a despeito do prestígio conquistado desde 1965, geralmente era mais cultuada em nichos culturais do que propriamente ouvida pelo Brasil. O disco *Pássaro da Manhã* reiterou em 1977 a ampliação do sucesso detonado no posterior *Álibi*, disco *blockbuster* de alardeado um milhão de cópias vendidas.

Já consolidada em cena, ainda que tenha atravessado períodos de menor exposição na mídia ao longo dos anos 1980, Bethânia se aliou em 1994 ao encenador mineiro Gabriel Villela em show de arquitetura intencionalmente interiorana, mambembe. O show foi baseado no álbum *As Canções Que Você Fez Pra Mim* (1993), dedicado ao repertório de Roberto Carlos. Esse disco recolocou Bethânia nas paradas após álbuns de pouca visibilidade e repercussão comercial baixa para os padrões da cantora e da indústria fonográfica na época, casos dos introspectivos *Maria* (1988) e *Olho D'água* (1992), este um dos títulos mais obscuros da discografia da artista ao lado de *A Beira e o Mar* (1984), álbum lançado de forma discreta que encerrou a primeira passagem de Bethânia pela gravadora Philips, na qual ela havia ingressado em 1971 após lançar três LPs – dois gravados ao vivo – pela Odeon entre 1968 e 1970. Pela Philips, Bethânia legou álbuns de valor perene, como *A Tua Presença...* (1971) e *Drama – Anjo Exterminado* (1972), entre muitos outros.

Em 2022, ano do 76º aniversário da artista, Maria Bethânia personifica de fato uma entidade na música brasileira, status corroborado pelo convite da TV Globo para a cantora regravar o tema épico "Pantanal" (Marcus Viana, 1990) para o remake da novela homônima. "Pantanal", a música, baixou no roteiro do apoteótico show apresentado pela artista em 10 de abril de 2022 em casa de shows do Rio de Janeiro (RJ) que marcou o reencontro presencial da artista com o público devoto e celebrou o documentário *Fevereiros* (2017) – no qual o diretor Marcio Debellian enfoca a religiosidade da cantora na cidade natal de Santo Amaro da Purificação (BA) em relação com o ritual do desfile campeão da Mangueira no Carnaval de 2016 em que a agremiação verde-e-rosa louvou a vida e a obra de Bethânia. A cantora manteve em cena, no segundo semestre de 2022, esse show em que pela primeira vez deu voz a uma canção de Belchior (1946 – 2017), "Galos, noites e quintais", de 1976.

Como se fosse um orixá, Bethânia já parece intocável. A ponto de a imprensa musical considerar como fatos o que, na verdade, são lendas alimentadas no universo particular da artista. Uma delas sustenta que Bethânia teria chegado à cidade do Rio de Janeiro (RJ) com 17 anos, em janeiro de 1965, para ocupar o lugar de Nara Leão (1942 – 1989) no show *Opinião*, por indicação da própria Nara aos produtores do espetáculo. Nascida em junho de 1946, Bethânia já tinha 18 anos e, portanto, era maior de idade quando saiu da Bahia natal para o Rio.

Outra lenda, esta perpetuada pela artista, crava o dia 13 de fevereiro de 1965 como a estreia de Bethânia no show *Opinião*. Contudo, anúncios em jornais cariocas atestam que, no dia 12, já havia show com Bethânia – e tudo indica que houve estreia para convidados em 11 de fevereiro, como sustenta livro sobre Jards Macalé. De todo modo, o fato é que Bethânia considera a entrada no *Opinião* como o marco zero de carreira que, a rigor, já tinha tido pré-história, em Salvador (BA), cidade onde a cantora participara do show coletivo *Nós, Por Exemplo...*, apresentado em agosto de 1964, sob direção de Roberto Santana e Gilberto Gil, com elenco que reunia Caetano, Gil, Gal Costa e outros artistas emergentes na cena cultural da capital baiana.

Na sequência, em novembro de 1964, Bethânia integrou o elenco de outro show coletivo, *Nova Bossa Velha & Velha Bossa Nova*, este dirigido por Caetano com Gil e Alcivando Luz. E foi também em 1964 que a cantora apresentou o primeiro show solo, *Mora na Filosofia*, com roteiro seguido da cadência do samba e do samba-canção, sob direção de Caetano, com músicas de compositores como Antonio Carlos Jobim (1927 – 1994), Carlos Lyra, Herivelto Martins (1912 – 1992) e Noel Rosa.

Diamante bruto nesse início de carreira, construída entre Bahia e Rio de Janeiro, mas já com brilho intenso, a voz de Maria Bethânia sempre foi o veículo para a expressão da teatralidade e do magnetismo da intérprete, sobretudo no palco, em shows perpetuados em álbuns como *Drama 3º Ato – Luz da Noite* (1973), *A Cena Muda* (1974) e *Imitação da Vida* (1997). Lapidada ao longo dos anos, essa voz chegou intacta ao século XXI, beneficiada pelo timbre grave e rascante, mais resistente aos efeitos corrosivos do tempo.

Diferentemente de outras cantoras da mesma geração, Maria Bethânia jamais diminuiu o ritmo de trabalho nos palcos e nos estúdios. De certa forma, a discografia da cantora até ganhou impulso com a ida pioneira de Bethânia, em 2002, para a independente gravadora carioca Biscoito Fino, empreendimento fonográfico idealizado sob direção artística de Olivia Hime e viabilizado pela empresária Kati Almeida Braga.

Com total liberdade artística nessa companhia de estrutura artesanal, sem ter que satisfazer as expectativas comerciais das multinacionais do disco, Bethânia reforçou a assinatura da obra fonográfica, dando vazão a um repertório de tom mais interiorano, ruralista, vertente exemplificada pelo álbum *Meus Quintais* (2014). Na nova casa, Bethânia alternou álbuns feitos em estúdio com registros audiovisuais de shows, geralmente editados em CDs duplos – com os registros integrais dos espetáculos – e em DVD, formato preferencial do mercado fonográfico brasileiro ao longo dos anos 2000.

Dentro desse fértil terreno ruralista, Bethânia inclusive abriu em 2003 o próprio selo fonográfico, Quitanda, associado à gravadora Biscoito Fino. O título inaugural do selo Quitanda foi *Brasileirinho*, álbum em que a intérprete se embrenhou nas matas nacionais para exaltar a pátria amada com devoção à religiosidade e reverência às referências indígenas que moldaram o Brasil.

Na sequência, dentro do selo Quitanda, Bethânia orquestrou o álbum *Namorando a Rosa* (2004) para celebrar a vida e obra da violonista, compositora e arranjadora fluminense Rosinha de Valença (1941 – 2004). Nesse tributo coletivo, a cantora deu voz a músicas como "Usina de prata" (Rosinha de Valença, 1976) e convidou colegas como Alcione,

Martinho da Vila e Chico Buarque para gravarem composições representativas na discografia de Rosinha.

Em 2006, seguindo tendência inaugurada por Marisa Monte, que lançara dois álbuns simultâneos em março daquele ano, Bethânia revolveu memórias das águas para emergir com dois discos temáticos, *Mar de Sophia* e *Pirata*. O primeiro se banhou nas águas salgadas do mar e da poesia, tendo como horizonte os versos da poeta portuguesa Sophia de Mello Breyner Andresen (1919 – 2004). Já *Pirata* foi mergulho no curso dos rios da infância vivida no curso interiorano de Santo Amaro da Purificação (BA) e povoada por cantigas folclóricas, sambas de roda e poesia. Tudo com músicas de compositores recorrentes na discografia da intérprete, que renovou o time de autores a partir de *Âmbar* (1996), disco em que Bethânia deu voz a Adriana Calcanhotto, Arnaldo Antunes e Chico César, compositores desde então presentes na maioria dos álbuns da artista, caso de *Tua* (2009), disco lançado simultaneamente, em nova dobradinha fonográfica, com *Encanteria* (2009), disco que expressou a devoção de Bethânia pelas festas e rituais afro-brasileiros.

Álbuns que expuseram o alto grau de sofisticação mantido pela discografia da cantora no século XXI, *Mar de Sophia* e *Pirata* desaguaram em um único show, *Dentro do Mar Tem Rio*, espetáculo de costura inteiramente inédita – sem as habituais alusões ao referencial *Rosa dos Ventos – O Show Encantado* (1971) – e eternizado em CD duplo (lançado em 2007) e DVD (editado dois anos depois, em 2009).

Em 2022, Maria Bethânia permanece esfinge no santuário da música brasileira. Um enigma nunca de fato decifrado, como sugere o título do documentário dirigido e roteirizado pelo jornalista Carlos Jardim, *Maria – Ninguém Sabe Quem Sou Eu*, previsto para entrar em cartaz nos cinemas em 1º de setembro de 2022 antes de ser exibido na TV e de ficar disponível em streaming.

Enredo campeão da escola de samba Estação Primeira de Mangueira no Carnaval de 2016, em homenagem retribuída pela artista no disco-tributo *Mangueira – A Menina dos Meus Olhos* (2019), Maria Bethânia jamais perdeu o fio da coerência ao longo dos quase 60 anos de trajetória artística. Nem mesmo quando dissolveu, em 2010, a relação profissional até então permanente com o maestro Jaime Alem, compositor, arranjador e músico paulista que regeu discos e shows da cantora por 25 anos, a partir de 1985. Com Alem, também violeiro, Bethânia fez pulsar com maior nitidez a veia interiorana em discos como *A Força Que Nunca Seca* (1999).

Desde então, a cantora se aliou a músicos como Jorge Helder – baixista que ajudou a dar a direção musical do álbum *Oásis de Bethânia* (2012), título de menor envergadura na discografia sólida da intérprete – e o saxofonista e maestro Leitieres Leite (1959 – 2021), arranjador que respondeu pelo brilho maior do álbum em tributo à Mangueira.

Ainda assim, a assinatura que mais sobressai na obra majestosa da intérprete é a da própria Maria Bethânia Viana Teles Veloso, entidade respeitada no terreiro da MPB, uma força que nunca seca.

Maria Gadú

A voz da liberdade criativa

Poucas vozes se ergueram contra a força da grana que destrói discografias e músicas belas – em nome do sucesso mercadológico – como a voz de Mayra Corrêa Aygadoux, cantora, compositora e instrumentista nascida em 4 de dezembro de 1986 na cidade de São Paulo (SP). Última cantora a obter visibilidade nacional e sucesso massivo no universo da MPB, a partir da explosão do primeiro álbum em 2009, Maria Gadú – nome pelo qual o Brasil conheceu a artista paulistana – rompeu voluntariamente com a estrutura empresarial que a tornou uma *popstar* de 2009 a 2012, com direito a show dividido de igual para igual com Caetano Veloso, ícone da MPB projetado nos anos 1960.

A ruptura foi iniciada por Gadú em 2015 com a edição do terceiro álbum de estúdio da artista, *Guelã*. Ao estrear na cidade do Rio de Janeiro (RJ) a turnê do show *Gadú – 20 Anos*, na madrugada de 3 de agosto de 2019, a cantora até esboçou movimento retroativo para satisfação do já reduzido séquito de seguidores. Contudo, os passos seguintes da artista confirmaram a intenção de se desviar da máquina moedora de talentos que opera na indústria do disco e do show business. Tanto que, em novembro daquele mesmo ano de 2019, Gadú surpreendeu o universo pop ao afirmar, em entrevista à emissora de TV de Portugal, que pretendia parar de fazer música nos moldes do mercado para se relacionar com essa arte de outra forma, fazendo música "nas ruas, com os povos", em intenção prejudicada com a pandemia de covid-19 que parou o mundo em 2020.

Artista identificada com as causas sociais, tendo se mobilizado inclusive para defender questões dos povos indígenas, em engajamento apontado pelo single autoral "Mundo Líquido", lançado em abril de 2019, Maria Gadú reafirmou a identidade e o movimento de ruptura ao apresentar o quarto álbum de estúdio em 3 de dezembro de 2021, véspera do 35º aniversário da cantora.

Gravado em julho de 2019 e finalizado em setembro de 2021, o álbum *Quem Sabe Isso Quer Dizer Amor* encadeou abordagens de doze músicas alheias, todas feitas sem o apelo dos *covers* tão ao gosto da trilha sonora do circuito de bares, festas e pizzarias em que Gadú iniciou a trajetória profissional em 1999 na cidade natal de São Paulo (SP).

Com produção musical orquestrada pela própria Gadú, com as colaborações de Big Rabello e Felipe Roseno, *Quem Sabe Isso Quer Dizer Amor* expôs a sensibilidade de intérprete que soube traduzir no canto a angústia da canção "Um móbile no furacão" (Paulinho Moska, 1999) e a aridez do aboio "Admirável gado novo" (Zé Ramalho, 1978), além de ter revitalizado balada do repertório da *boyband* irlandesa Westlife, "Flying without wings" (Wayne Hector e Steve Mac, 1999), reapresentada em registro aveludado em arranjo conduzido por trama de violões.

Basta comparar as regravações do álbum *Quem Sabe Isso Quer Dizer Amor* com as abordagens do seminal disco de 2009, *Maria Gadú*, para atestar a evolução da intérprete ao longo de carreira fonográfica que contabiliza 13 anos em 2022. Aposta mais bem-sucedida do selo slap, braço *indie* da gravadora Som Livre, Gadú irrompeu com a força de um furacão na música brasileira em julho de 2009, aos 22 anos, quando já tinha dez anos de carreira – sem contar a experiência com a música na infância. Se já soltava a voz em casa desde os seis anos, incentivada pela avó, cantora lírica, o ganho de um violão usado aos oito, presente da madrinha, sedimentou o envolvimento de Gadú com a música. Nos bares da vida paulistana desde a adolescência, Gadú viu a sorte começar a mudar quando despertou a atenção de Jayme Monjardim, diretor de novelas e séries da TV Globo, ao cantar "Ne me quitte pas" (Jacques Brel, 1959) no original em francês.

A convite de Monjardim, Gadú fez breve aparição na minissérie *Maysa – Quando Fala o Coração*, exibida em janeiro de 2009, e cantou na festa de lançamento da produção, evento em que chamou a atenção da diretoria da gravadora Som Livre. O resto foi uma história de sucesso avassalador. Gravado com produção musical de Rodrigo Vidal e lançado em julho de 2009, em CD de embalagem luxuosa, o primeiro álbum de Gadú emplacou de cara uma canção singela, "Shimbalaiê", composta pela artista aos dez anos, em Ilha Grande, e registrada de forma caseira aos 12 por insistência da mãe de Gadú.

Sucesso instantâneo ao ser propagada em escala nacional na trilha sonora da novela *Viver a Vida* (TV Globo, 2009), dirigida por Jayme Monjardim, a canção "Shimbalaiê" abriu as portas da fama para Maria Gadú, cantora de voz rouca e afinada. Contudo, havia outros atrativos no repertório do álbum *Maria Gadú*. Situado no universo da MPB, mas com frescor pop folk, esse repertório majoritariamente autoral incluía canções bucólicas ("Bela flor"), samba ("Altar particular", composição de beleza realçada na gravação pelo violino de Nicolas Krassik), toada pop ("Tudo diferente", de André Carvalho), neobossa ("Lounge") e temas com levadas funkeadas ("Laranja", faixa que caiu no suingue em gravação dividida por Gadú com o cantor Leandro Léo).

Com sensível canção composta por Gadú para louvar a memória da avó da artista, "Dona Cila", o primeiro álbum de Gadú se tornou precoce *greatest hits* da artista. Tanto que quase todas as músicas foram rebobinadas dez anos depois, em 2019, no show comemorativo dos 20 anos de carreira da cantora. Esse repertório foi exaustivamente explorado pela indústria do disco. Basta dizer que, antes do segundo álbum de estúdio da cantora, *Mais Uma Página*, lançado em dezembro de 2011, nada menos do que dois registros audiovisuais de shows da artista chegaram ao mercado fonográfico nos formatos de CD e DVD.

Ambos saíram dentro da série *Multishow Ao Vivo*. O primeiro, editado em dezembro de 2010, rebobinou o cancioneiro do disco de 2009 e adicionou ao repertório músicas de compositores como Dani Black e Luis Kiari, gravadas com os respectivos autores. O segundo, lançado em maio de 2011, perpetuou em álbum duplo ao vivo e em DVD o show *Duo*, feito por Gadú com Caetano Veloso em turnê pelo Brasil iniciada em 2010. Show de vozes e violões, *Duo* desgastou o então curto repertório autoral de Gadú, entremeado no roteiro com músicas de Caetano, algumas cantadas pelo autor com a colega de palco, casos de "Odara" (1977), "Menino do Rio" (1979), "Nosso estranho amor" (1980) e "Vaca profana" (1984).

Talvez por se já perceber moída na máquina do sucesso, Gadú já tentou virar o disco com o segundo álbum, *Mais Uma Página*, produzido pelo mesmo Rodrigo Vidal que pilotou o álbum de 2009. Antecedido pelo single que apresentou a gravação da faixa "Axé acappella", música de Luisa Maita com Dani Black que já deu a pista do som mais denso perseguido por Gadú no disco, o álbum *Mais Uma Página* se desviou da fórmula radiofônica do sucesso. Por isso mesmo, o disco jamais obteve a repercussão comercial do antecessor *Maria Gadú*, mas desenvolveu a personalidade da artista em repertório que destacou a canção em inglês "Like a rose", parceria de Gadú com o compositor norte-americano Jesse Harris veiculada uma década depois na trilha sonora da novela *Um Lugar ao Sol* (TV Globo, 2021 / 2022).

Nessa virada de página do segundo álbum, Gadú abriu parcerias, refinou o som e buscou letras mais consistentes em repertório que expôs urgências em "Quem?"– inflamada composição autoral cantada por Lenine – e que realçou a sensibilidade poética de "Estranho natural", outra canção autoral, esta propagada na trilha sonora do filme *Teus Olhos Meus* (2011). "Cantando, eu vivo em movimento / E sem ser mais do mesmo / Ainda sou quem era", ponderou Gadú nos versos finais da música "No pé do vento", parceria com Edu Krieger que abriu o álbum *Mais uma página*.

O primeiro movimento mais radical de Maria Gadú para romper com os padrões mercadológicos aconteceu na gestação do terceiro álbum de estúdio, *Guelã*, lançado em maio de 2015, dois anos após a edição de coletânea de duetos, *Nós*(2013), posta no mercado pela Som Livre, gravadora que, naquela altura, já percebera que Gadú iria intencionalmente reverter todas as expectativas de sucesso. Como sinalizou a imagem exposta na capa do disco, *Guelã* deu asas para a artista alçar voo livre em rota de sons e silêncios intimamente pessoais e pautados por estranhezas. Munida da própria guitarra, Gadú pilotou a produção musical do disco com a colaboração de Federico Puppi, que tocou violoncelo e baixo na banda arregimentada para o disco e formada pelos músicos Doga (percussão), Lancaster Pinto (baixo) e Tomaz Lenz (bateria). "Trovoa" (Maurício Pereira, 2007) foi a única música de lavra alheia em repertório autoral, formatado para o disco com longas passagens instrumentais.

Estreado em junho de 2015, o show *Guelã* seguiu a trilha radical do álbum homônimo, com fidelidade ao espírito livre (de amarras e fórmulas) do som de Gadú a partir de então. Gravado em 11 de agosto de 2016, em apresentação na Sala Adoniran Barbosa do Centro Cultural São Paulo (CCSP), o show *Guelã* gerou o terceiro registro audiovisual da discografia da cantora. "Esse registro fecha um ciclo, uma etapa. Foi um passo importante pro caminho que quero traçar, baseado no que posso aprender, degustar e assim externalizar em palavras e sons. Venho me questionando e colocando à prova todo o conhecimento adquirido ao longo dos meus 30 anos. *Guelã* é mutação", contextualizou Gadú ao anunciar o lançamento de *Guelã Ao Vivo* em novembro daquele ano de 2016, em CD, DVD e *kit* duplo com CD e DVD.

Sim, Maria Gadú mudou. A cantora se recusou a ser mais do mesmo, a tempo de evitar a diluição da obra. Perdeu o apoio da indústria – a ponto de ter gravado em 2019 um ainda inédito disco de inéditas – e ganhou o respeito de quem trata a música como arte, se desviando da força que destrói coisas belas.

Maria Rita

Uma voz do samba, sim, senhor

Maria Rita chegou aos 20 anos de carreira em 2022 com identidade bem diferente da sinalizada pela cantora que, em 2003, irrompeu na música brasileira como furacão, um ano após ter entrado em cena em 2002, ao lado do violonista Chico Pinheiro, para fazer shows na cidade natal de São Paulo (SP). Em 2022, Maria Rita já é uma voz do samba, sim, senhor. Álbum que poderia ter soado atípico na discografia da artista paulistana, *Samba Meu* (2007) acabou dando um norte para a cantora, fazendo com o que a cadência do samba fosse o ritmo dominante em álbuns posteriores como *Coração a Batucar* (2014) e *Amor e Música* (2018), além do EP *Desse Jeito*, lançado em 19 de agosto de 2022 com músicas de Fred Camacho, Xande de Pilares e da própria Maria Rita, debutando como compositora.

Dentro ou fora da roda de samba, Maria Rita Mariano já tem nome garantido na galeria das grandes cantoras do Brasil. Não fosse filha de quem é, essa menina, essa mulher nascida em 9 de setembro de 1977, na cidade de São Paulo (SP), essa senhora cantora que parece já ter nascido pronta para o ofício, ia acabar chamando atenção pela precisa técnica vocal que o Brasil ouviu para valer em 2003 com mistura de incredulidade e espanto. É que Maria Rita é filha de Elis Regina Carvalho Costa (17 de março de 1945 – 19 de janeiro de 1982), a grande saudade do Brasil, a monumental cantora que marcou época desde que, em 1965, irrompera na era dos festivais, marco da então nascente MPB, com a mesma força assombrosa que a filha mostraria 38 anos depois.

Em 2022, ano em que a morte de Elis completou 40 anos, Maria Rita já cortou há anos o cordão umbilical, em movimento iniciado em 2007 com a postura jovial do álbum *Samba Meu*, mas ainda enfrenta comparações com a mãe pela carga genética que, sem que a cantora pudesse evitar, saltou espantosamente aos ouvidos no primeiro álbum, *Maria Rita*, lançado com pompa em 2003 pela gravadora Warner Music.

Maria Rita jamais imitou intencionalmente a mãe. Até porque, como vem reiterando em entrevistas ainda em 2022, tinha somente quatro anos quando Elis saiu de cena e, se reteve na memória a voz materna da senhora cantora, foi de forma inconsciente. Qualquer semelhança de timbre se explica pela ligação umbilical, uterina. Obra da genética ou do destino, que, por capricho ou fatalidade, levou Maria Rita, que chegara a se formar em Comunicação Social nos Estados Unidos, a trilhar irresistivelmente o caminho da música a partir de 2002. O caminho da mãe, mas guiada pelos próprios gostos e pela própria formação musical.

Maria Rita deixou de ser mais um alguém na multidão em 2002 com os shows com o violonista Chico Pinheiro em palcos paulistanos. Contudo, o primeiro grande impulso na carreira de cantora foi dado pela conexão com Milton Nascimento. Compositor então iniciante que Elis Regina avalizara ao gravar "Canção do sal" (1965) no álbum *Elis*, de 1966, Milton retribuiu o batismo e difundiu o canto de Maria Rita, convidando a artista debutante para interpretar "Tristesse" (Telo Borges e Milton Nascimento) no álbum *Pietá* (2002) e para participar da turnê do show baseado no disco, título revigorante da obra fonográfica de Milton.

Contudo, nada podia prever o estouro de Maria Rita em 2003, efeito tanto do canto arrebatador da artista quanto da agressiva estratégia de marketing orquestrada pela gravadora Warner Music para apresentar a cantora ao mercado brasileiro com impacto, potencializado pelo fato de se tratar do lançamento da filha de Elis Regina. A estratégia determinou o corte do sobrenome Mariano – herança do pai de Maria Rita, o pianista César Camargo Mariano – do nome artístico da cantora. Nome reforçado no título do primeiro álbum de Maria Rita.

Gravado com produção musical de Luís Antônio Ferreira Gonçalves (1966 – 2004), artista brasiliense conhecido como Tom Capone, o álbum *Maria Rita* expôs a maturidade precoce da intérprete, que ganhou música inédita do padrinho artístico Milton Nascimento, "A festa". Milton também estava presente no repertório com a regravação de "Encontros e despedidas" (1981), parceria com Fernando Brant (1946 – 2015) propagada na trilha sonora da novela *Senhora do Destino* (TV Globo, 2004) na voz de Maria Rita.

O álbum *Maria Rita* apresentou cantora de alta carga dramática em faixas como "Não vale a pena" – música de acento *bluesy* de autoria de Jean Garfunkel e Paulo Garfunkel, dupla de compositores que curiosamente figurava no repertório do último disco de Elis Regina, *Elis* (1980) – e "Santa chuva", uma das três músicas do compositor carioca Marcelo Camelo incluídas entre as treze faixas do álbum. Revelado como vocalista do grupo carioca Los Hermanos, Camelo foi avalizado como compositor, fora do universo pop da banda, por Maria Rita. O inédito samba "Cara valente" foi hit instantâneo nos shows da cantora e ainda permanece como número sempre pedido nas apresentações de Maria.

O segundo álbum de Maria Rita, intitulado simplesmente *Segundo*, saiu em 2005. A morte de Tom Capone fez com que a própria Maria Rita comandasse a produção musical do disco ao lado de Lenine – compositor pernambucano de quem a cantora já gravara "Lavadeira do rio" (Lenine e Bráulio Tavares, 1998) no álbum anterior – sob a direção artística de Alexandre Wesley.

Segundo resultou em disco bem mais leve do que o antecessor de 2003. Pareceu que Maria Rita começava a tirar dos ombros o peso de ser filha de Elis e, por isso mesmo, de ser comparada à grande cantora do Brasil. Mesmo ainda ligada ao universo da MPB, conexão evidenciada na regravação de "Sobre todas as coisas" (Chico Buarque e Edu Lobo, 1983), Maria Rita se associou a compositores da própria geração, alinhando no repertório músicas de Edu Krieger ("Ciranda do mundo"), Fred Martins ("Sem aviso", parceria com Francisco Bosco), Rodrigo Maranhão ("Caminho das águas" e "Recado") e o recorrente Marcelo Camelo, autor de "Casa pré-fabricada" (extraída pela cantora do segundo álbum do grupo Los Hermanos, *Bloco do Eu Sozinho*, de 2001) e de "Despedida", música inédita fornecida por Camelo para o repertório do álbum *Segundo*.

Acrescida de alta dose de jovialidade, a leveza de *Segundo* foi mantida no terceiro álbum de Maria Rita, *Samba Meu* (2007), título definidor da discografia posterior da artista. Gravado com produção musical de

Leandro Sapucahy, artista até então associado a grupos de pagode projetados a partir dos anos 1990, o disco *Samba Meu* abriu a roda para Maria Rita dar voz a um samba contemporâneo, de linguagem coloquial, como exemplificaram as gravações de "Corpitcho" (Ronaldo Barcelos e Picolé) e "Maria do Socorro" (Edu Krieger). Entre sambas de Arlindo Cruz, nome que figurava nos créditos da autoria de seis dos quatorze sambas do disco, Maria Rita repôs na avenida um samba-enredo de Gonzaguinha (1945 – 1991), "O Homem falou" (1985), gravado com a benção da Velha Guarda da Mangueira.

Um público jovem – distante da geração de ouvintes de Elis Regina – caiu no samba de Maria Rita. O disco *Samba Meu* originou show homônimo que atraiu multidões entre 2007 e 2010. Em cena, a cantora hasteou a bandeira do samba (dela) com ginga e descontração. Esse momento áureo da cantora nos palcos está eternizado em DVD, *Samba Meu* (2008), que turbinou videografia que já incluía os DVDs *Maria Rita* (2003), *Segundo* (2005 – registro das gravações do disco homônimo) e *Segundo Ao Vivo* (2006). E que, na década seguinte, geraria na mesma cadência o DVD *O Samba em Mim – Ao Vivo na Lapa* (2016), registro do show originado do álbum *Coração a Batucar*.

Encerrado o ciclo do disco e show *Samba Meu*, Maria Rita fez álbum, *Elo*, para encerrar o contrato com a gravadora Warner Music. Registro de estúdio que se originou de show apresentado em 2010 com sonoridade mais econômica, o álbum *Elo* foi lançado em setembro de 2011 sem o peso dos chamados *discos de carreira*. *Elo* fez a síntese dos caminhos trilhados pela cantora até aquele momento. Tanto que, entre um samba então inédito como "Coração a batucar" (Davi Moraes e Álvaro Lancellotti), havia música presente no roteiro do primeiro show da cantora, em 2002, caso da balada "Só de você" (Rita Lee e Roberto de Carvalho, 1982), curiosamente arranjada pelo pai de Maria Rita, César Camargo Mariano, na gravação original de Rita Lee.

Em 2012, 30 anos após a morte de Elis Regina, Maria Rita aceitou o convite de empresa de cosméticos para abordar o repertório da mãe em show que saiu em turnê pelo Brasil e que ficou perpetuado no álbum ao vivo e DVD *Redescobrir* (2012). Título inaugural da discografia da cantora na gravadora Universal Music, *Redescobrir* foi passo ousado de Maria Rita. Ciente de que já tinha conquistado o próprio público com o disco e show *Samba Meu*, Maria Rita deixou a genética falar mais alto e emulou os registros de Elis, reiterando a alta potência do canto desde sempre prodigioso ao imprimir a assinatura da mãe no show.

De volta ao samba e à própria identidade vocal, dois anos depois, a cantora lançou em março de 2014 o álbum *Coração a Batucar*, gravado entre novembro e dezembro de 2013, sob a direção musical da própria Maria Rita,com arranjos do pianista Jota Moraes. O pulso de *Coração a Batucar* tinha cadência menos pagodeira do que a do álbum de 2007. Havia faixas ambientadas no calor de um fundo de quintal, como a regravação de "Saco cheio" (Dona Fia e Marcos Antônio, 1981) – primeiro sucesso de Almir Guineto (1946 – 2017) – e o registro de "*É corpo, é alma, é religião*" (Arlindo Cruz, Rogê e Arlindo Neto, 2014), um dos três sambas com a assinatura de Arlindo Cruz. Mas havia também faixas em clima de samba-jazz, de clima mais propício para o interior de uma boate, caso da regravação de "Fogo no paiol" (Rodrigo Maranhão, 2010).

Decorridos quatro anos, período em que arquivou por questão técnica o registro audiovisual de show inédito apresentado em São Paulo (SP) em 7 de julho de 2017 com participações do rapper carioca Marcelo D2, da baiana Didá Banda Feminina e do cantor carioca Zeca Pagodinho, Maria Rita lançou em janeiro de 2018 o sexto álbum de estúdio, *Amor e Música*, confirmando o apego ao samba, celebrado em "Perfeita sintonia" (Fred Camacho, Leandro Fab e Marcelinho Moreira). Habitual fornecedor de repertório inédito para a cantora, Marcelo Camelo expôs lirismo e devoção às velhas guardas em "Pra Maria". Avalista do samba de Maria Rita, Arlindo Cruz – então já fora de cena por enfrentar sequelas de AVC – foi reverenciado com a lembrança de "Saudade louca" *(*Arlindo Cruz, Acyr Marques e Franco, 1989). Fora da roda carioca, a intérprete misturou chiclete com banana ao domar o ritmo *de* "Samba & swing", música inédita de bamba da Bahia, Oscar da Penha (1924 – 1997), o Batatinha.

Aos 20 anos de carreira, já consagrada, Maria Rita pode cantar o que quiser, como provou ao dar voz ao repertório da diva norte-americana do jazz Ella Fitzgerald (1917 – 1996) em show no *Rock in Rio 2017*, mas escolheu ser uma voz do samba. E, na roda, ela é bamba, sim, senhor.

Marília Mendonça

Voz de mulher no universo sertanejo

O Brasil ficou imerso em torpor, com misto de incredulidade e espanto, na tarde de 5 de novembro de 2021. A notícia da queda de bimotor na interiorana cidade mineira de Piedade de Caratinga (MG), em consequência de colisão da aeronave com cabo de energia, chocou o país porque, dentro do avião, estava a cantora mais popular do Brasil nos anos 2010. Ao embarcar em táxi aéreo de Goiânia (GO) para Caratinga (MG), Marília Dias Mendonça fez a última viagem de carreira que contabilizava exatos dez anos. Ninguém sobreviveu ao acidente de avião que ceifou no auge da juventude e do sucesso, aos breves 26 anos, a vida da artista nascida em Cristianópolis (GO) em 22 de julho de 1995 e criada em Goiânia (GO), cidades do estado de Goiás, um dos celeiros nacionais da música sertaneja.

Confirmada por volta das 17h30m daquela trágica primeira sexta-feira de novembro de 2021, a morte de Marília Mendonça provocou comoção nacional, expondo para todo o Brasil a dimensão e o alcance popular dessa cantora e compositora que deu voz à mùlher no universo pop sertanejo. Marília Mendonça fez e virou história porque representou avanço em dinastia feminina da música sertaneja que, antes, havia projetado cantoras e duplas como As Irmãs Galvão, Inezita Barroso (1925 – 2015) – artista mais identificada com temas folclóricos do Brasil rural do que propriamente com a música inicialmente rotulada como caipira quando emergiu em 1929 – e Roberta Miranda, primeira mulher a se tornar estrela da música sertaneja em carreira solo, em trajetória que decolou na segunda metade dos anos 1980.

Assim como Roberta Miranda e Paula Fernandes, artista projetada em 2008 no universo sertanejo, Marília Mendonça era cantora e também compositora. O que fez a diferença foi que, enquanto as obras autorais das duas antecessoras jamais demarcaram território de gênero, Marília Mendonça se impôs com músicas escritas com letras explicitamente femininas. A artista deu voz ativa às mulheres. Cantou a velha dor de corno – rebatizada como *sofrência* no mercado de música popular nos anos 2010 – sem deixar o homem ficar por cima. Ao criar cancioneiro passional, Marília deu o troco, enfrentou o macho infiel de igual para igual e se imortalizou com a voz de tons graves e quentes. A traição foi tema recorrente em repertório que destacou músicas como o bolero "Infiel" (Marília Mendonça, 2015) e "De quem é a culpa?" (Marília Mendonça e Juliano Tchula, 2017).

Antes de sair prematuramente de cena, Marília Mendonça já tinha garantido o lugar na história por ter enfrentado o domínio historicamente masculino do mercado sertanejo, puxando, a partir de 2015, corrente rotulada de *feminejo* que abriu espaço para vozes como as da cantora Naiara Azevedo e das duplas Maiara & Maraisa e Simone & Simaria.

Com Maiara & Maraisa, a propósito, Marília lançou em 14 outubro de 2021 *Patroas 35%*, álbum que adquiriu caráter histórico por ter se tornado o derradeiro título da discografia da artista goiana a ser lançado com Marília viva. De toda forma, como a indústria da saudade quase sempre gera fartos dividendos no mercado de música pop, *singles* com gravações inéditas da cantora com artistas como a dupla Dom Vittor & João Gustavo e a cantora Naiara Azevedo vem encorpando postumamente a obra fonográfica de Marília Mendonça desde dezembro de 2021.

A rigor, ao morrer, Marília Mendonça deixou obra que contabilizava 558 composições e 441 gravações oficiais, sendo, que desses 441 fonogramas, 186 eram de músicas de autoria da compositora. Esse total poderá crescer nos próximos anos se aparecerem canções ainda sem registros em editoras e até então guardadas no acervo pessoal da artista.

Assim como Roberta Miranda, Marília Mendonça despontou primeiramente como compositora para somente depois ter tido a chance de se lançar como cantora – sinal do machismo ainda vigente na indústria da música, sobretudo no mundo sertanejo. Foi em 2011 que o nome de Marília Mendonça começou a aparecer nos créditos de músicas como "Minha herança", parceria da compositora com Frederico, gravada pela dupla João Neto & Frederico. Essa dupla foi quem mais deu vozes às músicas de Marília de 2011 a 2013, sendo seguida pelo cantor Lucas Lucco e pela dupla Fred & Gustavo.

O ano da virada na carreira de Marília Mendonça foi 2014. Em 9 de janeiro de 2014, a então compositora debutou como cantora ao lançar o EP *Marília Mendonça*, editado com o selo da empresa Work Show e composto por seis músicas gravadas ao vivo. Entre temas de lavra alheia, caso de "Alô porteiro" (Adriano Bernardes, Carlos Pitty e Di Souza), Marília gravou três músicas que fizera com o conterrâneo Juliano Tchula, compositor goiano que se tornara colaborador fiel da artista – e com parceiros como Elcio Di Carvalho, Frederico, Hugo Del Vecchio e Maraisa. Pelos títulos dessas três músicas, "A voz do coração", "O que falta em você sou eu" e "Sentimento louco", já ficou explícito que a música de Marília Mendonça pulsava com sangue quente em veias em que corriam as dores, os delírios e as delícias do amor.

O lançamento de clipe com registro do então bolero autoral "Infiel", em 25 de julho de 2015, deu o impulso que faltava na carreira de Marília Mendonça como cantora, abrindo inclusive as portas da gravadora Som Livre para a artista. Com quase 569 milhões de visualizações em abril de 2022, o clipe de "Infiel" ajudou a popularizar a música que, revitalizada pela Som Livre no ano seguinte, se tornou um dos maiores hits de 2016, ano em que Marília (re)lançou o primeiro dos três álbuns ao vivo da discografia solo.

Posto efetivamente no mercado em 4 de março de 2016 nos formatos de CD e DVD, além da edição digital, o álbum *Marília Mendonça Ao Vivo* foi gravado em 2015 em show orquestrado com produção musical de Eduardo Pepato e com roteiro que abarcou as seis músicas do EP de 2014 e composições então inéditas. A rigor, o álbum foi lançado em junho de 2015, de forma independente e com distribuição precária, ganhando visibilidade somente a partir da reedição da Som Livre no ano seguinte.

Já como estrela de primeira grandeza no universo sertanejo, Marília Mendonça se tornou, entre 2015 e 2016, a referência feminina do gênero, roubando a cena para as mulheres. Embora já saudada como compositora revolucionária no segmento sertanejo, Marília teve a sabedoria de jamais fechar os ouvidos para músicas de outros compositores. Tanto que, em agosto de 2016, apresentou a gravação da música que se tornaria o primeiro grande sucesso da cantora sem o nome de Marília nos créditos da composição. "Eu sei de cor" (Danillo Davilla, Elciodi Carvalho, Lari Ferreira e Junior Pepato) se tornou hit instantâneo na voz da cantora e alavancou o segundo registro audiovisual de show da artista.

A captação de show apresentado por Marília Mendonça em 8 de outubro de 2016 no Centro de Convenção de Manaus, na capital do Amazonas, gerou o álbum ao vivo *Realidade – Ao Vivo em Manaus*, lançado em março de 2017 nos formatos de CD e DVD – mídias físicas então ainda vigentes no mercado fonográfico brasileiro – e em edição digital. O lançamento do álbum foi precedido dois meses antes com a edição, em janeiro de 2017, do clipe da música "Amante não tem lar", composta por Marília em parceria com Juliano Tchula. Com letra que versa sobre a conversa entre duas mulheres que dividem o amor do mesmo homem, em abordagem controvertida que levou feministas a caracterizarem a música como machista (acusação refutada publicamente pela autora), a música se tornou sucesso e corroborou a importância de Marília Mendonça como compositora que redefiniu os papéis das mulheres – as amantes e as esposas (e namoradas) traídas – no jogo do amor.

Outra música sobressalente no repertório cantado por Marília no álbum ao vivo e DVD *Realidade* foi "De quem é a culpa?", mais uma parceria da compositora com Juliano Tchula. A música foi apresentada no EP que, em janeiro de 2017, adiantou faixas do DVD. O verso lapidar "Me apaixonei pelo que eu inventei de você" reafirmou o alto poder de comunicação das letras de Marília Mendonça, compositora de versos diretos, simples, escritos sem firulas ou metáforas. Uma compositora que soube falar a língua do povo.

Em 2018, a realidade é que Marília Mendonça já era uma artista tão popular a ponto de ser convidada para gravar participação em disco de estrela de primeira grandeza da MPB projetada nos anos 1960. Na tarde de 5 de agosto de 2018, um domingo, Marília Mendonça foi recebida com honras por Gal Costa, em estúdio da cidade de São Paulo (SP), onde tinha ido pôr voz em "Cuidando de longe" (Marília Mendonça, Juliano Tchula, Junior Gomes e Vinicius Poeta, 2015), música de Marília que havia sido lançada pelo cantor Israel Novaes três anos antes e que Gal regravou em dueto com Marília, com arranjo de *disco music* e coro formado por vozes estelares como as de Filipe Catto e Maria Gadú, para o álbum *A Pele do Futuro*, lançado em setembro daquele ano.

Três anos depois do dueto com Gal, Marília seria citada nominalmente por Caetano Veloso na letra de "Sem samba não dá", samba composto pelo artista e gravado no álbum *Meu Coco*, lançado em 21 de outubro de 2021, quinze dias antes da morte da cantora, saudada duas vezes por Caetano como "Mar(av)ília Mendonça" na letra do samba.

Naquela altura, Marília Mendonça já tinha lançado o terceiro álbum, *Todos os Cantos*, apresentado ao longo de 2019 em série de EPs com gravações feitas ao vivo em shows apresentados em todas as capitais do Brasil – um atestado do alcance nacional da voz dessa cantora de espírito gregário que soube se integrar a um movimento. Tanto que a rainha da *sofrência* abriu mão da soberania e levou adiante com Maiara & Maraisa, de igual para igual, o projeto feminino *As Patroas*, nascido em 2016 n'*A Festa das Patroas* e desenvolvido em *singles*, EPs e álbuns.

A queda do avião em 5 de novembro de 2021 flagrou Marília Mendonça em rota profissional ascendente que iria abarcar escalas internacionais a partir de 2022. Mesmo sem deixar sobreviventes, o acidente jamais calou a voz dessa cantora imortalizada no coração sertanejo do povo brasileiro.

Marina Lima

Onda de modernidade erguida no mar carioca

Ao montar o roteiro do show *Nas Ondas da Marina*, estreado em março de 2022, Marina Lima reuniu os principais sucessos de cancioneiro cosmopolita, ainda que primordialmente associado à cidade do Rio de Janeiro (RJ). Em essência, a obra da artista é onda de modernidade que se ergueu no mar carioca a partir da segunda metade dos anos 1970, à luz do sol, mas adornada com o brilho da noite. Uma onda que fez emergir escrita arejada que falava de amor e sexo sem pudor, mas com elegância, muitas vezes escorada na poética do letrista Antonio Cicero, irmão e parceiro mais importante de Marina.

De ascendência piauiense, o que gerou a (contestada) informação de que teria vindo ao mundo em Campo Maior (PI), Marina Correia Lima nasceu em 17 de setembro de 1955 na cidade do Rio de Janeiro (RJ) – de acordo com dados da certidão de nascimento exposta pela cantora em rede social para confrontar as informações da Wikipedia, já alteradas por exigência da artista. O fato é que Marina foi criada entre o Rio e Washington D.C., capital dos Estados Unidos, para onde se mudou com a família quando tinha cinco anos.

Essa vivência dupla em duas cidades de dois países talvez explique o sotaque universal de cancioneiro que começou a ganhar forma em 1975, ano em que a jovem de 20 anos pôs música no poema "Alma caiada", feito pelo irmão da cantora, Antonio Cicero, escritor que seria eleito para a Academia Brasileira de Letras (ABL) em agosto de 2017.

Se a censura que amordaçava o Brasil na época tivesse permitido, "Alma caiada" teria sido apresentada ao país na voz de Maria Bethânia em gravação do álbum *Pássaro Proibido* (1976), lançando Marina Lima. Com o veto, coube à outra estrela de igual dimensão na música brasileira, Gal Costa, lançar a compositora ao gravar "Meu doce amor", parceria da autora debutante com Duda Machado, para *Caras & Bocas* (1977), álbum de *vibe* roqueira.

Marina Lima é do rock pela atitude e transita pela MPB, mas não se enquadra em nenhum dos dois gêneros. Talvez por isso, embora tenha se lançado como cantora em 1978 com a edição de single duplo com as músicas "Muito" (Caetano Veloso, 1978) e "Tão fácil" (Marina Lima e Antonio Cicero, 1978), a cantora tenha se juntado sem estranhamentos à geração pop projetada no Brasil a partir de 1982, gravando álbuns que ajudaram a dar o tom pop dominante na música brasileira naquela década e fazendo conexões com nomes como Lobão e Julio Barroso (1953 – 1984).

Em abril de 2021, Marina fez o balanço dessa trajetória fonográfica – que completará 45 anos em 2023 – com a edição do livro *Marina Lima – Música e Letra*. *Songbook* com partituras, cifras e letras de 175 composições do repertório da artista, o livro abrangeu os 21 álbuns da cantora, compositora e guitarrista, abarcando inclusive, como bônus, as quatro músicas autorais e então inéditas apresentadas no EP *Motim*. Lançado simultaneamente com o *songbook*, o EP *Motim* reconectou Marina com o multi-instrumentista Alex Fonseca, produtor musical do disco ao lado de Marina.

Parceria de Marina com Alvin L e Giovanni Bizzotto, a balada-título "Motim" reforçou a assinatura autoral dessa compositora projetada em 1979 na revolução feminina que renovou a MPB naquele ano marcado pelo aparecimento simultâneo de cantoras que também compunham e que davam vozes às próprias canções – fato corriqueiro em 2022, mas ainda incomum até 1978, em que pesem as alas abertas por desbravadoras como Dolores Duran (1930 – 1959), Maysa (1936 – 1977), Joyce Moreno e Rita Lee.

Marina demarcou esse território feminino ao aparecer empunhando uma guitarra na contracapa do primeiro álbum, *Simples Como Fogo*, em foto de Antonio Guerreiro (1947 – 2019). Produzido por Gastão Lamounier sob a direção artística de Marco Mazzola, o álbum *Simples Como Fogo* nunca foi o melhor cartão-de-visitas para quem deseja conhecer o cancioneiro de Marina, mas já sinalizou as intenções modernas da compositora. E a cantora, de voz rouca, já disse a que veio quando apresentou a então debutante Angela Ro Ro, de quem Marina gravou a canção "Não há cabeça" (1979), com o piano de Robson Jorge (1954 – 1992) e a guitarra climática do eterno mutante Sérgio Dias, em registro lapidar. Estilista de canções alheias, a intérprete tomaria provisoriamente o lugar da compositora, 16 anos depois, no álbum *Abrigo* (1995).

Abrigo encerrou forçosamente ciclo na discografia da artista. Problema na voz – atribuído tanto a uma crise emocional quanto ao erro de médico que teria lesionado as cordas vocais de Marina – fizeram com que a cantora passasse a fazer registros fonográficos à meia-voz, como assumiu no título de álbum de 1996. Se a cantora teve o instrumento maculado, a compositora permaneceu relevante, renovando a produção autoral em álbuns como *Pierrot do Brasil* (1998), *Setembro* (2001) – disco de sonoridade caracterizada como "vazia" pela artista - e *Lá Nos Primórdios* (2006), disco do qual saiu mais um *standard* da parceria de Marina com Antonio Cicero, "Três", música logo regravada por cantoras como Adriana Calcanhotto e Ana Carolina.

Crítica rigorosa da própria discografia, Marina Lima por vezes expressou descontentamento com o resultado final de álbuns iniciais, como *Olhos Felizes* (1980) e...*Desta Vida, Desta Arte...* (1982), gravados quanto a artista ainda não tinha total autonomia sobre o processo de formatação das músicas em estúdio por produtores, arranjadores e diretores artísticos.

Olhos Felizes, por exemplo, foi o disco que rendeu o primeiro sucesso radiofônico da cantora, "Nosso estranho amor", música então inédita de Caetano Veloso, gravada por Marina em dueto com o próprio Caetano. Contudo, Marina entende que os arranjos do maestro Lincoln Olivetti (1954 – 2015) nem sempre jogaram a favor do álbum. "Lincoln é excelente arranjador, um ás, mas só ter arranjo dele descaracterizou algumas músicas. As faixas ficaram meio pasteurizadas, presas a uma moldura que enfraqueceu as canções", avaliou a dona do disco, ao discorrer sobre *Olhos Felizes* no relato autobiográfico do livro *Maneira de Ser*, editado em 2014. Já o disco de 1982 foi enfraquecido na mixagem, no entender da artista.

Como toda mulher que sabe o que quer, e faz valer a própria vontade na criação artística, Marina Lima foi muitas vezes tachada de "difícil" nos bastidores da indústria fonográfica, historicamente (ainda) comandada por homens. Mas é por essa maneira de ser que a artista vem imprimindo assinatura pessoal na discografia que ganhou o primeiro hit autoral em 1981 com o sucesso da canção "Charme do mundo", parceria de Marina com Antonio Cicero que sobressaiu no repertório do álbum *Certos Acordes* (1981), produzido pelo guitarrista Piska (1951 – 2011).

Marina Lima nunca ficou parada no tempo. Os álbuns da artista acompanham evoluções do mundo e da música. Até por isso é justamente a assinatura da compositora que delineia forte traço forte de união entre álbuns aparentemente díspares como o interiorizado *...Desta Vida, Desta Arte...*(1982) – disco também produzido pelo guitarrista Piska, com gravações relevantes com o dueto com Zizi Possi na canção "Essas coisas que eu mal sei" (Marina Lima e Antonio Cicero) – e o expansivo *Novas Famílias* (2018).

Disco político, gravado com produção musical orquestrada por Marina com Dustan Gallas, talentoso e versátil instrumentista projetado na banda cearense Cidadão Instigado, com a colaboração de Arthur Kunz (metade do duo paraense Strobo), *Novas Famílias* apresentou safra autoral mais oscilante. Contudo, a assinatura da compositora ainda estava lá, sobretudo na música "*Árvores alheias*" e na canção-título "Novas famílias", entre parcerias com Letícia Novaes (Letrux), Silva e Antonio Cicero. Com o irmão poeta, Marina assinou o funk "Só os coxinhas", cuja letra desbocada emulava a linguagem marginalizada dos bailes da pesada, e a funkeada "Juntas", música que versava sobre as diferenças e conexões entre paisagens de São Paulo (SP) e do Rio de Janeiro (RJ).

A propósito, a mudança de Marina Lima para São Paulo (SP), em 2010, norteara a criação e gravação do anterior álbum de inéditas da artista, *Clímax* (2011), disco confessional de repertório potente que apresentou as primeiras (e por ora únicas) parcerias da compositora com Adriana Calcanhotto ("Não me venha mais com o amor"), Karina Buhr ("Desencantados", música também creditada a Edgar Scandurra e a Alex Fonseca) e Samuel Rosa ("Pra sempre", pérola pop à procura de alguém que descubra o brilho da canção), além de dueto com Vanessa da Mata na balada "A parte que me cabe". Disco resultante da afinação de Marina com os produtores musicais Alex Fonseca e Edu Martins, *Clímax* é disco que simbolizou de fato momento áureo na trajetória da artista ao harmonizar as sombras e as luzes (da noite) de Sampa.

A sonoridade eletrônica se tornara recorrente na discografia de Marina Lima a partir de *Fullgás*, álbum de 1984 que marcou a explosão do som da cantora. O sucesso da música-título "Fullgás" – de letra escrita por Antonio Cicero, mas com o termo "fullgás" inventado e sugerido por Marina no lugar do "fugaz" do verso original – fez um país se render de fato a Marina. Contudo, Marina nunca repetiu fórmulas. Musa de qualquer estação, a cantora já apresentou álbuns de tom outonal – como *O chamado* (1993), disco sofisticado e impulsionado nas rádios pela regravação de "Pessoa" (1983), parceria de Dalto e Claudio Rabello que tinha feito sucesso há uma década na voz de Dalto – com a mesma elegância com que criou a trilha do verão em álbuns mais populares como *Virgem* (1987).

Álbum feito com produção musical do saxofonista Leo Gandelman, *Virgem* gerou pico de popularidade na trajetória de cantora que já vinha em escala ascendente desde o disco *Fullgás* e que emplacara na sequência os álbuns *Todas* (1985) e *Todas Ao Vivo* (1986). Canção solar do baixista Renato Rockett, "Uma noite e ½" foi o hino do verão 1987 / 1988. Da safra autoral de Marina, a balada "Virgem" – outra parceria com Antonio Cicero, autor dos versos "As coisas não precisam de você / Quem disse que eu / Tinha que precisar?"– se tornaria canção imprescindível em qualquer show ou coletânea de Marina. *Virgem*, o álbum, também legou a gravação da canção "Preciso dizer que te amo", composta em 1986 por Bebel Gilberto, Dé Palmeira e Cazuza (1958 – 1990) e gravada por Bebel naquele mesmo ano, mas de fato amplificada pelo registro de Marina.

Após álbum de ruptura, *Próxima Parada* (1989), disco difícil que mesmo assim gerou o hit "À francesa" (Marina Lima e Antonio Cicero), a artista voltou ao auge criativo com o álbum *Marina Lima*, disco lançado em 1991 com grandes canções como "Acontecimentos" (Marina Lima e Antonio Cícero), "Criança" (Marina Lima), "Grávida" (Marina Lima e Arnaldo Antunes) e "Não sei dançar"(Alvin L.). O álbum foi o primeiro assinado pela cantora como Marina Lima, incorporando desde então o sobrenome ao nome artístico.

Foi ato significativo e simbólico porque, naquela altura, em 1991, assim como em 2022, o Brasil já sabe que a assinatura de Marina Lima é garantia de música sempre moderna, de natureza cosmopolita. Marina Correia Lima é cidadã do mundo. E é por isso que o Brasil sempre vai nas ondas da Marina.

Marisa Monte

A rainha da música pop brasileira

O figurino usado por Marisa Monte no show *Portas* (2022) se altera ao longo da apresentação sem que a cantora deixe de portar na cabeça uma coroa, acessório que simboliza o longo reinado dessa artista carioca na música pop brasileira da era pós-MPB. Ao lançar o primeiro álbum em janeiro de 1989, *MM*, gravado ao vivo, Marisa Monte se tornou artista referencial, o padrão a ser seguido pela geração de cantoras projetadas a partir de 1990 no rastro da explosão da antecessora contemporânea – não somente pela voz de afinação absoluta e emissão exemplar, mas pela maneira como se porta no mercado da música e pela habilidade de transitar tanto pela MPB quanto pelo rock, sob manto pop e com grande apelo popular.

Meticulosa na condução de trajetória que totaliza 35 anos em 2022, quando estreou a turnê do álbum *Portas* (2021) em rota internacional iniciada em março na cidade de São Paulo (SP), Marisa de Azevedo Monte veio ao mundo em 1º de julho de 1967, mas, para o público, a cantora começou a nascer em 1987 com a badalação pela imprensa de shows apresentados pela artista na cidade natal do Rio de Janeiro (RJ), sob direção de Nelson Motta.

A rigor, o real nascimento da cantora no universo pop brasileiro ocorrera dois anos antes, de forma silenciosa. Antes de viajar para a Roma, Itália, para estudar canto lírico, a artista debutante – admiradora tanto de Carmen Miranda (1909 – 1955) quanto de Maria Callas (1923 – 1977) – se lançou no mundo da música com a pré-histórica gravação juvenil da música "Sábado à noite" (Sérgio Sá), feita para do filme *Tropclip* (1985) e editada no disco com a trilha sonora do filme de Luiz Fernando Goulart – com direito ao nome da então desconhecida Marisa Monte na capa do LP.

Ninguém a notou. Até porque quase ninguém ouviu a gravação. Ainda bem. A assinatura vocal e artística de Marisa Monte começou a ser delineada em 1987, ano em que, já de volta para o Brasil, estreou em setembro o show *Tudo Veludo* na casa Jazzmania, situada quase à beira do mar de Ipanema. Articulações na imprensa – fruto da estratégia de marketing (ou antimarketing) elaborada pela cantora com Nelson Notta – surtiram efeito e chamaram atenção para o show. Logo, Marisa Monte foi eleita a sensação vocal do ano, a grande novidade da música pop brasileira em 1987, a cantora *cult* do Rio, alcançando prestígio e status instantâneos, referendados pela apaixonada crítica do show, publicada na capa do suplemento cultural *Caderno B* do então influente *Jornal do Brasil*.

Sem afobação, se esquivando das propostas imediatistas das gravadoras, a cantora acabou assinando contrato diferenciado com a EMI-Odeon, subvertendo as regras da indústria fonográfica, a começar pela opção de debutar com disco ao vivo e de lançar esse disco em janeiro, mês então considerado nulo no mercado do disco pela ressaca das festas e vendas de fim de ano. Retrato fiel do primeiro momento de Marisa Monte em cena (até por reproduzir doze números do especial gravado pela cantora em outubro de 1988 para a TV Manchete, filmado sob direção do cineasta Walter Salles e exibido pela emissora em dezembro daquele mesmo ano de 1988), o álbum *MM* se tornou com o tempo título atípico na discografia de Marisa por ser disco de intérprete.

Com a potente artilharia vocal, Marisa justificou o rótulo de "cantora eclética" ao irmanar, com personalidade e certa pompa, repertório que reunia samba de Candeia (1935 – 1978) lançado por Cartola (1908 – 1980) em 1976, "Preciso me encontrar"; jingle publicitário do *soulman* Tim Maia (1942 – 1998), "Chocolate" (1970); rock recente dos Titãs, "Comida" (Arnaldo Antunes, Marcelo Fromer e Sergio Brito, 1987); sucesso da parceria de Luiz Gonzaga (1912 – 1989) com Zé Dantas (1921 – 1962), "Xote das meninas" (1953); clássico do universo soul / R&B

norte-americano, "I heard It through the grapevine" (Norman Whitfield, e Barrett Strong, 1967) e tema da ópera *Porgy and Bess* (1935), entre outras joias de alto quilate.

Contudo, foi "Bem que se quis" – inédita versão escrita por Nelson Motta da canção italiana "E po' chefà" (Pino Danielle, 1982) – que projetou o canto de Marisa Monte em escala nacional, popular, além dos círculos dos formadores de opinião, por ter sido veiculada nas rádios e na trilha sonora da novela *O Salvador da Pátria*, exibida pela TV Globo ao longo daquele ano de 1989.

O resto foi história que continua a ser escrita porque, mesmo sem ditar padrões a partir dos anos 2010, Marisa Monte já está imortalizada na música brasileira, não somente como cantora – cujas interpretações foram ficando menos performáticas e mais delicadas ao longo dos anos – como compositora, dona de obra de pulsante veia pop. Basta dizer que todas as dezesseis músicas do sétimo álbum solo de estúdio da artista – *Portas*, lançado em 1º de julho de 2021, dia do 54º aniversário da cantora – têm a assinatura de Marisa Monte, com parceiros novos (Chico Brown, Flor e Marcelo Camelo) e antigos (Arnaldo Antunes, Dadi Carvalho, Pretinho da Serrinha e Nando Reis), com destaque para a conexão com Chico Brown, filho de Carlinhos Brown e coautor de "Calma", aliciante soul eleito o primeiro single do álbum. A assinatura autoral da artista foi reforçada nas duas músicas lançadas posteriormente em singles avulsos, "Vento sardo" (parceria com o uruguaio Jorge Drexler, apresentada em outubro de 2021) e "Feliz, alegre e forte" (editada em maio de 2022), ambas consideradas parte do repertório do álbum "Portas".

A construção da obra autoral foi iniciada por Marisa com o lançamento em março de 1991 do segundo álbum da cantora, *Mais*, o primeiro gravado em estúdio entre setembro e novembro de 1990 – no caso, entre estúdios das cidades de Rio de Janeiro (RJ) e Nova York (EUA) com produção musical de Arto Lindsay. Em *Mais*, Marisa Monte assinou cinco das doze músicas do disco, começando a descortinar um universo particular como compositora. E uma dessas cinco músicas, "Beija eu", parceria da compositora debutante com Arnaldo Antunes (então ainda na banda Titãs) e com Arto Lindsay, foi escolhida para ser o primeiro single do álbum, propagando nas rádios a sonoridade moderna, universal, de *Mais*. Sem parceiros, Marisa provou que sabia falar bem a língua pop ao compor sozinha "Eu sei (Na mira)", segundo single promocional do álbum. Outro hit da inicial safra autoral da artista, "Ainda lembro", é parceria com Nando Reis, tendo sido gravada por Marisa em dueto com Ed Motta, o que fez aflorar a veia soul da canção.

Para quem buscava a intérprete ousada do primeiro disco, o álbum *Mais* ofereceu abordagens primorosas de músicas que andavam esquecidas, caso da parnasiana valsa "Rosa" (Pixinguinha, 1917, com letra posterior de Otávio de Souza, 1937) e da na época obscura canção "De noite na cama" (1971), composta por Caetano Veloso e lançada por Erasmo Carlos há então 20 anos, entre outras músicas lapidadas pelo canto cristalino de Marisa Monte com ecos da voz matricial de Gal Costa.

Mais consolidou a carreira de Marisa sem repetir fórmulas. Quando a cantora apresentou em agosto de 1994 o terceiro álbum, *Verde Anil Amarelo Cor-de-rosa e Carvão*, o nome de Marisa Monte já reverberava além das fronteiras do Brasil – em trajetória internacional que seria ampliada nos anos seguintes e alcançaria êxito permanente, fruto do investimento paciente da artista no mercado externo. Tanto que o disco foi lançado simultaneamente pela gravadora EMI em trinta e oito países e motivou turnê internacional da artista.

Com produção musical orquestrada por Arto Lindsay com a colaboração da própria Marisa Monte, o álbum *Verde Anil Amarelo Cor-de-rosa e Carvão* marcou a abertura da parceria da artista com Carlinhos Brown, nome que se tornaria fundamental e recorrente nos créditos do cancioneiro autoral de Marisa Monte, assim como Arnaldo Antunes. No disco de 1994, Brown é o autor de "Segue o seco" e "Maria de verdade", além de ser parceiro de Marisa e Nando Reis na canção "Na estrada", petardo pop de repertório que reforçou os laços da cantora com o samba nas elegantes abordagens de "Dança da solidão" (Paulinho da Viola, 1972) – com o violão e o vocal de Gilberto Gil – e "Esta melodia" (Bubu da Portela e Jamelão, 1959) com a Velha Guarda da Portela, além de "Balança pema" (1963), primeira incursão de Marisa pelo repertório de Jorge Ben Jor, ao qual voltaria em álbuns posteriores como *Memórias, Crônicas e Declarações de Amor* (2000) e *O Que Você Quer Saber de Verdade* (2011).

Tendo surgido na era do VHS, Marisa sempre teve o cuidado de lançar vídeos com registros de shows, por vezes em tom documental. *Barulhinho Bom – Uma viagem Musical*, disco duplo lançado em 1996, se origina da gravação do show, captado no Recife (PE) em outubro de

1995 e no Rio de Janeiro (RJ) em março de 1996. O registro audiovisual marca a conexão de Marisa com o grupo Novos Baianos, de cujo repertório a cantora pesca a pérola "A menina dança" (Moraes Moreira e Luiz Galvão, 1972), até então conhecida na voz de Baby do Brasil. Já o segundo disco concentrou as novidade do repertório por ser EP gravado em estúdios de Rio de Janeiro (RJ) e Nova York (EUA), entre junho e julho de 1996, com três músicas inéditas de Carlinhos Brown, "Arrepio", "Maraçá" e "Magamalabares", esta revitalizada por Marisa em 2022 no roteiro do show *Portas*. Contudo, o maior barulho foi feito pela capa do álbum por expor a arte erótica do ilustrador carioca Carlos Zéfiro (1921 – 1992).

Entre *Barulhinho Bom* e o álbum posterior da artista, *Memórias, Crônicas e Declarações de Amor – Textos, Provas e Desmentidos*, lançado em maio de 2000 e impulsionado pelo estrondoso hit "Amor, I love you" (Marisa Monte e Carlinhos Brown), Marisa Monte se impôs como produtora musical ao dar forma ao segundo álbum de Carlinhos Brown (*Omelete Man*, 1998) e a um disco da Velha Guarda da Portela, *Tudo Azul*, editado em 2000 pelo selo fonográfico aberto pela artista, Phonomotor Records, para abrigar a própria discografia, da qual a artista se tornou proprietária ao renovar contrato com a gravadora EMI.

Primeiro álbum de Marisa editado com o selo Phonomotor, *Memórias, Crônicas e Declarações de Amor* expandiu o público e as vendas da cantora com repertório de tom mais popular que, além de "Amor, I love you", destacou "Não vá embora"(Marisa Monte e Arnaldo Antunes) e apresentou as primeiras parcerias conjuntas de Marisa com Arnaldo Antunes e Carlinhos Brown, "Água também é mar" e "Não é fácil", em seleção que incluiu samba inédito de Caetano Veloso, "Sou seu sabiá", e novas incursões pelos repertórios dos recorrentes Jorge Ben Jor ("Cinco minutos", 1974), Paulinho da Viola ("Para ver as meninas", samba de 1971) e Tim Maia ("O que me importa", balada tristonha do compositor José de Ribamar Cury Heluy, o Cury, gravada por Tim em 1972 e revivida por Marisa 50 anos depois no show *Portas*). O show originado do álbum de 2000 foi eternizado em DVD e gerou CD-*single*, ambos lançados por Marisa em 2001, com direito a uma inédita canção autoral, "A sua", da lavra solitária da compositora.

Dois anos depois, Marisa Monte surpreendeu o universo pop brasileiro ao gerar sigilosamente na Bahia, com os parceiros Arnaldo Antunes e Carlinhos Brown, o (inspiradíssimo) repertório de álbum coletivo que seria gravado – em estúdio no Rio de Janeiro (RJ), em abril de 2002 – e assinado pelos três artistas. Nascia o trio Tribalistas, cujo nome batizou o disco de espírito gregário que chegou ao mercado em novembro de 2002 com produção musical dos artistas e de Alê Siqueira e com repertório que disparou petardos certeiros nas paradas como "Já sei namorar" (a rigor, música iniciada por Marisa com Arnaldo em 1991 na época de "Beija eu"), "Velha infância" e "Carnavália".

O álbum *Tribalistas* seria projeto atípico e em tese único na discografia de Marisa. Tanto que sequer houve turnê para promover o álbum, que, mesmo assim, ultrapassaria o milhão de cópias vendidas a reboque de hits *blockbusters*. Tudo se encerraria ali. Até segunda ordem. E esta veio em maio de 2013, mês em que música inédita composta e gravada pelo trio, "Joga arroz", chegou ao mundo digital como jingle para posicionar os Tribalistas a favor da legalização do casamento civil entre pessoas do mesmo sexo.

A maior surpresa, no entanto, viria em 9 de agosto de 2017, dia em que ousada ação de marketing digital apresentou, sem aviso prévio, quatro músicas inéditas dos Tribalistas em lote em que sobressaíram "Aliança" (Arnaldo Antunes, Carlinhos Brown, Marisa Monte, Pedro Baby e Pretinho da Serrinha) e "Diáspora" (Arnaldo Antunes, Carlinhos Brown e Marisa Monte), canção que seria propagada dois anos depois na abertura da novela *Órfãos da Terra*, exibida pela TV Globo em 2019 e vencedora do Emmy de Melhor Telenovela em 2020. Era o anúncio do inesperado segundo do álbum dos Tribalistas, batizado com o nome do trio e lançado em 25 de agosto sem bisar o êxito do disco de 2002.

Desta vez, contudo, houve show, apresentado em turnê pelo Brasil – a primeira do trio – em rota iniciada por Salvador (BA) em julho de 2018. Esse show simbolizou a aliança permanente do trio com a tribo de seguidores que se aglomerou em arenas e ginásios para se deleitar com o show captado no ginásio paulistano Allianz Parque, em 18 de agosto de 2018, para gerar o álbum *Tribalistas Ao Vivo*, lançado em março de 2019.

Entre um disco e outro dos Tribalistas, Marisa Monte lançou três álbuns da discografia solo. Dois, *Infinito Particular* e *Universo ao Meu Redor*, chegaram juntos às lojas em março de 2006, ditando tendência que seria seguida por cantoras como Maria Bethânia. Ambos com repertório essencialmente inédito. *Infinito Particular* foi o disco genericamente rotulado como "pop" por ter antena voltada para o mundo, dando tom cosmopolita a repertório que apresentou parcerias de Marisa com nomes como Adriana Calcanhotto, Marcelo Yuka (1965 – 2019), Rodrigo Campello e Seu Jorge. Já *Universo ao Meu Redor* foi o disco de sambas, mergulho da cantora nas tradições musicais cariocas, com a autoridade de ser filha de Carlos Monte, diretor da Portela, uma das mais tradicionais escolas de samba do Carnaval do Rio de Janeiro.

Os álbuns *Infinito Particular* e *Universo ao Meu Redor* se amalgamaram em cena no sofisticado show *Universo Particular*, estreado ainda em 2006 em Curitiba (PR). De arquitetura cinematográfica, o espetáculo rodou o mundo – tendo sido visto por 750 mil espectadores ao longo de 18 meses de turnê internacional que passou por 50 cidades de 15 países de cinco continentes – e originou o documentário *Infinito ao Meu Redor*, apresentado nos cinemas em outubro de 2008 e posto nas lojas em novembro em kit que incluía DVD e CD com o registro ao vivo de nove músicas captadas em apresentação no Rio de Janeiro (RJ) em agosto de 2006.

Em outubro de 2011 foi a vez do álbum solo *O Que Você Quer Saber de Verdade*, disco solar em que a artista filtrou a canção popular romântica por estética moderna, pautada pela leveza e pelas boas vibrações. Entre canções de amor como "Ainda bem" (parceria de Marisa com Arnaldo Antunes, escolhida para ser o primeiro single do álbum), música de batida forrozeira ("O que se quer", parceria da artista com Rodrigo Amarante) e mais uma incursão pelo repertório de Jorge Ben Jor ("Descalço no parque", composição de 1964), a balada "Depois" (Arnaldo Antunes, Carlinhos Brown e Marisa Monte) se impôs como o sucesso popular do álbum, até por ter sido veiculada diariamente em escala nacional na trilha sonora da novela-sensação *Avenida Brasil* (TV Globo, 2012).

O álbum O *Que Você Quer Saber de Verdade* dividiu opiniões entre críticos e mesmo entre seguidores da cantora, mas admiradores e detratores do disco se renderam ao encanto do show inspirado no álbum, *Verdade Uma Ilusão*, apresentado em turnê internacional estreada em junho de 2012, em Curitiba (PR). A cantora deu show ao unir música e artes plásticas em cena em interação que resultou fascinante. Quinze das vinte e cinco músicas do roteiro foram ilustradas com vídeos de artistas plásticos contemporâneos que se ajustaram às letras das canções, expandindo os sentidos dos versos. Projetadas nos telões em imagens vistas em toda a dimensão do palco, tais obras deram a impressão – ilusão? – de que extrapolavam os limites cênicos do espetáculo, como pode ser comprovado no DVD *Verdade, Uma Ilusão – Tour 2012 / 2013*, editado em maio de 2014 com a gravação do show, captado em agosto de 2013, em apresentação restrita a fãs na cidade do Rio de Janeiro (RJ).

Na turnê do show *Portas*, Marisa Monte novamente reinou em cena entre inebriantes efeitos visuais produzidos pela projeção de imagens – desenvolvidas por Batman Zavarese a partir da série *Fundos*, da artista plástica Lúcia Koch – em caixa cênica criada por Cláudio Torres para ocupar todo o palco. Com a coroa na cabeça, Marisa Monte ecoou o canto límpido da sereia, emergindo mais uma vez como a rainha da música pop brasileira pós-MPB.

Mart'nália

A leveza pop do samba

"Com seu samba miudinho / Lembra Dona Ivone Lara / Ativista antirracista / Boas novas, alvíssara / [...] / Voz dolente, maviosa / Doce e plena de emoção / Musicista virtuosa / Tira sons na percussão / [...] / É a preta andarilha / Um orgulho da família / Que samba desde pirralha / Minha filha Mart'nália". Escritos por Martinho da Vila para o samba "Viva Martina", apresentado pelo artista em março de 2022 no álbum *Mistura Homogênea*, os versos deram pistas do caráter e do som de Mar'tnália Mendonça Ferreira, filha mais famosa do bamba fluminense, criador de obra que se tornou um dos pilares do samba produzido no Brasil a partir da década de 1960.

Nascida em 7 de setembro de 1965, na cidade do Rio de Janeiro (RJ), Mart'nália – cujo nome é a junção dos nomes dos pais, Martinho e a também cantora Anália Mendonça (1942 – 2005) – é uma das mais perfeitas traduções do jeito carioca de ser e viver. Canta samba, mas não somente samba, com suingue, manemolência e leveza pop em carreira fonográfica que completa 35 anos em 2022, mas que deslanchou somente a partir de 2002 com a edição do terceiro álbum de Mar'tnália, *Pé do Meu Samba*. É compositora – parceira de amigos como Mombaça – e instrumentista, tocando pandeiro com destreza e também violão, além de ter estudado piano clássico.

Entre 1987 e 2022, Mart'nália lançou treze álbuns, sendo nove gravados em estúdio e quatro registros audiovisuais de shows editados em CD e DVD. Gravado com produção musical de Zé Ricardo, o último álbum de estúdio da cantora, *Sou Assim Até Mudar* (2021), já sinalizou no título um traço do temperamento dessa artista que sabe e faz o que quer, *devagar devagarinho*, com determinação disfarçada no cotidiano pela docilidade no trato social e um (apenas) aparente desligamento do universo ao redor dela. *Não Tente Compreender*, já avisou Mart'nália no título do excelente (e incompreendido pelo público) álbum de 2012 em que, guiada pela produção musical de Djavan, a cantora se afastou momentaneamente da base percussiva do samba.

Com a experiência de ter frequentado desde criança as rodas da escola de samba Unidos de Vila Isabel, agremiação carnavalesca carioca incorporada ao nome do pai Martinho José Ferreira, Mart'nália entrou em cena nos anos 1980 como *backing vocal* da banda do orgulhoso Martinho. "Mart'nália é invenção minha", já sentenciou o pai *coruja* em janeiro de 2005, no início de texto exposto no site oficial da cantora.

Sem se afastar do pai, Mart'nália começou a trilhar o próprio caminho fonográfico aos 22 anos, em 1987, ao lançar o primeiro álbum, *Mart'nália*, pela então debutante gravadora 3M. Esse início de trajetória se mostrou errático. Inexistiam no disco – gravado com produção musical de Ruy Quaresma, também arranjador, em função dividida no álbum com Rildo Hora – a descontração e a leveza que traduzem a alma musical de Mart'nália, que se apresentou como compositora ao assinar a música "Na mão de Deus".

Entre dueto com Nei Lopes em "Luxuosos transatlânticos" (parceria do bamba com Claudio Jorge) e incursão pelo território familiar do pai ("Cordas e correntes", composição de Martinho apresentada em 1975 na voz de Maria Creuza), Mart'nália deu voz a uma música do baixista Arthur Maia (1962 – 2018), "Nova era", em equivocado tom *tecnopop*, iniciando conexão com Maia, nome que se tornaria fundamental na discografia de Mart'nália, fazendo aflorar a veia *black* da artista.

Como nada aconteceu com o disco de 1987 (relançado em CD em 2012 pelo selo Discobertas), Mart'nália teve que esperar oito anos para lançar o segundo álbum, *Minha Cara*, editado em 1995 via ZFM Records com produção musical de Ivan Machado. Embora também tenha surtido pouco ou nenhum efeito comercial, o álbum *Minha Cara* deixou melhor impressão entre os críticos e fez jus ao título ao apresentar repertório e som com a cara de Mart'nália. Havia ali o samba, o da própria Mart'nália – que dava as caras como compositora como autora solitária de "Contradição" e "Tentação", parceira de Mombaça no futuro hit "Entretanto" e coautora de "Não me balança mais" com Viviane Mosé – e o do sempre recorrente Martinho da Vila. Mas também havia o soul brasileiro dos anos 1970, representado pelas lembranças das baladas "Coleção" (Cassiano, 1976) e "Pra que vou recordar o que chorei" (Carlos Dafé, 1977).

Para o público, a cara e o samba de Mart'nália começaram a ficar conhecidos com a edição do álbum *Pé do Meu Samba* em 2002 via Natasha Records. Toda uma aura *hype* foi criada na mídia em torno do disco, gravado com aval, (grande) samba inédito – a música-título "Pé do meu samba" – e direção de Caetano Veloso. Contudo, justiça seja feita, o álbum fez jus ao culto. A produção musical e os arranjos de Celso Fonseca se afinaram com o tom de Mart'nália.

O frescor e a leveza do álbum *Pé do Meu Samba* valorizaram repertório que apresentou outra parceria de Mar'tnália com Mombaça – "Chega", samba sedutor que se tornaria hit sempre presente nos shows da cantora – e que reabriu sem saudosismo a cortina do passado através de azeitadas abordagens de "Filosofia" (Noel Rosa e André Filho, 1933), "Meiga presença" (Paulo Valdez e Otávio de Moraes, 1966) e "Mulata do sapateado"(1960), rara parceria de Ary Barroso (1903 – 1964) com Vinicius de Moraes (1913 – 1980), poeta fundamental da canção popular brasileira cujo repertório seria abordado pela cantora, 17 anos depois, no *songbook Mart'nália Canta Vinicius de Moraes* (2019), álbum menos imponente na discografia da sambista pop.

O disco *Pé do Meu Samba* firmou o nome de Mart'nália na música brasileira quando a artista já tinha 37 anos, mas conservava o ar jovial que mantém em 2022, ano do 57º aniversário. A partir do álbum de 2002, a agenda de shows da cantora ficou cheia e estelar. Tanto que o disco seguinte da artista, *Mart'nália ao Vivo*, foi lançado em 2004 com a gravação de show apresentado na casa carioca Olimpo, em 2003, com as participações de Caetano Veloso, Celso Fonseca, Djavan, Martinho da Vila, Paulinho Moska e Zélia Duncan, de quem Mart'nália virara parceira a partir da criação da música "Benditas". O show eternizado em DVD teve direção e roteiro de Marcia Alvarez, empresária da cantora.

Se Mart'nália pôs efetivamente os pés no mercado da música a partir do aval de Caetano Veloso, o quarto álbum de estúdio, *Menino do Rio*, teve as bênçãos de Maria Bethânia. A cantora baiana trouxe Mart'nália para a Quitanda, selo que abriu em associação com a gravadora Biscoito Fino, companhia fonográfica carioca que, desde então, passou a pôr no mercado os discos de Mart'nália.

Gravado em 2005 sob direção artística de Maria Bethânia, com arranjos e produção musical de Jaime Alem, o álbum *Menino do Rio* foi lançado em fevereiro de 2006 e mostrou Mart'nália com um pé no samba do Rio de Janeiro e outro na roda da Bahia. Mart'nália pisou no terreiro de Bethânia sem deixar de marcar o território carioca, explicitado no título maroto do disco, batizado com o nome da canção lançada por Caetano Veloso em 1979 e popularizada na voz de Baby do Brasil em 1980.

"O samba corre em minhas veias / O samba é a minha escola", avisou Mart'nália logo na abertura do álbum, ao dar voz aos versos de "Pra Mart'nália", samba que Jorge Agrião e Fred Camacho compuseram para a artista. Em paz e feliz com a sexualidade, a artista subverteu o sentido original de "Casa um da vila" (1973), samba do carioca Monsueto (1924 – 1973) com Flora Mattos, ao cantar versos como "Eu sinto sede, eu sinto fome / Mas mulher de amigo meu pra mim é homem". Já "Casa da minha comadre" (Roque Ferreira e Jorge Agrião) abrigou *baianidade* também posta na roda com o mergulho em "Nas águas de Amaralina" (Martinho da Vila e Nelson Rufino, 1997). Ambientado na noite carioca, o samba "Cabide" – presente generoso de Ana Carolina – pendurou o nome e o disco de Mart'nália entre os mais ouvidos no Brasil naquele ano de 2006.

No embalo do sucesso, Mart'nália foi para Berlim fazer show apresentado em 16 de junho na Casa das Culturas do Mundo, dentro da programação da Copa da Cultura, evento associado ao campeonato mundial de futebol disputado na Alemanha naquele ano de 2006. A gravação do show gerou o CD e DVD *Mart'nália em Berlim Ao Vivo*, lançado em dezembro de 2006. Ao registro do show, foram agregados encontros de Mart'nália em estúdio com dois craques da música, Chico Buarque e Luiz Melodia (1951 – 2017).

Se *Menino do Rio* foi álbum solar, o quinto álbum de estúdio de Mart'nália, *Madrugada* (2008), foi disco de atmosfera noturna, boêmia. A cara de Mart'nália. Sob direção artística de Marcia Alvarez, Arthur Maia e Celso Fonseca dividiram a produção musical de álbum livre, leve e solto. Um disco feliz. Os então inéditos sambas "Ela é a minha cara"(Celso Fonseca e Ronaldo Bastos), "Tava por aí" – mais uma azeitada colaboração de Mar'tnália com o fiel parceiro Mombaça, presente na discografia da cantora desde o álbum *Minha Cara* (1995) – e "Deu ruim" (Arthur Maia, Ronaldo Bastos e Mart'nália) deram o tom do disco que traduziu com perfeição o espírito de Mart'nália na música e na vida.

Seguiu-se então mais um registro de show editado em CD e DVD, *Mart'nália em África Ao Vivo* (2010), até que em 2012, dez anos após a projeção obtida com o álbum *Pé do Meu Samba*, a cantora virou o disco sob a batuta de Djavan. Muitos seguidores e o próprio mercado ficaram sem entender *Não Tente Compreender*, sexto disco de estúdio da artista. "Mudei de poesia e fui pro pop, sem cuíca, pandeiro e tamborim", sintetizou Mart'nália em frase exposta no encarte do álbum lançado em abril de 2012. A música-título era canção pop tribalista composta por Dadi Carvalho com Marisa Monte e lançada pelo autor em disco solo de 2008. Entrando no sofisticado universo de Djavan, diretor musical deste álbum de tons mais introspectivos, Mart'nália tirou o pé do samba de formato mais tradicional, mas, entre baladas, continuou a seguir a cadência do gênero ao dar voz a músicas inéditas de Caetano Veloso e Gilberto Gil ("Demorou" e "Eu te ofereço", respectivamente) sem a habitual extroversão. E sem o baticum do gênero.

Para os contratantes de shows compreenderem que Mart'nália continuava na roda-viva do *showbiz* como sambista, o movimento seguinte da artista foi lançar no fim de 2014 álbum ao vivo, em CD e DVD, com o registro de show dirigido por Martinho da Vila, captado em maio daquele ano no Rio de Janeiro e intitulado *Mart'nália em Samba!*, produto mais afinado com as tendências de mercado voltado para regravações de sucessos. Nascida em casa de bamba, a cantora se abrigou no conforto de sambas de Noel Rosa (1910 – 1937), Dona Ivone Lara (1922 – 2018) e o próprio Martinho da Vila, entre revisitações do próprio repertório.

Feito o reposicionamento mercadológico da artista, Mart'nália lançou em janeiro de 2017 o sétimo álbum de estúdio, + *Misturado*, o 11º título de discografia iniciada há então 30 anos. Fiel ao título do disco, a artista arregimentou seis produtores musicais – Arthur Maia, Claudio Jorge, Dadi, Humberto Mirabelli, Ivan Machado e Zé Ricardo – aos quais confiou as 14 faixas de disco pautado pela leveza pop, como sinalizara em dezembro de 2016 o single que anunciou o álbum com a regravação de "Tempo de estio" (1977), música de Caetano Veloso que sobressaiu em repertório que alternou oito músicas inéditas e abordagens de seis canções já gravadas, sem sair do universo musical de Mar'tnália.

Sem soar especialmente marcante na trajetória de Mart'nália, o álbum + *Misturado* foi seguido, dois anos depois, por songbook com músicas do compositor carioca Vinicius de Moraes. Derivado de show apresentado pela artista em 2013 em apresentação no festival *Back2Black*, mas sendo disco gravado em estúdio, o álbum *Mart'nália Canta Vinicius de Moraes* (2019) soou mais interessante quando, se desviando do tom mais íntimo do samba-canção, tônica das abordagens de vários sucessos do poeta, reverberou a extroversão coloquial da cantora nos sambas "A tonga da mironga do kabuletê" (Toquinho e Vinicius de Moraes, 1970) e "Maria vai com as outras" (Toquinho e Vinicius de Moraes, 1971).

Mart'nália nunca vai com as outras. Em março de 2021, ao apresentar o álbum *Sou Assim Até Mudar*, a cantora fez saltar com maior nitidez a veia *black* que sempre pulsou – sobretudo nas gravações produzidas pelo baixista Arthur Maia – na discografia da artista, frequentadora dos bailes cariocas em que a trilha sonora era a música negra norte-americana. Gravado com produção musical de Zé Ricardo, *Sou Assim Até Mudar* é disco situado entre cadências de samba e R&B, mas com a leveza pop de Mart'nália, "a preta andarilha", orgulho da família do patriarca Martinho José Ferreira, em cuja casa todo mundo é bamba. Sobretudo o pai e a filha mais famosa.

Nana Caymmi

A melhor resposta ao tempo

Quando festejou 80 anos de vida em 29 de abril de 2021, Nana Caymmi planejava entrar em estúdio, assim que a pandemia de covid-19 desse trégua, para gravar disco com as músicas compostas pelo irmão, Dori Caymmi, com letras de Nelson Motta. A concretização desse álbum representaria volta ao começo na trajetória musical de Dinahir Tostes Caymmi, cantora carioca que veio ao mundo em 1941 e que o tempo se encarregaria de mostrar que está entre as grandes do Brasil.

É que, embora Nana tenha debutado na música no colo de um certo Dorival Caymmi (1914 – 2008), ao gravar "Acalanto" (1957) em dueto com o pai para disco de 78 rotações editado em 1960, a cantora começou de fato a ser notada pelo Brasil ao defender parceria de Dori Caymmi e Nelson Motta na primeira edição do *Festival Internacional da Canção* (FIC), em 1966. Foi sob vaias que Nana cantou "Saveiros", música vencedora da competição. Ali já ficou claro que ninguém ficaria indiferente ao canto altamente emotivo de Nana Caymmi.

A própria evolução da carreira de Nana foi a melhor resposta da cantora ao tempo. Em 2022, enquanto planeja o *songbook* com as canções de Dori Caymmi e Nelson Motta, com direito a uma letra inédita escrita por Motta para o tema originalmente instrumental intitulado "Andréa" e renomeado "Valsa de verão", Nana já está imortalizada como cantora de dimensão atemporal.

Basta ouvir o álbum *Nana Tom Vinicius – Songbook* editado em julho de 2020 com músicas de Antonio Carlos Jobim (1927 – 1994) e Vinicius de Moraes (1913 – 1980) – para que a grandeza do canto da intérprete salte aos ouvidos, afinada com o tempo eterno das canções do amor demais de Tom & Vinicius neste disco de moldura orquestral arranjado por Dori Caymmi nesse mesmo tempo imortal. O tempo igualmente perene de discos gravados pela cantora com pianistas do porte de César Camargo Mariano (*Voz e Suor*, álbum de 1983) e Wagner Tiso (*Só Louco*, disco gravado ao vivo em 1989, com banda, mas com ênfase na interação de Nana com Tiso).

Nana Caymmi nunca foi cantora de modismos e o sucesso obtido quase sempre foi mais artístico do que comercial. Sem nunca ter se dissociado do cancioneiro do pai Dorival, mas ao mesmo tempo sempre imprimindo assinatura própria nos discos, Nana jamais colecionou hits nas paradas, ainda que a gravação do bolero "Se queres saber" (Peter Pan, 1947), feita em 1977, tenha reverberado cinco anos depois ao ser veiculada na abertura da minissérie *Quem Ama Não Mata*, exibida pela TV Globo em 1982. "Se queres saber" fez algum barulho, mas apenas um *barulhinho bom* se comparado ao estrondo causado pela inclusão da gravação de outro bolero, "Resposta ao tempo" (Cristovão Bastos e Aldir Blanc, 1998), na abertura de outra série da TV Globo, *Hilda Furacão* (1998). Naquele momento, sim, por breve tempo, Nana Caymmi foi *superstar* sem que houvesse se desviado do trilho que vem seguindo com extrema coerência na história da música brasileira.

Por mais que tenha gravado eventualmente um compositor ligado ao soul brasileiro, como Cassiano (1943 – 2021), de quem iluminou a canção "A lua e eu" (1975) no álbum *Nana* (1988) em gravação feita com o filho João Gilberto Caymmi, Nana Caymmi é a cantora da música brasileira mais tradicional. A cantora que dá voz a sucessos da era pré-Bossa Nova com o mesmo fio de alta tensão emocional com que encampa as obras dos compositores da chamada MPB que se projetaram na era dos festivais. Gente da dimensão de Chico Buarque, Milton Nascimento, Ivan Lins, Gonzaguinha (1945 – 1991) e o próprio irmão Dori Caymmi.

Antes do disco com as canções de Tom & Vinicius, a artista lançara outro *songbook*, *Nana Caymmi Canta Tito Madi*, disco de título autoexplicativo, editado em março de 2019 com abordagens delicadas de onze músicas de Chauki Maddi (1929 – 2018), o Tito Madi, compositor, cantor e pianista paulista que construiu obra de assinatura sofisticada no universo dolente do samba-canção. Foi curioso ouvir Nana experimentar um canto com bossa na interpretação de "Balanço zona sul" (1963), *standard* do cancioneiro de Madi – logo ela, a cantora que sempre simbolizou a antítese da leveza da bossa nova pelo peso das interpretações. A gravação de "Gauchinha bem querer" (1957) gerou igual curiosidade pelo sutil sotaque sulista impresso por Nana na abordagem desse lado B da obra de Madi, compositor da valsa "Chove lá fora" (1957) e do samba-canção "Cansei de ilusões" (1956), músicas revividas por Nana com a devida suavidade.

Tito Madi foi uma das primeiras paixões musicais de Nana Caymmi, também amante dos boleros ouvidos sobretudo no período – de 1961 a 1964 – em que morou na Venezuela por ter se casado com o médico Gilberto José Aponte Paoli. Não por acaso, Nana escalou o produtor musical José Milton para *pilotar* a gravação do *songbook* de Tito Madi, álbum que marcou a retomada da discografia solo da cantora após dez anos.

Nome recorrente na discografia de Nana Caymmi a partir de 1993, ano em que a cantora lançou o álbum *Bolero* com repertório dedicado a esse gênero musical, José Milton pautou pela cadência do bolero a maioria dos discos de Nana na década de 1990 e nos anos 2000. Com quatro músicas em português, em repertório dominado por *standards* cubanos do gênero como "Tu me acostumbraste" (Frank Domínguez, 1955) e "Contigo em la distancia" (César Portillo de La Luz, 1947), o álbum *Bolero* cumpriu a missão de restabelecer Nana no mercado fonográfico brasileiro.

Afinal, a cantora havia entrado na década de 1990 sem abrigo na indústria fonográfica, após o encerramento do vínculo contratual com a gravadora EMI-Odeon, companhia na qual Nana tinha feito, de 1979 a 1989, álbuns como *Nana Caymmi* (1979), *Mudança dos Ventos* (1980), *...E a Gente Nem Deu Nome* (1981) e *Chora Brasileira* (1985) em década que representou, na avaliação de muitos ouvintes fiéis da artista, a fase mais expressiva e ousada da discografia da artista. Foi o período em que Nana lapidou com o canto, então já em processo de maturação, joias (algumas raras) de compositores como Claudio Cartier (1950 – 2020), Claudio Nucci, Danilo Caymmi (o irmão mais novo), Fátima Guedes, Gonzaguinha (1945 – 1991), João Bosco, João Donato, Milton Nascimento, Novelli e Sueli Costa.

Finda essa fase e o contrato com a EMI-Odeon, Nana teve que aceitar voltar ao disco sem a autonomia que sempre tivera na escolha de repertório e arranjos. Esse retorno aconteceu em 1992. Em condições desfavoráveis, a cantora teve que se submeter aos padrões da série *Academia Brasileira de Música* – coleção de álbuns temáticos editados pela Sony Music para explorar a ascensão do CD no mercado fonográfico do Brasil – e deu voz a *medleys* com sucessos que compunham o repertório do oitavo volume da série, *Brasil MPB*.

A reabilitação comercial da cantora com o álbum *Bolero* – disco que marcou a volta de Nana para a EMI, gravadora na qual a cantora permaneceria ao longo dos anos 1990 – abriu caminho para a edição, em 1994, do *songbook A Noite do Meu Bem – As Canções de Dolores Duran*, álbum em que Nana abordou o cancioneiro autoral da carioca Dolores Duran (1930 – 1959), artista que atuara de forma pioneira ao longo dos anos 1950, desbravando território machista para se impor como compositora. Pelo tom naturalmente emotivo do canto, Nana se afinou com a melancolia de músicas como "Castigo" (1958), "Fim de caso" (1959), "Solidão" (1958), "Por causa de você" (1957) – parceria de Dolores com Antonio Carlos Jobim – e "Ternura antiga" (Dolores Duran e Ribamar, 1960).

Com o sucesso do *songbook* de Dolores, a EMI deu *sinal verde* para Nana gravar álbum de músicas inéditas, *Alma Serena*, feito com produção musical de José Milton e lançado em 1996, oito anos após o último disco da cantora com repertório novo, *Nana*, o já mencionado disco de 1998 que tinha sido inspirado pela lua.

Sem se abalar com as pressões mercadológicas para manter o sucesso comercial, Nana apresentou em *Alma Serena* boa coleção de canções de compositores já recorrentes na discografia da artista, casos de Claudio Nucci, Chico Buarque, Milton Nascimento e Sueli Costa, entre outros. A novidade foi o elo da cantora com a dupla formada por Celso Fonseca com Ronaldo Bastos, parceiros em "A noite é meu ópio" e "Flor lunar".

O álbum *Alma Serena* gerou show gravado na cidade natal da cantora e perpetuado no disco ao vivo *No Coração do Rio*, lançado em 1997. A esse registro de show, seguiu-se *Resposta ao Tempo*, álbum de 1998, impulsionado pelo estouro do bolero que lhe deu nome e valorizado por duetos de Nana com Chico Buarque (na modinha "Até pensei", apresentada pelo compositor em 1968), Emílio Santiago (1946 – 2013)

– em "Doralinda" (1996), parceria de João Donato com Cazuza (1958 – 1990) – e Erasmo Carlos, com quem Nana reviveu a canção "Não se esqueça de mim" (1977), sucesso da obra do *Tremendão* com Roberto Carlos.

Sangre de Mi Alma, o álbum seguinte, jorrou em 2000 com outra seleção de boleros, interpretados com maior sofisticação e densidade no confronto inevitável com o disco de 1993. Na sequência, contratada pela gravadora Universal Music, Nana lançou em 2001 *Desejo*, disco pautado por repertório de tonalidade sensual, formado por músicas de Dori Caymmi, Dudu Falcão, Fátima Guedes, Ivan Lins e Sueli Costa, ou seja, pela turma de Nana. As novidades foram as presenças da sobrinha debutante Alice Caymmi na música "Seus olhos" (Juliana Caymmi) e de Zeca Pagodinho, com quem Nana cantou "Vou ver Juliana" (1972), samba de Dorival Caymmi. Alice se desgarraria musicalmente da família em álbuns como *Rainha dos Raios* (2014) e *Electra* (2019) em movimento que a afastou de Nana.

E por falar no clã, Nana Caymmi dedicou boa parte dos anos 2000 a projetos fonográficos com a obra do pai Dorival. Em 2002, a cantora lançou *O Mar e o Tempo*, primeiro título de trilogia idealizada para celebrar o cancioneiro de Caymmi. *O Mar e o Tempo* deveria ter sido disco banhado somente com as canções praieiras do compositor. Contudo, por interferência da gravadora Universal Music, o produtor José Milton foi obrigado a incluir sambas-canção no repertório, o que gerou inevitável redundância quando Nana lançou em 2007 o terceiro título da trilogia, *Quem Inventou o Amor*, dedicado ao gênero musical abordado nos anos 1940 e 1950 por Dorival sem o habitual melodrama.

Entre um disco e outro de samba-canção, Nana caiu no samba de Dorival com os irmãos Danilo e Dori para festejar o 90º aniversário de nascimento do patriarca. O álbum *Para Caymmi – 90 anos – De Nana, Dori e Danilo* foi lançado em 2004 e gerou show gravado ao vivo em registro editado, ainda em 2004, nos formatos de CD e DVD (o primeiro e único de Nana, que nunca fez registro audiovisual de show solo). *Para Caymmi – 90 anos – De Nana, Dori e Danilo Ao Vivo* soou redundante pela inevitável similaridade do repertório com o disco de estúdio. Os irmãos voltariam aos estúdios para gravar juntos o álbum *Caymmi*, que se antecipou, em julho de 2013, aos tributos prestados em 2014 ao centenário de nascimento de Dorival.

Em 2005, a Família Caymmi se reuniu com a Família Jobim para celebrar o cancioneiro de Antonio Carlos Jobim (1927 – 1994). O reencontro está perpetuado em *Falando de Amor*, álbum que remeteu à reunião dos dois clãs no histórico LP *Caymmi Visita Tom e Leva Seus Filhos Nana, Dori e Danilo*, de 1964.

Fora do círculo familiar, mas nem tanto, Nana voltou ao mercado fonográfico em abril de 2009 com *Sem Poupar Coração*, álbum solo vestido de bolero pelo produtor musical José Milton. "Caju em flor" (João Donato e Cristóvão Bastos) e a música-título "Sem poupar coração" (Dori Caymmi e Paulo César Pinheiro) se impuseram na romântica safra de músicas inéditas entre as sublimes abordagens da modinha "Senhorinha" (Guinga e Paulo César Pinheiro,1986) e de "Violão" (Sueli Costa e Paulo César Pinheiro), faixa de tom seresteiro.

Cantora de voz, suor e emoção à flor da pele, Nana Caymmi tem dado bela resposta ao tempo. A cantora do primeiro álbum, *Nana* (1965), ainda não tinha a grandeza que foi se impondo a partir dos anos 1970, década dos álbuns *Nana Caymmi* – editado em 1973 pela gravadora argentina Trova – *Nana Caymmi* (1975) e *Renascer* (1976). Se na vida Dinahir Tostes Caymmi ainda parece ser no fundo uma eterna criança de mais de 80 anos, por conta de declarações espontâneas, na música Nana é senhora cantora. Das maiores do Brasil e do mundo. A melhor resposta ao tempo.

Rita Lee

Rock cor-de-rosa choque

Maga da farra tupiniquim desde 1966, porta-bandeira do rock *made in* Brasil com temperos nacionais e primeira-dama do pop carnavalesco com que se tornou mania no país a partir de 1979, Rita Lee Jones se confirmou no fundo sempre mutante quando, em 27 de setembro de 2021, lançou com Roberto de Carvalho – parceiro de música, cama e banho de espuma – a inédita música "Change" em single produzido pelo DJ paulistano Gui Boratto. Composição de Rita & Roberto, casal-grife do pop brasileiro que abriu parceria em 1978 para nunca mais fechar a sociedade familiar e musical, "Change" é música bilíngue, com versos em francês e inglês, que Borato – um dos artesãos da *house* e do *techno* brasileiros – jogou na pista pop dance da música eletrônica.

Propagado na trilha sonora da novela *Um Lugar ao Sol* (TV Globo, 2021/2022), como tema da personagem Rebecca (Andréa Beltrão), o single "Change" marcou a retomada de Rita Lee ao disco, aos 73 anos, após nove anos de ausência voluntária. Gravado com produção musical dividida por Roberto de Carvalho com Apollo Nove, o último álbum da artista, *Reza*, tinha sido lançado em abril de 2012, mas nem os seguidores fiéis de Rita puseram fé nesse disco, em que pese o relativo sucesso da música-título, apresentada em single editado dois meses antes do álbum e propagada na trilha sonora da novela *blockbuster Avenida Brasil* (TV Globo, 2012).

Também antes do lançamento do álbum e do single *Reza*, Rita anunciara em 21 de janeiro de 2012, em show na cidade do Rio de Janeiro (RJ), que se afastaria dos palcos pela fragilidade física, mas que continuaria fazendo música. Não foi mera retórica para gerar manchetes e atenções. De fato, após show feito em festival de Aracaju (SE) na madrugada de 29 de janeiro, Rita se recolheu em sítio no interior de São Paulo, refúgio aonde vem se recuperando de câncer no pulmão diagnosticado em maio de 2021. De lá, Rita mandou para os Titãs um rock anarquista, "Caos", composto com Roberto e com o filho Beto Lee para o álbum comemorativo dos 40 anos de carreira da banda paulistana. "Caos" foi lançado em single em 14 julho de 2022.

Antes de se aposentar, Rita Lee saiu de cena fazendo o habitual barulho. Ao fim do último show na capital de Sergipe, a cantora foi presa por suposto desacato aos policiais que cuidavam da segurança do evento. Foi uma saída de cena afinada com o espírito dessa roqueira rebelde pela própria mamãe-natureza. Uma artista de trajetória ímpar na música brasileira. Uma roqueira espirituosa, dona de verve que pautou a escrita sedutora de *Rita Lee – Uma Autobiografia* (2016), livro *best-seller* em que a dona da história conta com leveza os episódios mais marcantes da infância e da adolescência vividas na cidade natal de São Paulo (SP) com a mãe, as três irmãs e a madrinha em clã feminino, mas dominado por pai autoritário.

Nascida em 31 de dezembro de 1947, Rita domou o machismo patriarcal e, já dando sinais do tom feminino que pautaria a obra da artista, se iniciou na música como integrante do trio Teenage Singers. Foi como voz desse trio que Rita Lee entrou pela primeira vez em um estúdio de gravação, em 1964, para fazer vocais em álbum do cantor paulistano José Glagliard Filho (1942 – 2020), conhecido pelo nome artístico de Prini Lorez.

O primeiro disco com a foto de Rita na capa viria em 1966, assinado pelo sexteto paulistano O'Seis. O single duplo com as músicas "Apocalipse" (balada composta por Rita com o guitarrista Raphael Vilardi) e "Suicida" (rock de Raphael Vilardi e Roberto Loyola) foi o primeiro e único disco do O'Seis, grupo nascido da fusão das bandas Teenage Singers – trio do qual Rita Lee era vocalista – e The Wooden Faces, grupo do qual Arnaldo Baptista era baixista. Foi nO'Seis que o caminho profissional de Rita se cruzou com os dos irmãos paulistanos Arnaldo Baptista e Sérgio Dias Baptista, guitarrista do grupo. Desfeito o grupo O'Seis em 1967, o trio continuaria unido e formaria na sequência imediata o grupo Os Mutantes. Foi quando Rita Lee começou a fazer história e a mudar o curso da história do rock brasileiro, inicialmente no embalo da revolução e da efervescência do movimento pop rotulado como Tropicália.

A rigor, a saga de Rita Lee na música pop brasileira pode ser dividida em três partes. A primeira compreende justamente o início como vocalista, instrumentista e compositora da banda Os Mutantes no período que foi de 1967 a 1972. Nesse breve período de cinco anos, o trio deixou a marca da zorra tropicalista em discos de aura psicodélica e roqueira. Oficialmente, entre aparições em festivais e colaboração em 1968 no disco-manifesto da Tropicália, o grupo lançou cinco álbuns com Rita até a controversa saída da cantora no fim de 1972 – *Os Mutantes* (1968), *Mutantes* (1969), *A Divina Comédia ou Ando Meio Desligado* (1970), *Jardim Elétrico* (1971) e *Mutantes e Seus Cometas no País do Baurets* (1972) – que deram uma cara e uma identidade ao rock brasileiro, até então uma cópia muitas vezes mal feita do rock exportado pelos Estados Unidos e pela Inglaterra para todo o universo pop.

Contudo, esse legado pode totalizar seis álbuns, se posto na conta *Tecnicolor*, disco de repertório poliglota gravado em Paris em 1970 com faixas em quatro idiomas (inglês, português, espanhol e francês), dado como perdido – até a matriz ser descoberta em 1996 nos arquivos da gravadora Polygram – e enfim lançado em abril de 2000. Ou mesmo sete álbuns, se levado em conta que o disco *Hoje é o Primeiro Dia do Resto de Sua Vida*, lançado em 1972 como segundo álbum solo de Rita – cuja discografia individual havia sido iniciada timidamente há dois anos com a edição do álbum *Build Up* (1970) – é, a rigor, um álbum dos Mutantes, gravado pelo grupo, mas creditado somente a Rita por decisão de André Midani (1932 – 2019), executivo que presidia a gravadora Philips na época e via um futuro para Rita como artista solo.

A ruptura com Os Mutantes é ferida ainda aberta na alma de Rita Lee, que alega ter sido expulsa do grupo, ainda que haja testemunhas que sustentam outra versão, a de que a própria cantora, no calor de discussão com o então namorado Arnaldo Baptista, decidira abruptamente se desligar do trio. Independentemente de qual versão seja a real, e talvez todas as duas tenham fundo de verdade, o fato é que a saída dos Mutantes fez muito bem a Rita Lee. Se a discografia do grupo com Rita permanece sendo objeto de culto em nichos do Brasil e do exterior, a verdade é que a cantora se tornou amada pelo povo brasileiro pelo que produziu após a saída dos Mutantes, com o grupo Tutti Frutti e sobretudo a partir da parceria fundamental com Roberto de Carvalho a partir de 1978.

Antes de se afinar com o Tutti Frutti, fazendo quatro álbuns com o grupo entre 1974 e 1978 no que pode ser considerado o primeiro movimento relevante da artista pós-Mutantes, Rita Lee formou em 1973 com a guitarrista Lúcia Turnbull a dupla Cilibrinas do Éden, enveredando por trilho psicodélico que misturava rock e folk. A dupla se apresentou somente uma vez em público, em 10 de maio de 1973, como atração (vaiada) do *Phono 73*, evento corporativo da gravadora Philips que adquiriu dimensão histórica pela reunião do elenco estelar da companhia. Em dezembro de 1973, a dupla chegou a gravar em estúdio de São Paulo (SP) um primeiro e único álbum, *Cilibrinas do Éden*, mas o disco foi arquivado por André Midani e permaneceu oculto até ser lançado no exterior em 2008, de forma extraoficial, em *bootleg* que apresentou as gravações de músicas como "Badtrip" e "Mamãe natureza", registradas no disco com os toques dos músicos que formariam com Rita o grupo Tutti Frutti, surgido naquele ano de 1973 sob a liderança do guitarrista Luiz Carlini.

Destaque do repertório das Cilibrinas do Éden, a música "Mamãe natureza" foi reaproveitada no primeiro álbum assinado por Rita com o Tutti Frutti, grupo cuja formação também destacava o baixista Lee Marcucci. O álbum *Atrás do Porto Tem Uma Cidade* saiu em 1974 sem provocar o impacto que ficaria para o segundo disco de Rita com a banda, *Fruto Proibido*, gravado em abril de 1975 e editado naquele mesmo ano com um repertório que forneceria munição para abastecer boa parte dos *greatest hits* da cantora.

Álbum que marcou a entrada de Rita Lee na gravadora Som Livre, numa primeira passagem vitoriosa que se estenderia até 1985, *Fruto Proibido* é o disco de "Ovelha negra" (Rita Lee), "Agora só falta você" (Rita Lee e Luiz Carlini), "Cartão postal" (Rita Lee e Paulo Coelho), "Esse tal de roque enrow" (Rita Lee e Paulo Coelho), "Luz Del Fuego" (Rita Lee) e "Pirataria" (Rita Lee e Paulo Coelho). É um disco de rock, de rock à moda clássica, com *riffs* e solos de guitarras proeminentes. O solo de Carlini em "Ovelha negra" – canção que simboliza um hino geracional por expor tomada de posição de juventude que renegava os valores paternos – se tornaria antológico, reverberando como parte indissociável da música. Esse embate geracional também aparece, com humor, em "Esse tal de roque enrow", e fazia sentido em época em que roqueiro tinha cara de bandido, como a própria Rita observaria em verso de música de 1980.

Fruto Proibido marcou a entrada do baterista Franklin Paolillo no grupo Tutti Frutti e projetou definitivamente o nome de Rita Lee, desde então entronizada como a rainha do rock brasileiro. Os dois álbuns seguintes da cantora com o grupo – *Entradas e Bandeiras* (1976), disco que legou a canção "Coisas da vida" (Rita Lee) e o rock "Com a boca no mundo" (Rita Lee, Lee Marcucci e Luiz Carlini), e *Babilônia* (1978) – não bisaram a coesão da obra-prima de 1975, mas contribuíram para que, aos ouvidos de roqueiros mais ortodoxos, essa fase da discografia de Rita seja considerada o suprassumo da obra da artista pós-Mutantes.

Para quem cultua a perfeição pop, a quintessência do cancioneiro de Rita Lee reside na discografia feita com Roberto de Carvalho, guitarrista apresentado a Rita por Ney Matogrosso em 1976. A primeira parceria do casal, "Disco voador"(1978), figura no repertório do derradeiro álbum de Rita com o Tutti Frutti, o já mencionado *Babilônia*, mas foi eclipsado pela inspiração de "Miss Brasil 2000", "Jardins da Babilônia" e "Agora é moda", três músicas compostas por Rita com Lee Marcucci para o álbum.

Nada faria supor a explosão do casal pop a partir de 1979, ano de *Rita Lee*, álbum do *megahit* "Mania de você"– canção de Rita com Roberto em que a artista marcou época por se posicionar como mulher que gosta de sentir prazer e dar prazer ao homem, assunto ainda inexplorado até no cancioneiro feminino – de "Doce vampiro" (somente de Rita) e do rock-disco "Chega mais" (de Rita e Roberto).

Com Roberto de Carvalho, Rita Lee deixou aflorar a veia pop e se tornou mania nacional. O rock de Rita ganhou ares de Carnaval em sintonia com a folia permanente do paraíso tropical nacional. Rita passou a fazer pop sem medo de ser feliz.

O álbum seguinte de 1980, também intitulado *Rita Lee*, fez o que parecia impossível ao amplificar o sucesso da cantora com sequência retumbante de oito músicas – "Lança perfume", "Bem-me-quer", "Baila comigo", "Shangrilá", "Caso sério", "Nem luxo nem lixo", "João Ninguém" e "Ôrra meu" – que, mais de 40 anos após o lançamento do disco, ainda figuram entre os grandes sucessos do repertório de Rita e Roberto. Com arranjo do mago dos sintetizadores e dos estúdios Lincoln Olivetti (1954 – 2015), "Lança perfume" apontou o som *tecnopop* que daria o tom da música brasileira na década de 1980.

Rita e Roberto errariam a mão no uso do *tecnopop*, pecando pelo excesso no álbum *Bombom* (1983), LP salvo do ostracismo pelo hit "Desculpe o auê". Antes do desgaste da fórmula e da consequente virada de disco com o álbum *dark*e deprê de 1985, *Rita e Roberto*, disco que cantou o amor nos tempos sombrios da Aids, o casal ainda saboreou os sucessos dos álbuns *Saúde* (1981) e *Rita Lee e Roberto de Carvalho* (1982), agregando músicas como "Saúde"(1981), "Banho de espuma" (1981), "Mutante" (1981), "Só de você" (1982) e "Flagra" (1982) à coleção de hits.

Os hits de Rita e Roberto foram repaginados em 1984 em disco de remixes que jogou a dupla na pista – antecipando movimento que um dos três filhos do casal, João Lee, faria décadas depois ao orquestrar a curadoria do projeto fonográfico *Rita Lee & Roberto Classix Remix*, lançado de abril a junho de 2021 em três discos que abrigaram 42 remixes produzidos por DJs de várias pistas e gerações.

Encerrado o vínculo com a Som Livre, Rita e Roberto migraram para a gravadora EMI, na qual debutaram em 1987 com *Flerte Fatal*, álbum alavancado pelo sucesso radiofônico das músicas "Pega rapaz" – sobra inédita da produção da dupla na fase áurea de 1979/1982 – e "Bwana". Em que pesem os hits, a magia pop do casal surtiu efeito bem menor. Havia uma crise de criatividade que se manifestou no álbum posterior *Zona Zen* (1988) e que se agravou bastante no disco seguinte de 1990, *Rita Lee e Roberto de Carvalho*, disco tão anêmico que provocou a ruptura da parceria profissional, retomada somente cinco anos mais tarde no álbum ao vivo *A Marca da Zorra* (1995), ao qual se seguiram dois discos de estúdio, *Santa Rita de Sampa* (1997) e *3001* (2000).

Na fase sem Roberto, Rita pegou um banquinho, um violão e caiu na estrada com o show *Bossa'n'roll*, perpetuado em disco gravado ao vivo e editado em 1991. O show arrastou multidões pelo Brasil, restabelecendo a popularidade da roqueira mais bossa nova do país, a artista que tinha tido o privilégio de contar com a presença de João Gilberto (1931 – 2019) no álbum de 1982.

Encerrada a turnê, a roqueira reiterou a verve em disco realmente solo, *Rita Lee*, editado em 1993 com músicas feitas solitariamente, caso do sucesso "Todas as mulheres do mundo", e com novos parceiros como Mathilda Kóvak, Itamar Assumpção (1949 – 2003) e Antonio Bivar (1939 – 2000), integrante da equipe de criação do programa, *TVleezão*, apresentado por Rita na MTV nos anos 1980.

Entre discos ao vivo, Rita Lee atravessou os anos 2000 com inspiração, sobretudo na primeira metade da década, período em que cantou sucessos dos Beatles, no original em inglês e em versões em português escritas pela própria Rita, no álbum *Aqui, Ali, Em Qualquer Lugar* (2001). Nessa fase, o álbum *Balacobaco* (2003) cativou seguidores da cantora pela inspiração do repertório composto em maioria com Roberto de Carvalho, com a adesão, no hit "Amor e sexo", do cineasta Arnaldo Jabor (1940 – 2022), de quem Rita editou e ajustou crônica transformada em letra com música de Roberto.

No fundo sempre Mutante, Rita Lee Jones encarnou a rebeldia desse tal de rock'n'roll com cor de rosa choque e se tornou a mais perfeita tradução pop roqueira tropicalista do paraíso brasileiro. Mesmo tendo saído de cena em janeiro de 2012, em aposentadoria que seria momentaneamente interrompida em 2020 para aparição em show do filho Beto Lee, em turnê ceifada pela pandemia, Rita Lee continua reinando e arrombando a festa dos caretas.

Roberta Sá

Graça e leveza na roda do samba

Entre 2021 e 2022, Roberta Sá girou pelo Brasil com show intitulado *SambaSá*. Trata-se de show em que a cantora pôs na roda sucessos da carreira e de vários bambas, celebrando a cadência bonita do gênero musical dominante em discografia que já totaliza 20 anos. A conta fecha em duas décadas se levadas em consideração as gravações de sambas como "Desacato" (Antonio Carlos & Jocafi, 1971), "Juventude transviada" (Luiz Melodia, 1975) e "Coração leviano" (Paulinho da Viola, 1977), feitas em 2002 pela então debutante artista como participante do programa *Fama Bis* – nome da segunda temporada do *talent show Fama,* exibido pela TV Globo de 2002 a 2005 – e editadas em discos coletivos com registros fonográficos do elenco da atração.

Ao longo desses 20 anos, a potiguar Roberta Varella de Sá cresceu de palco em palco, de disco em disco, em trajetória maturada sobretudo no Rio de Janeiro (RJ), cidade para onde migrou com a família, aos nove anos de idade, vinda de Natal (RN), capital do Rio Grande do Norte onde a artista nasceu em 19 de dezembro de 1980.

Do primeiro show, realizado ainda em 2002 em casa da zona sul carioca no embalo da participação da artista no *Fama*, ao *SambaSá*, que gerou EP de estúdio previsto para o fim de 2022 e álbum programado para ser gravado ao vivo em setembro em apresentação no Rio de Janeiro, Roberta se impôs como uma das mais importantes cantoras projetadas no século XXI – a ponto de, em abril de 2019, ter lançado o álbum *Giro* somente com músicas inéditas de Gilberto Gil – onze, no total, o que configurou proeza nunca feita por outra cantora e que se tornou ainda maior pelo fato de, no disco, Roberta ter promovido a retomada da parceria de Gil com Jorge Ben Jor, após 44 anos.

Incentivados por Roberta, Gil e Jorge criaram juntos "Ela diz que me ama", música com o suingue de Jorge. Feita com as participações dos autores, a gravação de "Ela diz que me ama" foi apresentada em março de 2019 em single que adiantou faixa de *Giro*, álbum que balançou entre sambas e xotes, formatados com produção musical de Bem Gil, filho do patriarca da MPB. O disco *Giro* expandiu a conexão de Roberta com Gilberto Gil, iniciada oito anos antes, quando os cantores gravaram em dueto "Minha princesa cordel", música então inédita do compositor, para a abertura da novela *Cordel Encantado*, estreada pela TV Globo em 2011.

E por falar em novela, a graça e a leveza do canto de Roberta Sá começaram a ser notadas em 2003, ano em que Roberta gravou o samba "A vizinha do lado" (Dorival Caymmi, 1946) para a trilha sonora da novela *Celebridade* (TV Globo, 2003/2004). A veiculação desse registro na trama de Gilberto Braga (1945 – 2021) deu o primeiro impulso em carreira que começou a decolar com o lançamento do álbum *Braseiro* em 2005 pelo selo MP,B Discos, do empresário João Mario Linhares.

Os contatos do empresário garantiram as participações do cantor Ney Matogrosso e do grupo MPB4 no disco gravado em 2004 com produção musical de Rodrigo Campello. Ney pôs voz em "Lavoura" (2004), samba-canção de Teresa Cristina e Pedro Amorim apresentado por Teresa naquele ano em disco com o Grupo Semente. O MPB4 avalizou o registro de "Cicatrizes" (Miltinho e Paulo César Pinheiro, 1972), samba que batizou álbum lançado pelo quarteto em 1972. Já Pedro Luís e a Parede esquentaram a chapa urbana em que se ambienta a música-título "No braseiro", inédita de Pedro para Roberta. Pedro Luís e a Parede também revestiram a sedutora gravação de "Ah, se eu vou"(Lula Queiroga, 2001), música que se destacou tanto no disco que volta e meia reaparece nos shows de Roberta.

Em que pesem as participações estelares de *Braseiro*, o cartão de visita do álbum foi a gravação de "Eu sambo mesmo" (Janet Almeida,

1946), samba – do mesmo ano de "A vizinha do lado"– que abriu o disco com registro gracioso que reiterou a habilidade de Roberta Sá para cantar samba com bossa, reabrindo a cortina do passado sem nostalgia.

Sambas & Bossas, aliás, foi o título do álbum gravado por Roberta Sá, com produção musical do mesmo Rodrigo Campello, enquanto o disco *Braseiro* era mixado. A rigor, *Sambas & Bossas* foi lançado antes de *Braseiro*, mas como brinde de fim de ano de empresa, sem distribuição comercial.

Disponível na internet de forma ilegal, como *bootleg*, *Sambas & Bossas* somente ganhou edição comercial em 2021 com capa inédita, sendo incorporado com estilo à discografia oficial de Roberta Sá. A edição digital chegou ao mercado em 4 de junho. Já a edição em LP chegou às mãos dos compradores entre novembro e dezembro de 2021. Entre gravações mais ou menos luminosas, *Sambas & Bossas* destacou os registros de "Falsa baiana" (Geraldo Pereira, 1944) e "Pressentimento" (Elton Medeiros e Hermínio Bello de Carvalho, 1968), além de "A novidade".

"A novidade" era o título original do samba de Rodrigo Maranhão que reapareceria com o nome definitivo, "Samba de um minuto", no segundo álbum oficial de Roberta Sá, *Que Belo Estranho Dia Para Se Ter Alegria*.

Lançado em agosto de 2007, *Que Belo Estranho Dia Para Se Ter Alegria* representou a confirmação da graça e do talento apontados por *Braseiro*. Novamente sob a batuta do produtor musical Rodrigo Campello, Roberta Sá fez álbum que, para muitos seguidores, se tornaria o melhor disco dos primeiros 20 anos de carreira fonográfica da artista. Um disco que delineou a identidade da artista e ampliou a parceria de Roberta Sá com Pedro Luís, coautor de quatro das treze músicas do repertório.

Havia o nome do compositor carioca nos créditos do "Samba de amor e ódio" (Pedro Luís e Carlos Rennó), de "Janeiros" (parceria com a própria Roberta Sá, na primeira aparição como compositora), de "Fogo e gasolina" (Pedro Luís e Carlos Rennó) – faixa inflamável, gravada pela cantora em dueto com Lenine – e de "Girando na renda" (Pedro Luís, Sérgio Paes e Flávio Guimarães), samba cantado por Roberta com o próprio Pedro Luís.

Entre duas pérolas raras pescadas no baú, "Alô fevereiro" – samba de Sidney Miller (1945 – 1980) apresentado por Doris Monteiro em 1972 – e "Interessa?" (Carvalhinho, 1951), sucesso de Linda Batista (1919 – 1988) na era do rádio, o álbum *Que Belo Estranho Dia Para Se Ter Alegria* também destacou "Mais alguém", samba suave, cheio de bossa, de autoria de Moreno Veloso e Quito Ribeiro.

Como o disco fez sucesso e gerou show que ampliou a visibilidade de Roberta Sá em âmbito nacional, o próximo passo da cantora foi fazer registro audiovisual do show, captado em 3 de abril de 2009 em apresentação da cantora no Rio de Janeiro (RJ), com adesões de Hamilton de Holanda e de Marcelo D2. A gravação gerou, em agosto daquele ano de 2009, o CD e DVD *Pra Se Ter Alegria – Ao Vivo no Rio*.

Encerrado o ciclo do álbum e show *Que Belo Estranho Dia Para Se Ter Alegria*, Roberta Sá corajosamente virou a página e foi para a Bahia mudar o disco. Em março de 2010, a cantora começou a gravar álbum com o Trio Madeira Brasil em torno do samba da Bahia. Não o samba buliçoso de Dorival Caymmi (1914 – 2018) a que já dera voz em 2003, mas o samba do compositor baiano Roque Ferreira, dono de obra situada em praia particular, mas vizinha do território de Caymmi.

Lançado em agosto de 2010, com arte luxuosa pautada pelas ilustrações de Filipe Jardim, o álbum *Quando o Canto é Reza – Canções de Roque Ferreira* flagrou Roberta Sá à vontade no universo afro-brasileiro de Roque Ferreira, compositor revelado em 1979, pela voz de Clara Nunes (1942 – 1983), mas somente notado a partir de 2004 com a edição do álbum autoral *Tem Samba no Mar*. Muitas cantoras mergulharam ali para pescar pérolas.

Sim, como o título do disco autoral do compositor já avisara, tinha sobretudo samba nas águas límpidas de Roque Ferreira. Mas também ciranda, chula, coco e ijexá em mar puxado por rede afro-brasileira, costurada pelas sofisticadas tramas das cordas de Marcello Gonçalves (violão de sete cordas), Ronaldo do Bandolim (bandolim) e Zé Paulo Becker (violão e viola caipira). Sem deixar de embasar o cancioneiro do compositor com as percussões de Paulino Dias e Zero Telles, Roberta Sá e o Trio Madeira Brasil ousaram ir além da roda do samba baiano. O toque de samba-choro que embalou "Orixá de frente", por exemplo, exemplificou a maestria do disco, já sinalizada três anos antes quando Roberta gravou "Afefé" com o Trio Madeira Brasil para o disco coletivo *Samba Novo* (2007).

O samba soou realmente novo, mas, talvez por estar distante da praia carioca, o álbum *Quando o Canto é Reza – Canções de Roque Ferreira* surtiu menor efeito entre o público de Roberta Sá, ainda que tenha se tornado cultuado por seguidores mais fiéis da cantora. Tanto que, em janeiro de 2012, a artista habitou outra pele ao lançar o álbum intitulado *Segunda Pele*.

Disco arejado pelos sopros orquestrados por Humberto Araújo, Mario Adnet e Rodrigo Campello (novamente escalado por Roberta para pilotar a produção musical), *Segunda Pele* transitou entre a folia dos frevos e o romantismo do pop, evidenciado por "Pavilhão de espelhos" (canção de Lula Queiroga apresentada previamente em novembro de 2011), afastando momentaneamente a cantora do samba. Não fosse por "O nego e eu", samba fornecido por João Cavalcanti, o gênero estaria fora da roda de *Segunda Pele*, disco valorizado pelos luminosos arranjos.

Decorridos três anos, Roberta Sá reapareceu em outubro de 2015 com *Delírio*, álbum de título renegado pelo tom mais brando de boa parte desse disco que marcou sobretudo a reaproximação da cantora do samba. Formatado com a elegante produção musical do recorrente Rodrigo Campello, o repertório de *Delírio* abarcou os sambas "Me erra" (Adriana Calcanhotto), "Se for para mentir" (Cezar Mendes e Arnaldo Antunes, 2011) – regravado por Roberta em dueto com Chico Buarque, aparente fonte de inspiração para os autores da composição – e "Amanhã é sábado", música inédita de Martinho da Vila, cantada por Roberta com o próprio Martinho. Sem falar na lembrança de samba de 1938, "Covardia" (Ataulfo Alves e Mário Lago), transformado em fado pela cantora, afinada com o toque da guitarra portuguesa de Bernardo Couto e com o sotaque do cantor lusitano António Zambujo, convidado da gravação.

Delírio rendeu show em que Roberta Sá ajustou a temperatura do repertório ao calor do público. Estreado em novembro de 2015 e captado em maio de 2016, sob requintada direção de Fernando Young, em apresentação da cantora no Circo Voador, o show gerou em dezembro de 2016 o segundo registro audiovisual de Roberta Sá, *Delírio no Circo*, editado em CD e DVD. A gravação ao vivo aprimorou o show e atestou o nítido progresso da cantora em cena – evolução reiterada pelo show *Giro*, estreado em maio de 2019 em Salvador (BA), terra natal de Gilberto Gil, com roteiro que expandiu o arco autoral do disco.

Enquanto arquitetava o próximo disco de estúdio, Roberta rodou o Brasil com *SambaSá*, com a leveza de sempre e também com a segurança inexistente há 20 anos quando, incentivada pela professora Vera do Canto e Mello, a cantora debutante se inscreveu no programa *Fama*.

Mais do que fama, Roberta Varella de Sá conseguiu lugar na história da música brasileira e do canto feminino nacional ao dar voz graciosa a sambas e bossas.

Sandra Sá

A primeira voz feminina do funk Black Rio

Quanto mais o tempo passa, maior fica o nome de Sandra Cristina Frederico de Sá na história da miscigenada Música Preta Brasileira. Com o benefício da perspectiva do tempo, fica evidente o pioneirismo dessa cantora negra carioca, nascida em 27 de agosto de 1955 e criada no subúrbio da cidade do Rio de Janeiro (RJ), berço do Black Rio, movimento tão ativista quanto musical que, ao importar para o Brasil o soul e o funk norte-americanos ao longo dos anos 1970, propagou também a postura *black power* de artistas como James Brown (1933 – 2006), disseminando orgulho negro em solo carioca.

Quando despontou em escala nacional no palco do festival *MPB-80*, defendendo música de autoria própria, "Demônio colorido", no evento transmitido pela TV Globo em 1980, Sandra Sá – então ainda sem o "de" que somente seria incorporado ao nome artístico em 1988 até ser tirado em 2021 – marcou época como a primeira voz feminina do funk e soul brasileiros. Sim, Sandra foi a primeira mulher a emergir no Brasil além do circuito carioca dos "bailes da pesada", assim chamados porque, em julho de 1970, dois visionários DJs – os discotecários Ademir Lemos (1946 – 1998) e Newton Alvarenga Duarte (1943 – 1977), o Big Boy – criaram evento intitulado *Baile da Pesada* e calcado no funk e no soul que reverberava dos Estados Unidos para o mundo.

Criada no bairro carioca de Pilares, Sandra Sá frequentou assiduamente esses bailes – o que lhe deu legitimidade para, no embalo da repercussão de "Demônio colorido" no festival de 1980, construir discografia voltada inicialmente para o funk e o soul brasileiros. Embora tenha aberto o leque rítmico ao longo da carreira, indo das baladas ao jazz, passando pelo samba, Sandra Sá permaneceu identificada com o som rotulado por ela mesma como Música Preta Brasileira.

Propagados no Brasil a partir de 1970 com a explosão de Tim Maia (1942 – 1998) e com a aparição de Tony Tornado em festival, esses gêneros musicais norte-americanos – abrasileirados sobretudo por Tim – pareciam ser de domínio masculino até a chegada de Sandra Sá, ainda que Elza Soares (1930 – 2022) tenha lançado em 1972 um álbum de batida soul, *Elza Pede Passagem*, com arranjos do pianista Dom Salvador, músico do desbravador grupo Abolição. Curiosamente, a vida deu tantas voltas que, no segundo semestre de 2019, Sandra Sá voltou à mídia por ter o nome incluído entre os compositores de *Elza Deusa Soares*, samba-enredo com o qual a escola Mocidade Independente de Padre Miguel celebrou no Carnaval de 2020 a vida e a obra de Elza.

Descontada a incursão de Elza Soares pelo soul, efêmera na década de 1970 porque já em 1973 a cantora seria redirecionada para o samba por executivos da indústria fonográfica, o funk e o soul eram produzidos e veiculados no Brasil por homens como Cassiano (1943 – 2021), Hyldon e o próprio Tim Maia. Tanto que a mentalidade machista do mercado da música logo caracterizou Sandra Sá como "Tim Maia de saias" para ajudar a vender a imagem e a música dessa cantora de voz grave, potente e calorosa.

A associação com Tim foi tão recorrente na carreira de Sandra que, em 1998, a cantora foi convidada a gravar um disco somente com músicas do repertório do cantor, então recém-falecido. No título desse álbum, *Eu Sempre Fui Sincero, Você Sabe Muito Bem*, Sandra deixou no ar que, ainda que a reverência a Tim Mais fosse verdadeira, o projeto fonográfico era ideia marqueteira da gravadora Warner Music.

Na obra fonográfica de Sandra Sá, a sinceridade já salta aos ouvidos nos três primeiros álbuns da artista. Editados pela gravadora RGE, os álbuns *Demônio Colorido* (1980), *Sandra Sá* (1982) e *Vale Tudo* (1983) refletiram a formação musical de Sandra nos bailes funks. Aberto com "Pé de meia", tema da lavra da artista, o primeiro álbum trouxe a assinatura de Sandra em metade das doze músicas, evidenciando a obra autoral dessa cantora que, antes mesmo da projeção nacional obtida no festival de

1980, já vinha pavimentando caminho como compositora com músicas criadas solitariamente ou em parcerias com colegas como Fafy Siqueira e Solange Boeke (1948 – 2018).

Com repertório que incluiu a balada soul "Ousadia", veiculada na trilha sonora da novela *Elas por Elas* (TV Globo), o álbum de 1982 fez história com a música mais emblemática da discografia de Sandra Sá, "Olhos coloridos", funk que se tornou um hino do movimento negro brasileiro e que atravessaria gerações como um manifesto. De autoria do compositor carioca Oswaldo Rui da Costa, o Macau, a música "Olhos coloridos" destila orgulho negro, antídoto contra o racismo estruturado na sociedade brasileira do qual Macau foi vítima. O funk foi composto em 1973 após o compositor ter sido abordado por policiais no bairro da Lagoa, reduto da elite carioca, e preso sem ter feito nada. "Olhos coloridos" é a resposta contundente de Macau – e, por extensão, de todo o movimento negro – ao preconceito sofrido na pele pelos negros.

Vale Tudo, o disco de 1983, manteve Sandra Sá nas paradas com a faixa-título, composta por Tim Maia, convidado da gravação desse funk que deu visibilidade a álbum no qual Sandra gravou Cassiano ("Candura", parceria do *soulman* paraibano com Denny King) e abriu parceria com Macau em "Trem da Central", composição também assinada por Durval Ferreira (1935 – 2007).

A parceria com Macau seria ampliada e, dez anos depois de "Trem da Central", renderia duas músicas, "Depende de você" e "Free lance", gravadas pela cantora no álbum *D'Sá* (1993), título de menor visibilidade em discografia que seria desviada para o trilho independente a partir de 2010, ano em que Sandra Sá renovou o repertório com o disco de músicas inéditas *AfricaNatividade – Cheiro de Brasil*. Dois novos títulos do cancioneiro da artista com Macau, "Cheiro de Brasil" e "Tem alguma coisa errada aí", entraram em repertório dominado por parcerias de Sandra com Zé Ricardo e marcado pelo encontro da cantora com Seu Jorge no sambalanço "Baile do asfalto" (Sandra de Sá e Mombaça).

Entre os álbuns *Vale Tudo* e *AfricaNatividade – Cheiro de Brasil*, disco que gerou show captado ao vivo em 2010 – com as presenças de convidados como Caetano Veloso, Elba Ramalho, João Donato e Maria Gadú – para gerar o CD e DVD *AfricaNatividade – 30 Anos Ao Vivo* (2011), Sandra Sá colecionou sucessos na seara das baladas românticas compostas por *hitmakers* de gravadoras.

A partir de 1984, ano em que recontou "Enredo do meu samba" (Ivone Lara e Jorge Aragão, 1983) em cadência de samba-funk, em gravação projetada na abertura da novela *Partido Alto* (TV Globo), Sandra Sá diluiu por pressões mercadológicas o soul e o funk que deram o tom dos três primeiros álbuns da cantora. Contratada pela gravadora RCA em 1985, após passagem pela Som Livre com álbum de 1984 em que gravou rock e *standard* do jazz, Sandra teve a voz amplificada a reboque de aliciadoras canções românticas de compositores como Michael Sullivan e Paulo Massadas – popularizados como Sullivan & Massadas, dupla de grande habilidade na produção de músicas em escala industrial – e Chico Roque e Carlos Colla, entre outros nomes. A primeira delas a ganhar a voz de Sandra Sá foi a balada "Entre nós", sucesso nas FMs em 1985. No ano seguinte, a cantora lançou o álbum *Sandra Sá* (1986), título arrasa-quarteirão que disparou petardos certeiros como as baladas "Retratos e canções" (Michael Sullivan e Paulo Massadas) e "Solidão" (Chico Roque e Carlos Colla), além do funk "Joga fora" (Michael Sullivan e Paulo Massadas), exemplo de diluição da música negra em solução pop para dissolver a força da mensagem dos compositores identificados com o movimento Black Rio.

O álbum seguinte, *Sandra de Sá* (1988), repetiu a fórmula bem-sucedida do disco anterior, gerando o hit "Bye bye tristeza" (Marcos Valle e Carlos Colla) e apresentando rock gravado por Sandra com a banda Titãs, "Tempo" (Paulo Miklos e Arnaldo Antunes), entre mais canções de Sullivan & Massadas, como "Alma gêmea".

Em que pese o sucesso comercial desses dois álbuns, a cantora busca repaginar o som e a imagem sob a direção artística de Nelson Motta, arquiteto de *Sandra!* (1990), um dos discos mais sofisticados e menos ouvidos da artista. Foi quando Sandra virou o disco. Entre abordagens de dois funks apresentados por Cassiano em 1973, "Cinzas" e "Slogan"(este gravado por Sandra com Djavan e Marina Lima), Sandra cantou o blues feminista "Send me to the electric chair" (George Brooks, 1927) e deu voz a "Charles Anjo 45" (Jorge Ben Jor, 1969) com o paredão percussivo do grupo baiano Olodum, conectando a periferia carioca ao Pelourinho, pólo do orgulho negro de Salvador (BA).

De volta para o padrão pop romântico com o álbum *Lucky!* (1992), Sandra Sá somente se reconciliaria com o sucesso popular com o álbum *A Lua Sabe Quem Eu Sou*, luminoso disco de textura pop editado em

1996 com produção musical de Guto Graça Mello e composições de Carlinhos Brown ("Ecânico"), Herbert Vianna ("Vamos viver") e Pedro Abrunhosa ("Lua"). Com o caminho aberto pelo êxito de "Soul de verão", versão de Nelson Motta para "Fame" (Michael Gore e Dean Pitchford, 1979), tema-título do filme *Fama*, o álbum estourou nas rádios com a canção "Sozinha", inédita do compositor Peninha que, dois anos depois, voltaria às FMs ainda com mais força na voz de Caetano Veloso, o que justificou o dueto de Sandra com Caetano na gravação ao vivo editada em 2011 em CD e DVD.

Após o tributo a Tim Maia, disco que soou oportunista por ter sido feito em 1998 no embalo da comoção nacional pela morte do *Síndico*, o álbum *Momentos Que Marcam Demais* fechou em 2000 a trilogia de álbuns gravados por Sandra Sá na Warner Music. Sem soar marcante, ainda que tenha seguido a fórmula pop de *A Lua Sabe Quem Eu Sou*, o disco rendeu bons momentos – como o dueto de Sandra com Cássia Eller (1962 – 2001) em música inédita do compositor Nando Reis, "Um tiro no coração"– e promoveu o reaparecimento de Sandra Sá como compositora em cinco das doze faixas.

Encerrado o vínculo com a Warner Music, Sandra migrou para a Universal Music, gravadora onde debutou em 2002 com *Pare, Olhe, Escute – Sandra de Sá Traduz os Sucessos da Motown*, disco em que cantou versões em português de hits da gravadora norte-americana que dera voz a cantores negros de soul e R&B como Marvin Gaye (1939 – 1984) e Stevie Wonder. Neste disco, Sandra cantou com Ed Motta e Smokey Robinson. Sobrinho de Tim Maia revelado em 1988 no trilho do funk da banda Conexão Japeri, Ed foi o convidado da gravação da faixa-título "Pare, olhe, escute", versão de Sandra e Thedy Corrêa para "Stop, look, listen (To your heart)" (Thom Bell e Linda Creed, 1971), balada gravada originalmente pelo grupo The Stylistics e amplificada em 1974 pelo dueto de Diana Ross com Marvin Gaye. Já Smokey cantou com Sandra a versão do maior sucesso do artista, "Cruisin'" (1979), rebatizado "Eu e você" na versão assinada por Sandra com Carlos Rennó.

Após revisar a carreira com energia e vigor vocal no registro audiovisual de show *Música Preta Brasileira – Ao Vivo*, gravação lançada em 2003 em álbum ao vivo e somente disponibilizada na íntegra em DVD em 2008 (atraso por questão jurídica que diluiu a força do registro do show), Sandra Sá saiu do circuito das grandes gravadoras. Após o já mencionado projeto *AfricaNatividade*, álbum de estúdio que originou gravação ao vivo entre 2010 e 2011, a cantora rebobinou músicas menos batidas no EP *Lado B* (2016) e, dois anos depois, fez um terceiro registro audiovisual de show.

Na madrugada de 28 de março de 2018, Sandra Sá comandou o *Baile da De Sá* na casa Tradição Show – situada em Vila Valqueire, bairro da zona oeste da cidade do Rio de Janeiro (RJ) – com participações da cantora Preta Gil, do grupo Dream Team do Passinho e dos cantores Jorge (da dupla sertaneja Jorge & Mateus) e Thiaguinho. A gravação do show gerou *singles* editados por Sandra Sá a partir de 2019, em sintonia com o ritmo volátil do mercado de disco na era digital.

Em 2020, a pandemia impediu a celebração dos 40 anos de carreira de Sandra Sá. Mas a cantora continua na atividade, planejando para 2022 a comemoração inviabilizada em 2020. Quando a indústria da música ainda nem sonhava com a aparição de uma estrela poderosa como Ludmilla, Sandra Sá abriu alas para a mulher no universo do funk Black Rio. Até por isso, mas não somente por isso, o nome de Sandra Cristina Frederico de Sá é incontornável na história da Música Preta Brasileira.

Simone

O canto luminoso da *Cigarra*

Quando o mundo se fechou em 2020, Simone se abriu para o mundo nas noites de domingo. A série de *lives* dominicais feitas pela cantora de abril a dezembro daquele ano pandêmico – transmitidas diretamente da casa da *baiana da gema* na cidade do Rio de Janeiro (RJ) – rejuvenesceu a imagem já jovial dessa septuagenária cantora soteropolitana que vem sendo idolatrada por seguidores fiéis e apaixonados há 50 anos.

Associada primordialmente à MPB, Simone é uma das cantoras mais populares e importantes desse gênero musical cujo período áureo se concentra justamente nos anos 1970, década em que a artista apareceu e cresceu aos olhos do público, a partir de 1973, com a voz de marcante timbre grave que, nos shows e nos discos, pode soar sensual ou dramática, seduzindo o público fervoroso que a acompanha ao longo dessas cinco décadas.

O séquito da *Cigarra* – assim carinhosamente chamada desde 1978, ano em que a cantora lançou o álbum intitulado *Cigarra* e promovido com música homônima de Milton Nascimento e Ronaldo Bastos – recebeu com euforia em 2021 a notícia de que Simone gravava álbum no estúdio da gravadora carioca Biscoito Fino. Era o primeiro disco desde 2013 e o 42º álbum de trajetória fonográfica que, até 2022, abarca três discos ao vivo coletivos lançados em 1973 e 1974, além de cinco álbuns gravados em espanhol entre 1991 e 1998 para o mercado latino formado pelos países de língua hispânica.

Precedido um mês antes pelo *single* com a canção "Haja terapia" (Juliano Holanda, 2021), retrato de angústias dos tempos difíceis do isolamento social, esse 42º álbum, *Da Gente*, chegou ao mundo em março de 2022 e se revelou disco afetuoso, à altura do histórico de Simone. Dando voz a repertório assinado por compositores quase todos de origem e / ou criação nordestina, a cantora esbanjou sensualidade sob direção artística de Zélia Duncan – com quem já fizera show estreado em 2006 e perpetuado em 2008 no álbum ao vivo e DVD *Amigo é Casa* – e sob direção musical de Juliano Holanda, compositor e músico pernambucano responsável pela conexão de Simone com jovens autores como Isabela Martins, Joana Terra, Martins, PC Silva e Rogéria Dera.

Bem recebido por críticos e seguidores da artista, o álbum *Da Gente* foi movido pela força do desejo. Um sopro de renovação que mostrou Simone com a chama acesa aos 72 anos de vida e já perto dos 50 de música. Nascida na cidade de Salvador (BA) aos sete minutos de um dia de Natal, 25 de dezembro de 1949, Simone Bittencourt de Oliveira completa, em 2023, 50 anos de carreira como cantora, tomando como ponto de partida o lançamento do primeiro álbum em março de 1973 pela Odeon, gravadora que a contratara em 1972.

Embora Simone já lidasse com música desde a infância, cantando e tocando violão informalmente e ouvindo as vozes da era do rádio que ecoavam na casa em que vivia na capital da Bahia com oito irmãos e os pais Otto Gentil de Oliveira e Letícia Bittencourt de Oliveira, a música disputou – e perdeu – espaço para o esporte na infância e adolescência da futura artista criada em família de classe média de Salvador (BA), sem grandes privações, mas tampouco sem luxos.

Craque em várias modalidades de esporte, com habilidades notadas na natação e no futebol desde a infância, Simone entrou para o time de basquete da escola e, por sobressair nesse time, acabou na Associação Atlética da Bahia. Após disputar jogos pela seleção baiana, chegou a integrar em 1971 a seleção brasileira de basquete – mesmo sem ter efetivamente jogado pela seleção nacional – quando já morava em São Caetano do Sul (SP), cidade paulista para onde migrara com a família em 1966 e onde, além de jogar basquete, também ganhava a vida como professora de educação física.

Por trapaça da sorte (para quem torcia pela atleta nas quadras) ou por graça da paixão pela música, foi em São Caetano do Sul que, por intermédio da professora de violão Elodi Barontini, amiga da então jogadora de basquete, Simone foi ouvida em julho de 1972 por executivo da área de marketing da Odeon, Moacyr Machado, que conseguiu teste na gravadora para a atleta que acabou virando cantora.

O resto é história que foi ganhando progressivo relevo ao longo dos anos 1970. Gravado a partir de outubro de 1972, com orquestrações do maestro José Briamonte (1931 – 2022), o primeiro álbum da cantora, *Simone*, foi amostra ainda tímida do potencial da voz de contralto da *Cigarra*. Mas já deu pistas de algumas trilhas que seriam seguidas por Simone. Já havia, por exemplo, música de Ivan Lins ("Chegou a hora", parceria com o letrista Ronaldo Monteiro de Souza), compositor que seria determinante na trajetória da cantora.

Ivan Lins é um dos maiores compositores da MPB, com quem Simone gravaria um dos melhores álbuns da discografia após o auge de popularidade – *Baiana da Gema* (2004), somente com músicas inéditas de Ivan com diversos parceiros – e com quem a cantora faria em 2018 o show *Simone Encontra Ivan Lins*, dando voz elegante a músicas como "Aos nossos filhos" (1978), "Bilhete" *(1980) e* "Mudança dos ventos" (1980), parcerias de Ivan com Vitor Martins que a cantora nunca gravara em disco.

Com músicas então recentes como "Bandeira branca" (Max Nunes e Laércio Alves, 1970) e "Tudo que você podia ser"(Marcio Borges e Lô Borges, 1972), o álbum de estreia de Simone surtiu nenhum efeito, mas garantiu a permanência da cantora na Odeon. Segundo álbum solo da artista, *Quatro Paredes* (1974) já mostrou nítida evolução. Disco gravado com arranjos e regências do pianista Luiz Eça (1936 – 1992), *Quatro Paredes* resultou denso, tenso, às vezes até dramático. Para perceber o clima pesado, basta ouvir "Bodas de prata", música então inédita da dupla de compositores João Bosco e Aldir Blanc (1946 – 2020), também autores do samba "De frente pro crime", lançado por Simone neste mesmo disco com as vozes do grupo MPB4 no coro.

Já havia em *Quatro Paredes* o dedo amigo de Hermínio Bello de Carvalho, que assumiria com Milton Nascimento a produção do álbum seguinte da cantora, *Gotas D'água* (1975). João Bosco e Aldir Blanc marcaram nova presença como autores do bolero "Latin Lover", veículo para a cantora expor sensualidade que iria aflorar de forma definitiva a partir do consagrador álbum *Pedaços* (1979), ponto culminante da densa discografia de Simone na Odeon nesse período inicial de afirmação que foi de 1973 a 1980.

Além dos já recorrentes Bosco & Blanc e de Ivan Lins, Simone gravou em *Gotas D'água,* músicas de Chico Buarque, Gonzaguinha (1945 – 1991), Maurício Tapajós (1943 – 1995) e Milton Nascimento com arranjos de Luiz Eça, Antônio José Waghabi Filho (1943 – 2012) – o Magro do MPB4 – e Wagner Tiso. Em outras palavras, a cantora já encontrava a própria turma na MPB, ampliando espaço. A ponto de ter sido convidada para gravar as músicas "O que será" (com as duas letras, "À flor da pele" e "À flor da terra") para a trilha sonora do filme *Dona Flor e Seus Dois Maridos* (1976). Lançada em single em 1976, pela gravadora Som Livre, o registro de *O Que Será – À Flor da Terra* com Simone tocou bem nas rádios do Brasil.

O álbum *Gotas D'água* demarcou território para Simone e preparou o terreno para a o arrebatamento do disco seguinte, *Face a Face*, em 1977. Além de ter marcado o encontro de Simone com Sueli Costa, compositora da qual se tornaria a principal intérprete em conexão iniciada nesse álbum com as gravações da música-título "Face a face" (com versos do poeta Cacaso) e da canção "Jura secreta" (letrada por Abel Silva), esse quarto álbum solo de Simone também iniciou a parceria da cantora com Renato Corrêa, que assumiria a partir de então a produção musical de todos os álbuns da cantora até o encerramento do ciclo inicial da artista na Odeon.

"Jura secreta" estourou nas rádios, foi tema de novela – *O Profeta* (1977/1978), último grande sucesso da então já agonizante TV Tupi – e amplificou a voz de Simone, já habituada a fazer shows pelo Brasil com lotação esgotada. Essa plateia apaixonada ia ao delírio quando, em 1978, Simone exibia a sensualidade à flor da pele da canção "Medo de amar n° 2" (Sueli Costa e Tite de Lemos), sucesso do álbum posterior *Cigarra* (1978), no qual a cantora apresentou a música-título – pedida a ela por Milton Nascimento já com o tema na cabeça – e também canção existencialista de Gilberto Gil, "Então vale a pena", gravada com o violão de Gil na faixa.

A consagração definitiva de Simone viria com o álbum *Pedaços*, lançado em 1979 e favorecido pelo contexto fonográfico daquele ano, pautado na MPB pela revolução feminina que revelou talentosas cantoras e compositoras – caso de Fátima Guedes, cuja sensual canção "Condenados" entrou na primorosa seleção de repertório de *Pedaços* – e que injetou dose alta de erotismo no canto das mulheres. O disco explodiu nas rádios e nas TVs por conta da canção "Começar de novo". Libelo feminista assinado por Ivan Lins com Vitor Martins, autor da letra que versa sobre mulher se libertando do jugo machista, a canção "Começar de novo" foi veiculada na abertura do seriado *Malu Mulher*, exibido pela TV Globo nas noites de quinta-feira.

O álbum *Pedaços* latejou com a veia feminina de músicas como o bolero "Sob medida" (Chico Buarque), mas também pulsou ao dilatar a artéria política que impulsionou "Cordilheira" (Sueli Costa e Paulo César Pinheiro) – gravada primeiramente por Erasmo Carlos em 1978 em fonograma censurado que somente viria a público em 2002 – e o samba "Tô voltando" (Maurício Tapajós e Paulo César Pinheiro), uma das principais trilhas da volta dos exilados políticos ao Brasil naquele ano de 1979.

Disco em que a cantora se mostrou por inteiro, explorando todas as potencialidades vocais e interpretativas, *Pedaços* gerou show também consagrador, encenado sob a batuta do diretor de teatro Flávio Rangel (1934 – 1988) e eternizado no álbum *Simone Ao Vivo* na gravação feita em 30 de dezembro de 1979 em apresentação na casa Canecão, palco carioca das estrelas da MPB. Foi nesse palco que, afinada com a luta pela liberdade de expressão, Simone empunhou o violão apreendido ainda na infância de forma autodidata e se acompanhou em "Pra não dizer que não falei das flores" (Geraldo Vandré, 1968), a militante canção censurada – popularmente conhecida como "Caminhando" – que ninguém cantava mais nos anos 1970. Ali Simone fez música e história.

O álbum posterior de estúdio, *Simone*, encerrou em 1980 o ciclo da cantora na gravadora EMI-Odeon como prosseguimento do antecessor *Pedaços*. É neste disco que a cantora passa a assinar o nome com uma estrela no lugar do pingo do "i", logomarca que viraria a identidade visual da artista. Sim, agora Simone era uma estrela. Uma cantora prestigiada que continuava a lançar maravilhas contemporâneas de Sueli Costa – "Música, música", ode à deusa música escrita com letra de Abel Silva – e dar voz a joias de Chico Buarque ("Mar e lua"), Gonzaguinha ("Sangrando", ode ao canto emocionado) e Ivan Lins e Vitor Martins ("Novo tempo" e "Atrevida").

A estrela de Simone brilhou em outros tons ao longo dos anos 1980. Com o passe arrematado a peso de ouro pela gravadora CBS, a cantora passou a gravar discos de maior alcance popular sob a batuta do produtor musical Marco Mazzola, um dos Midas da indústria fonográfica na época. A mudança se revelou menos ostensiva no primeiro álbum de Simone na CBS, *Amar*, lançado em 1981 com arranjos de pianistas como Cesar Camargo Mariano, José Roberto Bertrami (1946 – 2012), Luiz Avelar e Wagner Tiso para repertório que apresentou a canção "Encontros e despedidas" (Milton Nascimento e Fernando Brant), o samba "Pão e poesia" (Moraes Moreira e Fausto Nilo) e a balada "Pequenino cão" (Caio Silvio e Fausto Nilo). Sem falar em "Espelho das águas", música que Simone ganhara do soberano Antonio Carlos Jobim (1927 – 1994).

A partir do álbum *Corpo e Alma* (1982), título que representou pico de popularidade e vendas na trajetória fonográfica de Simone, a cantora foi progressivamente se distanciando do clima denso e dos sons acústicos da discografia feita na Odeon. Gravado entre Rio de Janeiro (RJ) e Los Angeles (EUA), *Corpo e Alma* é disco pautado pelo som de sintetizadores que já davam o tom da música brasileira naquele ano de 1982. Basta ouvir o arranjo grandiloquente de "Alma"– canção de Sueli Costa e Abel Silva cujo título foi metade do nome do disco (a outra música-título, "Corpo", também era de Sueli e Abel) – para entender os caminhos seguidos por Simone sob a batuta firme de Mazzola. Além da canção "Alma", o disco emplacou "Tô que tô", música da dupla Kleiton & Kledir gravada com a *swingueira* dos metais soprados por músicos norte-americanos e captados em Los Angeles.

Em lance surpreendente, Simone virou o jogo e o disco no álbum posterior, *Delírios, Delícias* (1983), gravado com produção musical de Sérgio de Carvalho (1949 – 2019) e com arranjos distribuídos entre Chiquinho de Moraes, Cristovão Bastos, Dori Caymmi, Eduardo Souto Neto e Lincoln Olivetti (1954– 2015). Talvez por ter se distanciado do tom expansivo e pop da década de 1980, com exceção da faixa "Depois das dez" (Tunai e Sérgio Natureza), o disco surtiu pouco efeito comercial, mas a boa repercussão da melódica regravação do samba-enredo "O amanhã" (João Sérgio) – com o qual a escola União da Ilha do Governador desfilou no Carnaval de 1978 – fez com que Simone passasse a incluir um samba do gênero nos discos posteriores dos anos 1980.

Novamente sob a batuta do produtor Mazzola, a cantora voltou à fórmula do sucesso no álbum *Desejos* (1984). Entre sambas de Ivan Lins com Vitor Martins ("Do Oiapoque ao Chuí"), Edu Lobo com Chico Buarque ("Dr. Getúlio", feito para peça sobre Getúlio Vargas) e João Bosco com Aldir Blanc ("Jeitinho brasileiro"), o destaque foi o sublime samba-enredo "Por um dia de graça", composto por Luiz Carlos da Vila (1949 – 2008) e gravado por Simone com Neguinho da Beija-Flor. Já a canção "Um desejo só não basta"(Francisco Casaverde e Fausto Nilo), enviada primeiramente às rádios, simbolizou o investimento da cantora em romantismo pop embalado para FMs.

Esse investimento foi mais alto e rentável no álbum seguinte, *Cristal* (1985), marcado pelo estrondoso êxito radiofônico da balada "Você é real" (Piska e Fausto Nilo) e do samba-enredo "Amor no coração", cantado por Simone com Carlinhos de Pilares, um dos compositores do tema. Naquela altura, Simone já seguia fórmula cristalizada de sucesso, repetida em álbuns posteriores como *Amor e Paixão* (1986), *Sedução* (1988) e *Simone* (1989), sempre tendo Mazzola como produtor musical, mas com a artista tendo também voz ativa na concepção dos discos.

A década de 1990 marcou o investimento de Simone no mercado latino. Apesar da capa similar, o álbum em espanhol *Simone* (1991) não é a versão hispânica do brasileiro *Raio de Luz*, lançado no mesmo ano. Dentro do território brasileiro, a cantora fez grande show sob a direção de Ney Matogrosso – *Sou Eu*, estreado em 1992 e eternizado em álbum gravado em estúdio e editado em 1993 para celebrar os 20 anos de carreira da cantora – e encerrou em 1995 o ciclo de 14 anos na CBS (Sony Music a partir de 1991) com o álbum *Simone Bittencourt de Oliveira*, aberto com "Danadinho danado", samba inédito de Martinho da Vila, compositor que teria a obra abordada por Simone no ano seguinte no saboroso álbum *Café com Leite* (1996).

Entre os álbuns *Simone Bittencourt de Oliveira* e *Café com Leite*, a cantora lançou disco que marcaria época para o bem e para o mal em sua carreira. Álbum com repertório natalino, tradição fonográfica no exterior até então inexplorada no Brasil, *25 de Dezembro* saiu no fim de 1995, marcando a estreia da cantora na gravadora Polygram, concorrente da Sony Music. Produzido por Max Pierre com Moogie Canazio a partir de ideia de Marcos Maynard, executivo que comandava a Polygram com mão de ferro, o disco de Natal de Simone ultrapassou o milhão de cópias vendidas e gerou amores, ódios e – na era da internet

– memes.

O disco em si é bonito e afetuoso como todo bom disco natalino. A questão é que o marketing agressivo de Maynard massificou a faixa "Então é Natal" – versão em português de Cláudio Rabello para "HappyXmas (War is over)", pacifista canção natalina composta, gravada e lançada em 1971 por John Lennon (1940 – 1980) e Yoko Ono – de tal forma que nenhum brasileiro conseguiu ficar sem ouvir a música algumas vezes naquele Natal de 1995.

Simone e o álbum *25 de Dezembro* pagaram o preço. Mas a cantora também vendeu o milhão de discos que tanto cobiçara – cifra que nunca mais bisaria em carreira fonográfica que a partir de então alternaria registros ao vivo de shows (como *Brasil, Feminino, Simone Ao Vivo* e *Em Boa Companhia*, discos de 1997, 2002, 2005 e 2010) com álbuns feitos em estúdio de forma cada vez mais espaçada. Dentre esses discos de estúdio, cabe destacar *Seda Pura* (2001) – álbum de sonoridade mais pop, com músicas de Carlinhos Brown, Zé de Riba e Cazuza (1958 – 1990), autor da letra-título "Seda pura", musicada por Frejat – e *Na Veia* (2009), disco que pulsou com frescor em repertório que apresentou canções e sambas inéditos fornecidos por time de compositores que incluiu Adriana Calcanhotto, Erasmo Carlos, Marcos Valle, Marina Lima e Martinho da Vila.

Álbuns como *É Melhor Ser* (2013) e o aclamado *Da Gente* (2022) flagraram Simone de bem com a vida, à vontade com a idade e a voz que usa com elegância e luminosidade, sem a vaidade tola de querer bisar os tons altos de outrora. A *Cigarra* continuou cantando muito bem após os 70 anos, enchendo de som o ar e, sesmpre que está em cena, *arrebentando de tanta luz.*

Teresa Cristina

Canto vestido com a voz do coração

Quando tudo se fechou em março de 2020, Teresa Cristina abriu uma janela em rede social, por onde deu e recebeu afeto ao abrigar na humilde residência virtual seguidores e ídolos como Caetano Veloso, Chico Buarque e o então ex-presidente do Brasil Luiz Inácio Lula da Silva. A série de *lives* diárias feitas por Teresa Cristina no Instagram, a partir de 26 de março daquele ano trágico de 2020, entronizou a cantora e compositora carioca no coração do Brasil e ficou na história de um tempo triste. Só que, àquela altura, a *rainha das lives* – assim denominada na série de crônicas e reportagens publicadas em jornais, revistas e sites que atestaram o poder agregador da artista naquele momento de desalento – já tinha a própria história.

Essa história é pautada pelo amor ao samba. O alcance da voz vitoriosa da artista é fruto desse amor por gênero do qual tem conhecimento enciclopédico. Só que quase nada na infância e adolescência de Teresa Cristina Macedo Gomes, carioca nascida em 28 de fevereiro de 1968 e criada no subúrbio da cidade do Rio de Janeiro (RJ), faria supor esse caminho. Filha de Hilda Macedo Gomes (a mãe que realizou o sonho de ser cantora nos shows, discos e *lives* da filha já famosa) e Luiz Alberto Gomes da Conceição, o seu Lula, Teresa foi uma garota que amou primeiramente o Iron Maiden e também a *disco music* de Donna Summer.

Por ironia do destino, a semente do samba – ouvido em casa pela garota portelense e vascaína porque os pais eram admiradores das obras de cantores como Roberto Ribeiro (1940 – 1996) e de compositores bambas como Candeia (1935 – 1978) – brotou na voz de Teresa Cristina no palco de um bar chamado Semente, reduto do samba e do choro cultuados na Lapa, bairro boêmio da zona central do Rio de Janeiro. Foi no palco desse então pouco frequentado bar carioca, cantando com o toque do Grupo Semente, que a trajetória artística da ex-manicure e ex-fiscal do Detran Teresa Cristina – iniciada em 1997 em show apresentado dentro da programação do projeto *A Cria*, dedicado a novos compositores – ganhou o primeiro impulso em 1998.

Ali no Semente (aos sábados) e depois também no Carioca da Gema (onde era a atração das concorridas sextas-feiras), bares onde, de olhos fechados, cantava sambas novos e antigos com naturalidade, reverência e timidez, Teresa Cristina foi conquistando o respeito de nomes referenciais como Marisa Monte – com quem gravaria em 2010 um samba, "Beijo sem", da lavra modernista de Adriana Calcanhotto – e Paulinho da Viola, além dos baluartes da Velha Guarda da Portela. Um dos primeiros sambas de Teresa, aliás, se chamou "Cafofo da Surica", referência ao reduto de samba e de encontros de bambas das velhas e novas guardas, comandados no bairro carioca de Madureira por Iranette Ferreira Barcellos, a pastora da Portela conhecida como Tia Surica.

O culto crescente ao canto de Teresa Cristina motivou em 2001 um convite de João Augusto, diretor da gravadora Deck, para a cantora entrar em estúdio para gravar disco com o repertório existencialista de Paulinho da Viola, compositor carioca desde sempre reverenciado pela artista pela fineza e elegância da obra e do cidadão.

Convite aceito, Teresa gravou e lançou em 2002 o álbum duplo *A Música de Paulinho da Viola*, editado em embalagem requintada, com direito à capa assinada por Elifas Andreato (1946 – 2022), ilustrador referencial na discografia brasileira, em especial dentro do universo do samba. Gravado por Teresa com o Grupo Semente, cujo nome foi exposto na capa, *A Música de Paulinho da Viola* é o primeiro dos dez álbuns lançados pela cantora entre 2002 e 2020 em discografia que, nos últimos anos, foi norteada por tributos a compositores como Cartola (1908 – 1980) e Noel Rosa (1910 – 1937).

Teresa Cristina Canta Cartola (2016) – álbum editado pela gravadora norte-americana Nonesuch Records em embalagem dupla que reuniu

CD e DVD – e *Teresa Cristina Canta Noel* (2018) e *Teresa Cristina Canta Noel Ao Vivo* (2020) são registros fonográficos que perpetuam shows de voz & violão que arrastaram pequenas multidões aos teatros para ver e ouvir o canto já depurado de Teresa se harmonizar com o toque virtuoso do violão de Carlinhos Sete Cordas.

Se o samba é a tristeza que balança, como sentenciou o poeta Vinicius de Moraes (1913 – 1980) em verso do "Samba da benção"(1966), Teresa Cristina vem evoluindo desde 1998 na arte de cantar samba, se equilibrando entre a melancolia – traço recorrente no canto da artista – e a alegria contida.

Embora tenha se permitido adotar interpretações mais expansivas a partir do registro ao vivo do show *Melhor Assim* (2010), editado em CD e DVD com números captados em cena e com *takes* de estúdio que reuniram Teresa com nomes como Arlindo Cruz, Caetano Veloso, Lenine e Dona Hilda (a mãe cantora com quem a filha destilou *Orgulho*, peça do repertório folhetinesco de Angela Maria nos anos 1950), a artista geralmente caminha na contramão da extroversão. Exceto quando dá voz a esfuziantes sambas-enredos, como fez em shows apresentados a partir de 2021 com aura carnavalesca, Teresa geralmente interioriza o sentimento dos sambas que canta com alma e com nítido progresso vocal, evidenciado nos últimos anos, mas com o mesmo respeito da menina tímida e então insegura que concentrava atenções no palco seminal do Carioca da Gema.

Em disco, a cantora começou a se mostrar como compositora a partir do segundo álbum, *A Vida Me Fez Assim*, gravado com o Grupo Semente e editado em 2004. Logo na abertura do disco, o samba autoral "Acalanto" explicitou que, sim, havia lugar para Teresa Cristina na dinastia do samba carioca. A reboque da obra como compositora, a cantora alçou voo no tom seresteiro de "A borboleta e o passarinho" e pisou firme no terreiro para revolver raízes do samba com o toque rural de "Pedro e Tereza" (Teresa Cristina), música que compusera na adolescência e que, na gravação, embutiu citação de canto do Terreiro Pai Mujongo da Bahia.

Garimpeira do ouro esquecido no baú do samba, talento que mostrou nas *lives* da era pandêmica, a artista remoeu no disco "Um calo de estimação" (Zé da Zilda e José Thadeu, 1944), joia do repertório da dupla Zé e Zilda que, cabe ressaltar, a cantora já costumava lapidar diante dos espectadores dos shows do bar Carioca da Gema.

Primeiro registro de show da discografia de Teresa, gravado em maio de 2005 em apresentação da cantora e do Grupo Semente no Theatro Municipal de Niterói (RJ), *O Mundo É Meu Lugar – Ao Vivo* (2005) encerrou a primeira passagem da cantora pela Deck. A gravadora editaria sete anos depois, em 2012, o disco *Teresa Cristina + Os Outros = Roberto Carlos*, abordagem surpreendente daquelas "canções do Roberto" (as compostas por ele e as feitas por outros, mas gravadas pelo então *Rei da juventude*) com o ar *indie* roqueiro do grupo carioca Os Outros.

Originário de show eletrizante que estreara na madrugada de 1º de maio de 2011, no Teatro Rival (RJ), mas gravado em estúdio com produção musical de Rodrigo Vidal, o álbum com músicas do repertório de Roberto Carlos foi o primeiro atestado fonográfico da versatilidade dessa cantora que ama *heavy metal* e que, sim, pode se transformar em outras. Música alocada na abertura do disco, "Ilegal, imoral ou engorda" (Roberto Carlos e Erasmo Carlos, 1976) pareceu até ser recado mandado para sambistas que tinham encarado o show como *pulada de cerca* dessa cantora que, fora da roda do samba, também se mostrou à vontade no quintal de Roberto Carlos. Até porque Teresa reavivou o lado roqueiro do rei da juventude brasileira na década de 1960 ao dar voz a músicas como "Do outro lado da cidade" (1969) – rock que, embora creditado oficialmente a Helena dos Santos, teria sido efetivamente composto pelo próprio Roberto Carlos – e "Nada vai me convencer" (Paulo César Barros, 1969) ao mesmo tempo em que pôs a recorrente melancolia do canto na interpretação de temas como "O moço velho" (Silvio César, 1973), surpresa da seleção do repertório.

Antes da transformação em outra com o toque d'Os Outros, veio a confirmação do talento em 2007, ano em que, estreando na gravadora EMI Music, Teresa Cristina lançou o quarto álbum, *Delicada*, disco coerente, gravado e assinado com o Grupo Semente como os três antecessores. Foi em *Delicada* que a compositora apresentou "Cantar", samba autoral, letrado com verso lapidar – "Cantar é vestir-se com a voz que se tem" – que se afina com o canto dessa intérprete que, mesmo sem primar por apurada técnica vocal, sempre cativou ouvintes por se apresentar sem pompa, guiada pela emoção e pelo amor ao samba.

Lançado no mesmo ano em que Teresa se juntou com as cantoras Jussara Silveira e Rita Benneditto no show *Três Meninas do Brasil* (estreado em dezembro de 2007, gravado ao vivo em agosto de 2008 e perpetuado em álbum ao vivo e DVD editados em janeiro de 2009), *Delicada* é álbum que marcou na música-título a abertura da parceria de Teresa com Zé Renato. *Delicada*, aliás, foi o último disco gravado pela artista em estúdio com repertório autoral em mais de uma década. Ao longo dos anos 2010, a cantora veio alinhavando o projeto de álbum autoral em que daria voz a músicas compostas com Adriana Calcanhotto, Marisa Monte, Mosquito e Moacyr Luz, entre outros parceiros. Contudo, até maio de 2022, esse disco ainda permanecia no plano das ideias.

Nos últimos anos, a carreira de Teresa Cristina foi pautada por shows e discos em tributos a bambas do samba. Antes de expor os lirismos, mágoas e arrebatamentos contidos no repertório de Cartola, no show majestoso que abriu em novembro de 2015 a série de homenagens feitas pela cantora com o violonista Carlinhos Sete Cordas, Teresa já cantara em 2011 a bossa de Roberto Menescal em show dividido com o próprio Menescal, celebrara em 2013 o legado da antecessora Elizeth Cardoso (1920 – 1990) e cantara Candeia sob a luz da inspiração em show estreado nesse mesmo ano de 2013.

Em 2018, no rastro do sucesso das abordagens dos cancioneiros de Cartola e Noel Rosa, Teresa reverberou a ideologia do samba social de José Santos Flores (16 de setembro de 1921 – 14 de novembro de 1999), o Zé Kétti, em show que remontou em 2021 para celebrar o centenário de nascimento do bamba criador de sambas como "A voz do morro"(1955) e "Opinião" (1964).

Sempre vestida com a voz do coração, Teresa Cristina virou rainha, nome já imortal na galeria e na dinastia do samba.

Vanessa da Mata

A voz intuitiva que veio do mato sem manual

Quando Vanessa da Mata lançou em 31 de maio de 2019 o álbum *Quando Deixamos Nossos Beijos na Esquina*, disco gravado em estúdio com frescor e com fôlego autoral que parecia vir escasseando em trabalhos recentes da artista, fazia 20 anos que Maria Bethânia havia apresentado ao Brasil a escrita dessa cantora, compositora e instrumentista vinda do mato. Ao gravar a canção ruralista "A força que nunca seca" – letrada com poesia por Vanessa a partir de melodia de Chico César – no álbum também intitulado *A Força Que Nunca Seca* e lançado em 1999, Bethânia fez o primeiro movimento para firmar o nome dessa artista de obra singular.

Sim, Vanessa da Mata veio do mato. Precisamente de Mato Grosso, estado onde Vanessa Sigiane da Mata Ferreira nasceu em 10 de fevereiro de 1976 na cidade interiorana de Alto Garças (MT). Em 2022, ano em que ainda esteve às voltas com a divulgação do disco *Quando Deixamos Nossos Beijos na Esquina*, mote de show cuja gravação ao vivo no Circo Voador (RJ) gerou série de quatro singles editados entre 2020 e 2021, a artista já é dona de obra construída sem manual de instruções.

Os contornos originalmente regionalistas do cancioneiro da compositora foram sendo diluídos pelo padrão pop que regeu a sonoridade da música de Vanessa da Mata a partir do segundo álbum, *Essa Boneca Tem Manual* (2004), gravado com produção musical de Liminha, mas esse regionalismo jamais foi dissolvido por completo. Em que pese o maior ou menor teor pop de cada disco, a assinatura da compositora continua a mesma, personalíssima, até porque delineada a partir de melodias e letras criadas com fluxos aparentemente intuitivos sem preocupações com métricas e rimas.

Sim, a compositora é única e veio sem manual, embora Ivete Sangalo tenha tentado seguir o que caracterizou como "intenções" de Vanessa da Mata ao compor "Tudo bateu" em 2021 em parceria Radamés Venâncio. Tanto que convidou Vanessa para cantar a música com ela em gravação apresentada pela artista baiana na série documental *Onda Boa Com Ivete* (2022) e lançada em single em janeiro de 2022. Não bateu bem...

Foi na onda boa de ter sido revelada na voz de Maria Bethânia em 1999 que Vanessa da Mata começou a ganhar visibilidade crescente como compositora. Em 2000, Daniela Mercury apresentou o reggae "Viagem" no álbum *Sol da Liberdade*. Dois anos depois, foi a vez de a própria autora embarcar em *Viagem* ao gravar o primeiro álbum, *Vanessa da Mata*, disco lançado em 2002 via Sony Music. Atenta aos sinais, a gravadora contratara a artista no rastro da repercussão das composições de Vanessa em vozes alheias como a da recorrente Maria Bethânia, que incluíra música inédita da artista mato-grossense, "O canto de Dona Sinhá", no álbum *Maricotinha* (2001).

O disco de estreia de Vanessa da Mata em 2002 é o que mais bem traduz as intenções da compositora por ter sido formatado – por time de produtores musicais que abarcou Dadi, Kassin, Jaques Morelenbaum, Liminha, Luiz Brasil e Swami Jr. – com sonoridade acústica, pautada pela delicadeza, com sutis tons regionalistas, sem adesão à fórmula pop das paradas da época. Da inédita safra autoral, a canção "Onde ir" e o samba "Não me deixe só" foram as músicas que sobressaíram ao lado do registro de "A força que nunca seca" pela autora.

Remix do samba "Não me deixe só" começou a tocar na noite, mas sem força para fazer do disco um sucesso comercial. Tanto que, chamado para intervir na condução da carreira da cantora debutante, Nelson Motta sugeriu que Vanessa regravasse "Nossa canção" (Luiz Ayrão, 1966), lacrimosa balada romântica lançada por Roberto Carlos na era em que o cantor era *o rei da juventude* brasileira. Vanessa acatou a sugestão e "Nossa canção" foi parar na trilha da novela *Celebridade* (TV Globo, 2003) na voz da cantora, motivando a gravadora a relançar o álbum

Vanessa da Mata em 2003 com "Nossa canção" e o remix de "Não me deixe só" como faixas-bônus.

O mercado do disco tem manual seguido por produtores e executivos fonográficos em busca do sucesso. No segundo álbum, Vanessa da Mata seguiu esse manual, ampliou a parceria com Liminha e confiou a produção musical do disco a esse mago dos estúdios, consagrado nos anos 1980 por dar o devido polimento a discos de bandas do pop rock brasileiro que emergira naquela década.

Lançado em setembro de 2004, o álbum *Essa Boneca Tem Manual* apresentou cinco parcerias de Vanessa com Liminha ao longo das doze faixas. Uma delas, a balada pop romântica "Ainda bem", foi enviada para as rádios e gerou comparações na mídia com o cancioneiro de Marisa Monte – motivo de irritação para Vanessa ao ser questionada sobre a tal (negada) influência nas entrevistas que deu para promover o disco. Outra, "Ai, ai, ai...", rendeu a Vanessa o real primeiro grande sucesso em remix – produzido pelo DJ paulista Fernando Leite, o Deeplick – que estourou na noite e nas rádios entre 2005 e sobretudo 2006, tendo ido parar na trilha sonora da novela *Belíssima* (TV Globo).

Entre abordagens fluentes de "Eu sou neguinha?" (Caetano Veloso, 1987) e "História de uma gata" (Luís Enriquez Bacalov e Sergio Bardotti em versão em português de Chico Buarque, 1977), o álbum *Essa Boneca Tem Manual* mostrou que, por entre as frestas de disco moldado para as paradas, a espontânea verve autoral da compositora sobreviveu em músicas como "Joãozinho" (escrita com inspiração no cabelo de uma tia) e "Ela x Ele na cidade sem fim", ambas assinadas somente por Vanessa.

Com o cacife mercadológico adquirido pelo sucesso de "Ai, ai, ai..." nas pistas e nas rádios, estouro que fez da música a mais tocada no Brasil ao longo de 2006, Vanessa da Mata ganhou investimento ainda maior da gravadora Sony Music no terceiro álbum, *Sim*, lançado em maio de 2007. Os produtores Alexandre Kassin e Mario Caldato Jr. dividiram produção musical orquestrada entre Brasil e Jamaica.

Sim, Jamaica. Gênero musical que ditou o ritmo das músicas "Ilegais" e "Vermelho", o reggae foi recorrente em repertório inteiramente autoral que caiu no samba em "Quando um homem tem uma mangueira no quintal", abriu espaço para o toque eficaz do violão da artista na acústica faixa final "Minha herança: uma flor" e teve impulsionada nas rádios a balada bilíngue "Boa sorte / Goodluck", escrita e gravada em português e em inglês pela cantora com o norte-americano Ben Harper.

A súbita ênfase dada por Vanessa da Mata ao reggae no álbum *Sim* – valorizada pela conexão da artista no disco com a referencial dupla jamaicana Sly & Robbie, formada pelo baixista Robert Shakespeare com o baterista Sly Dunbar – pode ter surpreendido, mas soou coerente com a pré-história da cantora. Na década de 1990, quando residia na cidade de São Paulo (SP) e ainda buscava o sucesso e o reconhecimento artístico, Vanessa da Mata integrara banda de reggae formada somente por mulheres, Shalla-Ball, e excursionara com o grupo jamaicano Black Uhuru.

Contudo, o reggae foi suplantado pelas canções românticas nas paradas. Além de "Boa sorte / Goodluck", faixa moldada para FMs, o outro hit do álbum *Sim* foi "Amado", balada letrada por Vanessa a partir de melodia do então ainda desconhecido Marcelo Jeneci.

Álbum que cumpriu a missão de confirmar o sucesso obtido pelo disco anterior da artista, sem repetir a fórmula pop de *Essa Boneca Tem Manual*, *Sim* foi sucedido pelo primeiro registro audiovisual de show de Vanessa da Mata. Gravado dentro da série *Multishow Ao Vivo*, em apresentação feita pela cantora em 27 de novembro de 2008 na cidade fluminense de Paraty (RJ), o primeiro álbum da cantora foi lançado em 2009 em CD e em DVD, formato então muito valorizado na indústria da música.

No álbum *Vanessa da Mata – Multishow Ao Vivo*, a dupla jamaicana Sly & Robbie rebobinou o encontro com a cantora nos reggaes "Ilegais" e "Vermelho". Em repertório com baixo teor de novidade, as músicas inéditas na voz de Vanessa foram "Acode"– composição autoral que a artista cedera para o primeiro álbum da cantora Shirle de Moraes, *Nada Será Como Antes* (2005) – e "Um dia, um adeus", balada de Guilherme Arantes, lançada pelo autor em 1987.

As novidades apareceram no ano seguinte. De volta aos estúdios, a cantora lançou em outubro de 2010 o quinto álbum, *Bicicletas, Bolos e Outras Alegrias*, gravado com doze músicas inéditas formatadas pelo produtor musical Alexandre Kassin. Dez vieram somente com a assinatura da compositora. As exceções foram "Quando amanhecer" e "Vá", parcerias com Gilberto Gil e Lokua Kanza, respectivamente. O disco foi o primeiro editado pela artista através do próprio selo fonográfico, Jabuticaba, em parceria com a Sony Music.

Álbum que inspirou show de atmosfera teatral encenado sob direção de Bia Lessa, com balada de Roberto Carlos e Erasmo Carlos ("A distância", de 1972) no roteiro essencialmente autoral, *Bicicletas, Bolos e Outras Alegrias* reiterou a inspiração da compositora. "As palavras" (música que tangenciou a cadência do reggae na gravação feita com coro evocativo da estética kitsch da canção popular) e "Te amo"(balada valorizada pela inventiva orquestração das cordas no arranjo do tecladista irlandês Sean O'Hagan) sobressaíram na safra romântica pela habilidade da compositora de falar de amor sem resvalar no sentimentalismo barato.

Com ecos do som do grupo Os Mutantes no arranjo, o baião tropicalista "Bolsa de grife" foi outro destaque no terreno mais expansivo da obra da artista. A verve de "Fiu fiu"– cuja letra abordou sem peso a cobrança feita às mulheres para permanecerem dentro de padrões estéticos – e "Meu aniversário" corroboram a singularidade da obra dessa compositora livre de amarras, inclusive quando solta a voz sem preocupação com os rigores da técnica.

Mesmo sendo cantora controvertida para ouvintes que priorizam esses rigores técnicos, Vanessa da Mata arriscou três shows como intérprete entre 2012 e 2015 no impulso da evolução cênica evidenciada no show *Perfumes de Sim* (2009). O primeiro, *Lua Cheia de Baião – Homenagem a Luiz Gonzaga*, foi idealizado para celebrar o centenário de nascimento do compositor pernambucano Luiz Gonzaga (1912 – 1989), principal difusor dos gêneros musicais nordestinos a partir dos anos 1940, e apresentado em junho de 2012, na cidade de São Paulo (SP). Sob direção musical de Kassin, a cantora deu novos ares ao baião de Gonzaga em show vigoroso.

Em 2013, a convite de empresa de cosméticos, a cantora deu voz ao cancioneiro soberano do compositor carioca Antonio Carlos Jobim (1927 – 1994) em show que gerou álbum gravado em estúdio com produção musical confiada ao mesmo Alexandre Kassin, nome fundamental na trajetória artística de Vanessa desde o álbum *Sim*.

Lançado em julho de 2013, o álbum *Vanessa da Mata Canta Tom Jobim* dividiu opiniões, embora houvesse no disco inegável frescor decorrente da interação do maestro e pianista Eumir Deodato – criador dos arranjos do show e do álbum decorrente do espetáculo – com a geração de músicos arregimentados por Kassin. Beneficiada por essa conexão incomum, a intérprete oscilou. Se "Sabiá" (Antonio Carlos Jobim e Chico Buarque, 1968) deu rasante, sem alçar o voo emocional dessa canção do exílio, "Correnteza" (Antonio Carlos Jobim e Luiz Bonfá, 1973) deslizou sem sobressaltos em ambiente rural que se afina com as origens interioranas da artista, hábil também no canto de "Chovendo na roseira" (1971), tema de ar bucólico.

Dois anos depois, Vanessa abriu o leque de influências ao montar o repertório de *Delicadeza*, show estreado em 2015 com roteiro em que a cantora remoeu "Mágoas de caboclo" (Leonel Azevedo e J. Cascata, 1936), encadeou músicas de Djavan ("Capim" e "Asa", de 1982 e 1986), reviveu o sucesso sertanejo "Vá pro inferno com seu amor" (Meirinho, 1976) – propagado nas vozes das duplas Milionário & José Rico e Chitãozinho & Xororó – e incluiu "Maria da minha infância" (1972), tema da obra religiosa de Zezinho, padre cantor e compositor. Tudo cantado pela intérprete somente com os toques dos músicos Danilo Andrade (piano) e Maurício Pacheco (guitarra).

Entre o show em tributo a Jobim e o show *Delicadeza*, a cantora lançou em março de 2014 o oitavo álbum, *Segue o Som*, título de menor fôlego autoral na discografia da artista. Gravado com produção musical dividida entre Kassin e Liminha, em trabalho iniciado no segundo semestre de 2012 e refeito no início de 2013 com trocas de músicas e bases, o titubeante álbum *Segue o Som* ecoou a sonoridade de discos anteriores da artista, sobretudo a de *Sim* (2007), mas oscilou ao apresentar repertório em que as letras resultaram mais vigorosas do que as músicas. "Por onde ando tenho você" se impôs como destaque da safra autoral ao lado do samba-rock "Rebola nêga".

O próximo passo fonográfico de Vanessa da Mata foi dado em maio de 2017, mês em que a cantora fez o segundo registro audiovisual de show da carreira, captando apresentação na cidade de São Paulo (SP). Com músicas herdadas do roteiro do show *Delicadeza* (2015), caso de "Love will tear us apart" (Bernard Sumner, Ian Curtis, Peter Hook e Stephen Morris, 1979), tema da banda inglesa Joy Division, a gravação gerou *Caixinha de Música Ao Vivo*, álbum editado em setembro daquele mesmo ano de 2017 nos formatos de CD e DVD. As três autorais músicas inéditas – "Caixinha de música", "Gente feliz" (também gravada em estúdio com o toque da banda BaianaSystem) e "Orgulho e nada mais" – resultaram insuficientes para que *Caixinha de Música Ao Vivo* trouxesse real ar de novidade à obra da artista, em que pese a direção musical do show ter sido confiada ao guitarrista Maurício Pacheco.

O passo seguinte de Vanessa da Mata resultou acertado, apagando as más impressões de discos anteriores. Lançado em 31 de maio de 2019, o nono álbum da artista – *Quando Deixamos Nossos Beijos na Esquina*, o sétimo disco de estúdio – se revelou luminoso, com o diferencial de ter tido a produção musical orquestrada pela própria Vanessa. Música pop moldada para ser hit, e por isso mesmo apresentada previamente como single em 7 de maio, "Só você e eu" cumpriu a expectativa da compositora, virou tema de novela da TV Globo (*A Dona do Pedaço*), contagiou o público nos shows pelo refrão-chiclete e se tornou o maior sucesso da cantora nos anos 2010.

O disco revelou outras joias de brilho pop entre temas mais emotivos como a canção "O mundo para Felipe" (Liminha e Vanessa da Mata) – escrita como carta aberta para o filho da artista – e "Hoje eu sei" (parceria de Vanessa com o sueco Jonas Myrin). O regionalismo brejeiro do samba "Debaixo da saia dela" e a baianidade de "Tenha dó de mim" – outro samba, este gravado pela cantora com o rapper soteropolitano Baco Exu do Blues – mostraram mais uma vez que a artista mantém um pé no mundo e outro no mato. A artista está no mundo, mas o mato é a fonte primária de obra que veio sendo jorrada em fluxo incontido que, por linhas tortas, firmou a assinatura de Vanessa Sigiane da Mata Ferreira no universo da música pop brasileira.

Zélia Duncan

Na causa, com a voz e os olhos no mundo

"Tô em casa / Tô na causa / [...] / Sem tirar os olhos do mundo". Zélia Duncan apontou nos versos da música-título do 14º álbum de estúdio da artista fluminense, *Pelespírito* (2021), a alma ativista que a norteia na música e na vida. Sem perder o pulso da criação musical, cada vez mais abundante, como atestou o intenso fluxo de lançamentos fonográficos da cantora nos últimos anos, Zélia Cristina Duncan Gonçalves Moreira se tornou nome recorrente na luta por um Brasil mais justo e humano, abraçando causas como a visibilidade lésbica.

Ao dar a voz grave a uma canção como "Noite preta" (Vange Leonel e Cilmara Bedaque, 1991), em single editado pela gravadora Joia Moderna em outubro de 2021, trinta anos após a explosão da música na voz da militante Vange Leonel (1963 – 2014), Zélia também deu voz a uma causa. Ao escrever os versos de "Onde é que isso vai dar?", a mais inspirada das quinze músicas assinadas pela artista com o compositor pernambucano Juliano Holanda no álbum *Pelespírito*, Zélia traduziu em palavras a perplexidade de um Brasil que vinha se desconstruindo como nação em política equivocada agravada por uma pandemia. E foi para pegar o público seguidor pela palavra ativa que a artista lançou em maio de 2022 o livro *Benditas Coisas Que Eu Não Sei – Músicas, Memórias, Nostalgias Felizes*, de tom íntimo e confessional.

É nesse equilíbrio entre música e ativismo que a cantora, compositora e instrumentista nascida em Niterói (RJ), em 28 de outubro de 1964, tem pautado recentemente uma trajetória artística iniciada em 1981 em palcos de Brasília (DF), cidade onde militou entre a música e o teatro até voltar para a cidade natal de Niterói (RJ) em 1987. Foi a partir desse ano de 1987 que shows apresentados pela cantora na cidade do Rio de Janeiro (RJ) começaram progressivamente a atrair público e mídia. Em especial, *Zélia Cristina no Caos*, show feito pela cantora sob direção de Ticiana Studart.

Sim, na época, Zélia Duncan ainda se apresentava artisticamente como Zélia Cristina, nome com o qual gravou jingles, cantou na noite e fez *backing vocal* para cantores como José Augusto. E foi como Zélia Cristina que, em 1990, a cantora lançou pela gravadora Eldorado o primeiro álbum, *Outra Luz*, disco ainda titubeante – por interferência de executivos e produtores da empresa fonográfica no processo de criação e gravação – mas que já deu pistas dos caminhos que seriam percorridos pela artista. Mesmo sendo um primeiro disco tardio para quem já estava em cena há nove anos, *Outra Luz* serviu para integrar Zélia com a geração de cantoras reveladas nacionalmente naquele ano de 1990, em especial Adriana Calcanhotto e Cássia Eller (1962 – 2001), todas contratadas por gravadoras no rastro da explosão do furacão Marisa Monte em 1989.

Cantora e compositora de alma folk que criou a própria identidade musical sob influência de antecessoras como a canadense Joni Mitchell, Zélia demorou a mostrar quem era musicalmente, o que somente aconteceu a partir de 1994 com o álbum que firmou a parceria da artista com o compositor e multi-instrumentista Christiaan Oyens, nome recorrente na discografia da cantora desde o primeiro álbum. A música-título "Outra luz" foi a primeira parceria de Zélia com Oyens a ganhar registro fonográfico, em 1990, infelizmente fora do tom.

Produzido por Guti Carvalho, Paulo Henrique e Iuri Cunha, esse álbum de estreia *Outra Luz* foi ofuscado no mercado por recorrer ao *tecnopop* que dera o tom da música pop brasileira ao longo dos anos 1980, década de diluição da MPB. Ainda assim, algumas faixas se salvaram. O reggae "Astúcia" (Jussi Campelo) e o dueto com Luiz Melodia (1951 – 2017) em "Segredo" – música do compositor carioca lançada em 1975 na voz de Wanderléa – agregaram valor ao álbum, fechado com regravação de rock de Rita Lee da fase com o grupo TuttiFrutti. Parceria da roqueira com o baixista Lee Marcucci apresentada em 1975 no antológico álbum

Fruto Proibido, "Pirataria" indicava no disco a admiração de Zélia pela obra de Rita Lee, de quem viraria parceira dez anos depois com a criação de "Pagu" (2000), composição à qual se seguiu em 2001 "Desconforto", a segunda e por ora última colaboração entre as artistas.

Sem foco, o álbum *Outra Luz* surtiu efeito opaco. E Zélia partiu em outubro de 1991 para os Emirados Árabes, país onde cantou em hotel, em temporada de oito meses que resultou decisiva para a maturação profissional da cantora e compositora. De volta ao Brasil em maio de 1992, a artista montou show de repertório autoral na casa carioca Torre de Babel. Visto pelo produtor musical Guto Graça Mello, esse show foi o passaporte para a entrada da cantora na gravadora Warner Music, em 1993, por intermédio da produtora e empresária Beth Araújo. Foi quando Zélia Cristina se *transformou em outra* e virou Zélia Duncan, adotando no nome artístico o sobrenome herdado da avó materna.

A transformação ficou nítida em 1994 com a edição do álbum intitulado *Zélia Duncan*. Valorizado pela certeira produção musical de Guto Graça Mello, o disco delineou a assinatura de Zélia Duncan na música brasileira com repertório autoral gravado em tom pop folk – som e estilo que iriam reverberar em álbuns posteriores da artista como *Tudo É Um* (2019), disco pautado pelo afeto que refez a aliança de Zélia com Christiaan Oyens, tendo sido gravado sob direção geral de Oyens, parceiro de Zélia na "Canção do amigo".

Sete das doze músicas do disco de 1994 traziam as assinaturas de Zélia Duncan e Christiaan Oyens. Duas canções em especial, "Não vá ainda" e "O meu lugar", estrategicamente alocadas na abertura do álbum, sobressaíram na safra autoral e abriram caminhos e ouvidos para que outras músicas da parceria também ganhassem espaço, casos de "Nos lençóis desse reggae" e de "Sentidos". Contudo, nenhuma canção reverberou tanto quanto "Catedral", versão em português – escrita por Zélia com Oyens – de "Cathedral song" (1988), sucesso da cantora alemã TanitaTikaram.

O estouro de "Catedral" nas FMs fez com que Zélia Duncan fosse percebida como a cantora-revelação do pop brasileiro entre 1994 e 1995, atraindo atenções para álbum que também continha duas músicas da artista com Lucina – "Miopia" e "Eu nunca estava lá", ampliações de parceria aberta no álbum anterior *Outra Luz* – e uma lembrança nada óbvia do cancioneiro de Rita Lee, "Lá vou eu", música então esquecida que Rita fizera e gravara em 1975 para a trilha sonora da novela O Grito, da TV Globo. "Lá vou eu" se tornou um hit de Zélia tal o acerto da regravação.

O êxito artístico e comercial do disco de 1994 fez com que Zélia apostasse ainda mais nas parcerias com Oyens, coautor de nada menos do que oito das doze faixas do terceiro álbum da artista, *Intimidade*, produzido por Liminha. Cercado de natural expectativa, o disco *Intimidade* foi lançado em novembro de 1996 com a mesma fórmula pop folk do álbum anterior e com repertório que, entre parcerias com Oyens (com destaque absoluto para a canção "Enquanto durmo") e com a também recorrente Lucina ("Coração na boca", "Minha fé" e "Primeiro susto"), apresentou regravação de "Vou tirar você do dicionário" (1993), música composta por Itamar Assumpção (1949 – 2003) com letra de Alice Ruiz.

Começou ali a conexão de Zélia com Itamar, compositor fundamental no movimento pop da década de 1980 rotulado como Vanguarda Paulista. Essa conexão ficaria mais forte ao longo dos anos, a ponto de, em 2012, já *transformada em outras*, a artista dedicar álbum ao cancioneiro do compositor, gravado com produção musical de Kassin, *Tudo Esclarecido – Zélia Duncan Canta Itamar Assumpção*, título antológico da discografia da cantora pela abertura de uma janela pop para que o público pudesse fruir a música de Itamar sem a aura de "maldição" que sempre envolveu a obra do compositor.

Voltando aos anos 1990, década de afirmação do nome de Zélia Duncan, a cantora fechou a década com a edição em outubro de 1998 do quarto álbum, *Acesso*. Desta vez, a produção musical foi confiada a Christiaan Oyens, parceiro de oito das onze músicas do disco, aberto com composição inédita de Itamar Assumpção, "Código de acesso", gravada com arranjo e toque do grupo mineiro Uakti. Em *Acesso*, Zélia repetiu o time de parceiros, gravando também Lucina, mas houve mudança na sonoridade. Ao estilo pop folk, foi adicionado toque de música eletrônica, perceptível em "Sexo", uma das oito parcerias de Zélia com Oyens. "Verbos sujeitos" foi o destaque da safra autoral da dupla.

Encerrado o vínculo com a gravadora Warner Music, Zélia Duncan migrou para outra companhia fonográfica multinacional, a Universal Music, na qual estreou em 2001 com álbum que alardeava diversidade já no título *Sortimento*. O disco foi produzido por Beto Villares e Christiaan Oyens, parceiro de Zélia na canção "Me revelar", único hit autoral do álbum em que a compositora abriu parceria com Fred Martins e Rodrigo

Maranhão. O sucesso de duas músicas de lavras alheias, "Alma" (Pepeu Gomes e Arnaldo Antunes) – desde então hit infalível nos shows da cantora – e "Flores" (Fred Martins e Marcelo Diniz), sinalizou o menor poder de sedução da safra autoral de *Sortimento*, álbum que gerou em 2002 o primeiro registro audiovisual de show de Zélia Duncan, *Sortimento Vivo*.

O ponto de virada na trajetória fonográfica de Zélia Duncan foi o álbum *Eu Me Transformo em Outras*, lançado em 2004. Título inaugural do selo Duncan Discos, o disco foi o registro de estúdio – gravado como se fosse ao vivo – do show que estreou em 2003 sob direção musical de Bia Paes Leme. Neste show de arquitetura acústica, Zélia deu voz a repertório alheio dominado por sambas e sambas-canção da era pré-bossa nova, mas que abarcou músicas de compositores paulistas como José Miguel Wisnik, Luiz Tatit – cujo cancioneiro seria abordado pela intérprete posteriormente em *Totatiando* (2011), primoroso espetáculo situado na tênue fronteira entre teatro e show dramatizado – e o sempre presente Itamar Assumpção.

A partir do show e disco *Eu Me Transformo em Outras*, a trajetória artística de Zélia Duncan foi de fato pautada pelo sortimento. Desde então sempre mutante, a cantora experimentou real diversidade no álbum *Pré-Pós-Tudo-Bossa-Band* (2005), ocupou o posto de vocalista do grupo Mutantes no retorno da banda em 2006, dividiu o palco com Simone no mesmo ano de 2006 – em show perpetuado no álbum e DVD *Amigo é Casa – Ao Vivo*, editados em 2008 – e, com a autoridade de quem estudou teatro antes da fama, pisou no palco como atriz no espetáculo *Mordidas* (2018), um ano após ter protagonizado *Alegria Alegria – O Musical* (2017), espetáculo sobre a Tropicália encenado sob direção de Moacyr Góes.

Dentro da esfera fonográfica, Zélia Duncan alcançou brilho especial no tempo de delicadeza que regeu o álbum *Pelo Sabor do Gesto* (2009), título sobressalente na discografia da artista. Com produção musical dividida entre Beto Villares e John Ulhoa (músico do grupo Pato Fu), o álbum apresentou repertório aliciante, formado com contribuições decisivas do DJ Zé Pedro, como as canções "Os dentes brancos do mundo" (Marcos Valle e Paulo Sérgio Valle, 1969) e "Ambição" (Rita Lee, 1977), delícias de álbum pop e doce em que Zélia também verteu para o português duas músicas compostas em francês por Alex Beaupain para o cultuado filme *Canções de Amor* (2007). "Tudo sobre você" e "Todos os verbos", parcerias de Zélia com John Ulhoa e Marcelo Jeneci, respectivamente, também alcançaram a perfeição pop neste disco luminoso.

Os caminhos profissionais de Zélia com Zé Pedro se cruzariam doze anos depois. Foi quando, pela gravadora do DJ, Joia Moderna, a cantora lançou em fevereiro de 2021 o álbum *Minha Voz Fica*, gravado com o violonista Pedro Franco e dedicado ao cancioneiro da Alzira E, compositora também conhecida como Alzira Espíndola e identificada com as liras paulistanas. As canções "Cheguei" (Alzira E e Tiganá Santana, 2017) e "Fica" – parceria então inédita de Zélia com Alzira E – sobressaíram em disco que exprimiu a coerência de Zélia Duncan em trajetória artística que já totaliza 42 anos em 2022.

Essa trajetória se revelou profícua ao longo dos anos 2010. Após o tributo a Itamar Assumpção de 2012, Zélia caiu no samba em álbum dedicado ao gênero musical, *Antes do Mundo Acabar*, editado em 2015 com repertório que destacou abordagens sensíveis de "Em cada canto, uma esperança" (Ivone Lara e Delcio Carvalho, 1978) e "Vida de minha vida" (Moacyr Luz e Sereno, 2008).

O álbum *Antes do Mundo Acabar* foi batizado com o nome de parceria da artista com Zeca Baleiro. Com o astro maranhense, a cantora já tinha feito show, *Zélia Duncan & Zeca Baleiro*, que estreara em janeiro de 2014, em Salvador (BA), com roteiro que incluía três parcerias inéditas dos artistas, sendo uma, "Fox baiano", também assinada por Luiz Galvão, letrista do cancioneiro do grupo Novos Baianos. O show era a semente de álbum conjunto de Zeca e Zélia, mas o projeto fonográfico não foi adiante.

Na sequência, a cantora deu voz ao cancioneiro de Milton Nascimento em show com Jaques Morelenbaum que originou álbum gravado em estúdio, *Invento +*, editado em 2017. Dois anos depois, em parceria com Ana Costa, Zélia Duncan encabeçou a criação e o elenco de disco coletivo que soou como manifesto feminista, *Eu Sou Mulher, Eu Sou Feliz*, álbum lançado em 2019 com repertório militante, dominado pela cadência do samba e cantado por vozes do porte de Alcione, Elba Ramalho, Joyce Moreno, Mônica Salmaso e Simone.

Simone, aliás, voltaria ao disco em 2022 após nove anos com aclamado álbum, *Da Gente*, gravado sob direção artística de Zélia Duncan. Foi mais um acerto dessa artista ativa e ativista que está na causa, sem tirar a voz e os olhos da música e do mundo.

Zizi Possi

Precisão em canto sofisticado

Seguidores de Zizi Possi foram arrastados por onda de felicidade em 29 de janeiro de 2016, data em que a cantora paulistana lançou o EP *O Mar Me Leva*, com quatro mornas gravadas com produção musical orquestrada por Zeca Baleiro – compositor da melancólica música-título do disco – com as colaborações de nomes como o violonista paulistano Swami Jr. e o artista cabo-verdiano Tito Paris. Mesmo sem ser o álbum de estúdio esperado há anos pelos admiradores da artista, o EP *O Mar Me Leva* reiterou a beleza e a sofisticação do canto de Zizi, adornado pelos toques de músicos portugueses arregimentados para a gravação.

Sem se deixar levar pela correnteza sentimental das mornas vertidas para o português pela própria Zizi, sozinha ou em parceria com Baleiro e Chico César, a cantora exibiu a habitual precisão ao dar a singular voz metálica, de brilho cristalino, a músicas como "Coisas do coração" ("Cusas di curaçon", Adalberto Silva, 2010) e "Olhos fechados" ("Odjus fitchádu", Idan Raichel e Mayra Andrade, 2009).

Independentemente do requinte do lote de gravações, *O Mar Me Leva* foi saudado por ser disco feito em estúdio por grande cantora que entrou pouco em estúdio a partir do século XXI, em parte por conta de graves problemas de saúde que a obrigaram a se retirar de cena por longo tempo.

Quando o EP *O Mar Me Leva* chegou ao mercado em edição digital, já fazia 15 anos que Zizi Possi lançara o último álbum de estúdio, *Bossa*, apresentado em 2001 com repertório que irmanou músicas como "Caminhos cruzados" (Antonio Carlos Jobim e Newton Mendonça, 1958), "Yesterday" (John Lennon e Paul McCartney, 1966),"Preciso aprender a só ser" (Gilberto Gil, 1973), "Capim" (Djavan, 1982) e "Preciso dizer que te amo" (Cazuza, Dé Palmeira e Bebel Gilberto, 1986). Todas essas músicas foram envolvidas em requintada atmosfera de bossa nova em gravações feitas sem a intenção de reproduzir a *batida diferente* que fez tudo soar tudo novo de novo a partir de 1958.

Desde então, a artista editou somente registros de shows e eventuais singles. O primeiro álbum ao vivo *Para Inglês Ver... E Ouvir* foi gravado em agosto de 2005, em São Paulo (SP), e lançado no fim desse mesmo ano, nos formatos de CD e DVD, perpetuando o show em que a cantora rebobinou repertório em inglês que ia de "Love for sale" (Cole Porter, 1930) a "Redemption song" (Bob Marley, 1980), passando por *standards* da canção norte-americana e da obra dos Beatles. Tudo no formato acústico que a própria cantora reabilitara no mercado fonográfico em 1990 com o fundamental show *Sobre Todas as Coisas*, transformado em disco que em 1991 dividiu águas no curso da carreira de Zizi.

Em 2008, Zizi celebrou os 30 primeiros anos de trajetória artística em série de doze shows feitos de março a maio daquele ano, em São Paulo (SP), com convidados estelares a cada apresentação. Captados com som e imagem, esses doze shows de caráter mais íntimo tiveram trinta e seis números compilados nos dois volumes do DVD *Cantos & Contos*, editados em 2010.

Ao estrear os doze shows em 2008, Zizi contabilizou 30 anos de carreira a partir da edição em 1978 do primeiro álbum, *Flor do Mal*. Mas houve pré-história. Antes de se consolidar como cantora, Zizi iniciara trajetória que incluiu estudo de piano na infância e estudos de artes cênicas em Salvador (BA), cidade para onde migrou em 1971 e onde se tornou aluna da Escola de Música da Universidade Federal da Bahia, instituição em que cursou Composição e Regência durante dois anos. Na capital baiana, a então ainda desconhecida Maria Izildinha Possi – paulistana de ascendência italiana nascida em 28 de março de 1956 e criada no bairro do Brás – também chegou a atuar em musical intitulado *Marilyn Miranda*, em 1974, sob a batuta do então também estreante diretor José Possi Neto.

Zizi, cabe lembrar, é irmã de José Possi Neto, encenador de teatro que por muitas vezes conduziu a cantora nos palcos, como no espetáculo *À Flor da Pele* (2017). Denso espetáculo roteirizado como monólogo teatral e alinhavado com músicas como "O que será (À flor da pele)" (Chico Buarque, 1976) – interpretada com arranjo de tom épico – e "Se eu quiser falar com Deus" (Gilberto Gil, 1980), *À Flor da Pele* foi mais um atestado da grandeza do canto da artista que, no período vivido em Salvador (BA), atuou em vários espetáculos teatrais de repercussão somente local.

Essa grandeza nem sempre ficou perceptível ao longo dos anos 1980, década de afirmação para Zizi, porque nem todos os álbuns expuseram todo o alcance da voz da cantora por decisões artísticas que nem sempre partiram dela. Foi o caso, em 1978, do álbum de estreia *Flor do Mal*, primeiro dos dez títulos da fase inicial da discografia da artista na Philips, gravadora que tinha contratado Zizi quando Roberto Menescal, então diretor artístico da companhia fonográfica, conheceu a voz de cantora em 1977 através de programa veiculado por emissora de TV de Salvador (BA).

Com músicas de compositores então em evidência no universo da MPB, como Sueli Costa e Ivan Lins, o álbum *Flor do Mal* jamais floresceu, mas chegou aos ouvidos de gente importante como Chico Buarque. O primeiro desabrochar de Zizi aconteceria no álbum seguinte, *Pedaço de Mim*, lançado em 1979 no embalo da repercussão da participação da cantora no álbum lançado por Chico em 1978. Feito por iniciativa de Chico, o dueto acontecera na mesma canção "Pedaço de mim" que batizou o segundo álbum de Zizi. Contudo, a faixa que mais reverberou no segundo álbum da cantora, produzido por Sérgio de Carvalho (1949 – 2019), foi a regravação do samba-canção "Nunca" (Lupicínio Rodrigues, 1952).

Conquistando progressiva autonomia, a cantora já teve voz mais ativa na escolha do repertório do álbum seguinte, *Zizi Possi* (1980), gravado com produção musical de João Augusto e com arranjos de Lincoln Olivetti (1954 – 2015) em nove das doze faixas, numa pista do *tecnopop* que daria o tom da música brasileira na década de 1980. Neste disco, Zizi lançou o compositor Vitor Ramil ao gravar "Mina de prata" e emplacou o primeiro hit radiofônico, "Meu amigo, meu herói", composição inédita de Gilberto Gil, feita para espetáculo de teatro que nunca chegou efetivamente à cena.

Produzido pelo mesmo João Augusto do bem-sucedido disco de 1980, o quarto álbum de Zizi, *Um Minuto Além*, saiu em 1981 e marcou a estreia da artista como compositora, assinando sozinha as músicas "Cá entre nós", "Constatação" e "Melodia". O hit radiofônico foi a canção "Caminhos de sol" (Herman Torres e Salgado Maranhão), de cuja letra foi extraído o título *Um Minuto Além*.

Em 1982, Zizi Possi conheceu o sucesso em maior escala com a música-título do quinto álbum *Asa Morena*, lançado naquele ano com arranjos e regências do recorrente Lincoln Olivetti e produção coordenada pelo também recorrente João Augusto. De autoria de Zé Caradípia, nome artístico do cantor compositor gaúcho José Luiz Fernandes, a canção "Asa morena" voou alto nas paradas, amplificando a voz de Zizi.

Batizado com nome de composição de Marina Lima e Antonio Cicero, o álbum *Pra Sempre e Mais um Dia* (1983) repetiu fórmulas dos três discos anteriores de Zizi sem emplacar uma faixa realmente popular. Na foto da contracapa, a cantora já aparece grávida da filha, Luiza Possi. Nascida em 1984 e único fruto da união de Zizi com o guitarrista e produtor musical Liber Gadelha (1957 – 2021), Luiza se tornaria cantora e, em 2019, se irmanaria com a mãe em show em dupla que correu o Brasil em turnê interrompida em 2020 pela pandemia de covid-19 e retomada em 2022.

A rigor, a voz de Luiza Possi já foi ouvida em disco no sexto álbum de Zizi, *Dê um Rolê* (1984), gravado pela cantora com a filha recém-nascida dentro do estúdio. O choro de Luiza é ouvido no registro afetivo da valsa "Luiza" (Antonio Carlos Jobim, 1981), gravada por Zizi em tributo à filha. O álbum *Dê um Rolê* foi batizado com o nome da música do grupo Novos Baianos, mais conhecida na voz de Gal Costa. Zizi deu ar roqueiro a "Dê um rolê" (Moraes Moreira e Luiz Galvão, 1971) em repertório que conciliava músicas de Djavan, Gilberto Gil, Marina Lima e João Bosco.

Sem gravar em 1985, a cantora reencontraria o sucesso com o álbum *Zizi* (1986), gravado com produção musical de Mariozinho Rocha. Álbum mais radicalmente pop e popular do que os discos anteriores da artista, *Zizi* rendeu o megahit "Perigo" (Nico Rezende e Paulinho Lima), veiculado diariamente como um dos temas principais da trilha sonora do remake da novela *Selva de Pedra*, exibido pela TV Globo naquele ano de 1986.

Zizi seguiu a receita pop com mais esmero no álbum seguinte, *Amor & Música* (1987), produzido por Liber Gadelha e Luís Farah. Neste disco, o hit radiofônico foi "Noite", parceria do mesmo Nico Rezende de "Perigo" com o poeta pop Jorge Salomão (1946 – 2020). Mas a música que atravessou gerações foi "A paz", canção de João Donato e Gilberto Gil apresentada ao Brasil na voz de Zizi.

Zizi esqueceu fórmulas no álbum que, sintomaticamente, encerrou o vínculo da cantora com a gravadora Philips. Com sonoridade mais acústica e minimalista, além de repertório selecionado fora do trilho pop e mercadológico, *Estrebucha Baby* (1989) deu a pista da virada que Zizi orquestraria silenciosamente a partir de 1990 com o show e disco *Sobre Todas as Coisas*. Foi em *Estrebucha Baby* que Zizi redimensionou "Meu erro" (1984), expondo em gravação de voz-e-piano toda a beleza oculta da melodia da canção de Herbert Vianna, lançada pelo trio Paralamas do Sucesso cinco anos antes.

A virada de mesa aconteceu em 1990 quando a cantora rompeu com a gravadora, voltou para a cidade de São Paulo (SP) e decretou a independência artística, criando show acústico pautado por silêncios e minimalismos. Dividindo o palco com os músicos Marcos Suzano (percussão), Lui Coimbra (violão e charango) e Jether Garotti Jr. (piano), Zizi ditou tendência e, de certa forma, criou a onda no Brasil dos discos acústicos. Intitulado *Sobre Todas as Coisas*, o show começou a percorrer o Brasil sem alarde, mas se tornou cultuado na medida em que as apresentações iam se sucedendo e terminou aclamado por público e crítica, sendo perpetuado em 1991 em disco de estúdio que eternizou interpretações renovadoras de músicas como o samba "O que é o que é" (Gonzaguinha, 1982) e "Rebento" (Gilberto Gil, 1979).

Editado pela gravadora independente Eldorado, o álbum *Sobre Todas as Coisas* pôs Zizi Possi em novo patamar na música brasileira. Patamar elevado como o nível das interpretações da cantora, regidas por rigor estilístico reeditado no álbum seguinte, *Valsa Brasileira* (1993). Neste disco batizado com o nome de música de Chico Buarque e Edu Lobo (assim como o álbum anterior *Sobre Todas as Coisas*, cabe lembrar), Zizi reabriu com requinte a cortina do passado, indo de Pixinguinha (1897 – 1973) a Antonio Carlos Jobim (1927 – 1994), passando por Gonzaguinha (1945 – 1991) – compositor de "Viver, amar, valeu" (1982), música lançada pela própria Zizi nove anos antes – e Gilberto Gil.

Com a moral elevada no mercado fonográfico por conta desses dois álbuns consagradores, Zizi Possi voltou à gravadora Philips / PolyGram com status de grande cantora – o que sempre tinha sido, mas nem sempre tinha ficado claro nos discos dos anos 1980 – e lançou em 1996 um dos álbuns mais sofisticados da artista, *Mais Simples*, terceiro título da trilogia renovadora iniciada em 1991 com *Sobre Todas as Coisas*. *Mais Simples* destacou regravação de "Melodia sentimental"(Heitor Villa-Lobos e Dora Vasconcellos, 1958), feita com requinte que mereceu elogio de Maria Bethânia, intérprete que havia lançado em 1978 "Explode coração", a canção de Gonzaguinha que Zizi revivia naquele ano de 1996. A música-título "Mais simples"era da lavra de José Miguel Wisnik, compositor predominante no repertório, autor também de "Mundo cruel" e "Se meu mundo cair".

Álbum produzido pela própria Zizi com Rodolfo Stroeter, *Mais Simples* foi disco aclamado pela crítica, mas jamais obteve a adesão popular que a cantora – neta e bisneta de italianos – teria em 1997 com *Per Amore*, título mais bem-sucedido comercialmente da discografia da artista. Com *Per Amore*, disco produzido por Guto Graça Mello, Zizi deu mergulho afetivo no cancioneiro italiano. A música-título "Per amore"(Mariella Nava)viralizou na trilha da novela *Por Amor*, cujos capítulos iniciais foram passados em Veneza. Além de batizar a novela exibida pela TV Globo entre 1997 e 1998, "Per amore" era o tema do casal protagonista Helena (Regina Duarte) e Atílio (Antonio Fagundes), reverberando para o Brasil a voz cristalina da cantora que crescera no Brás, meca da colônia italiana residente na cidade de São Paulo (SP), e que se sentia em casa ao cantar músicas como "Caruso" (Lucio Dalla) e "Senza fine" (Gino Paoli).

Diante do estouro do disco *Per Amore*, Zizi se rendeu ao apelo industrial para dar sequência ao projeto fonográfico italiano. Surgiu *Passione*, álbum lançado em 1998 com músicas como "Io che amo solo a te" (Sergio Endrigo) enquadradas em moldura orquestral. Em 1999, Zizi Possi voltou à estética minimalista no álbum *Puro Prazer*, gravado no estilo voz & piano (o de Jether Garotti Jr.) com produção assinada por Zizi com o engenheiro de som Moogie Canazio. Nesse disco, a cantora gravou duas músicas de 1966, "Disparada" (Geraldo Vandré e Théo de Barros) e "Volver a los 17"(Violeta Parra), entre composições já presentes na discografia da artista.

Encerrado o vínculo com a gravadora (àquela altura já denominada Universal Music) com o álbum *Bossa* (2001), Zizi desacelerou o ritmo de lançamentos fonográficos desde então, sobretudo a partir dos anos 2010. A cantora lançou em 2014 álbum ao vivo, *Tudo se Transformou*, que não captou a atmosfera de sedução do show que estreara em 2012. Em 2018, dois anos após o EP de mornas O *Mar Me Leva* (2016), Zizi voltou ao disco com single em que perpetuou belíssima gravação de "Amanhece", balada inédita de Ana Carolina que a própria Zizi apresentara no ano anterior no espetáculo *À Flor da Pele* (2017). Em 2021, a cantora lançou outro single, desta vez com gravação de "Sinal fechado" (Paulinho da Viola, 1969) feita em 2008 na série de shows *Cantos & Contos*, mas até então inédita em disco.

Foi pouco para cantora da dimensão de Zizi Possi. Até porque a voz cristalina continua – sobre todas as coisas – bela, precisa e refinada.

Posfácio
por Mauro Ferreira

Está pensando que acabou? Não! O show não pode parar. Nem o crítico musical. Se Deus me conceder saúde e um pouco mais de anos nesse plano terreno, penso em escrever uma continuação deste livro – *Outras Cantadas* – para editá-lo em 2027, ano em que completarei 40 anos no exercício da profissão. E aí serão outras 40 cantoras, com outro recorte na seleção, para poder abarcar Clara Nunes (1942 – 1983), Elis Regina (1945 – 1982), Elizeth Cardoso (1920 – 1990), Leila Pinheiro, Mônica Salmaso, Ná Ozzetti, Rita Bennedito... e muitas outras vozes de mulheres que encantam o Brasil desde que o samba é samba.

Citando novamente Abel Silva, "A voz da mulher me embala".

Até 2027, se Deus quiser!

Observação: Este livro é inédito, mas deriva do livro homônimo de 2013, contendo eventuais reproduções de parágrafos e informações do antecessor em alguns textos.

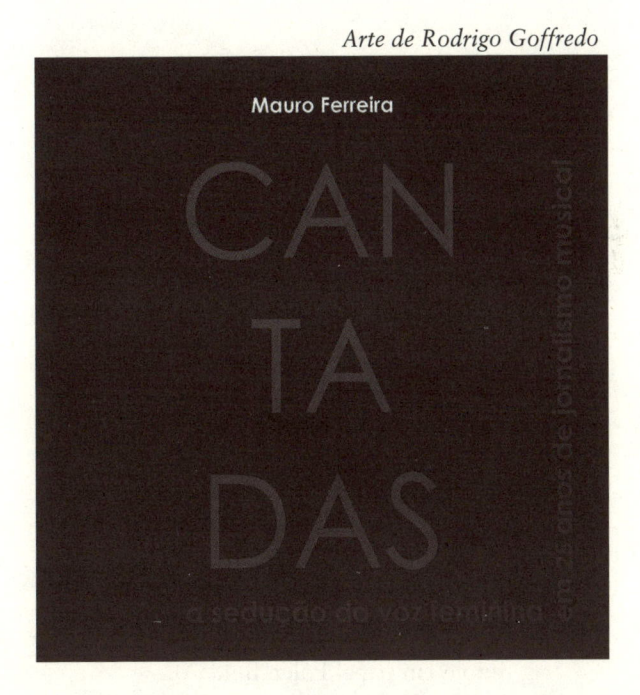

Arte de Rodrigo Goffredo

Esta obra foi impressa em Sabon LT,
capa em papel Supremo 250g,
miolo em papel Pólen Bold 70g,
com 16 cm de largura x 23 cm de altura.